21 世纪高等院校经济管理类规划教材

应 用 统 计 学

主编　颜节礼　唐建荣

西安电子科技大学出版社

内 容 简 介

本书以大学本科、专科学生为读者对象，介绍了经济、管理和社会学研究中的主要统计方法，适合作为统计学的入门教材。本书从统计数据的搜集和整理开始，介绍了统计中重要的数据特征值分析、统计图以及统计表的制作；在概率论基础知识的基础上，通过理论讲解、例题分析以及软件操作的方式，重点讲解了推断统计中的参数估计、假设检验、卡方检验、方差分析以及相关回归分析的理论和方法。为了增强本书的可读性和适用范围，例题和课后的复习题涉及经济学、管理学、财务、自然以及生物医学等多个方面，希望能对读者掌握具体的统计数据处理方法和应用统计方法解决实际问题有所帮助。

图书在版编目(CIP)数据

应用统计学/颜节礼，唐建荣主编.
—西安：西安电子科技大学出版社，2016.1(2016.11 重印)
21 世纪高等院校经济管理类规划教材
ISBN 978 - 7 - 5606 - 3990 - 1

Ⅰ. ① 应…　Ⅱ. ① 颜…　② 唐…　Ⅲ. ① 应用统计学－高等学校－教材　Ⅳ. ① C8

中国版本图书馆 CIP 数据核字(2016)第 002839 号

策　划	高 樱
责任编辑	阎 彬　王文秀
出版发行	西安电子科技大学出版社(西安市太白南路 2 号)
电　话	(029)88242885　88201467　邮　编　710071
网　址	www.xduph.com　电子邮箱　xdupfxb001@163.com
经　销	新华书店
印刷单位	陕西华沐印刷科技有限责任公司
版　次	2016 年 1 月第 1 版　2016 年 11 月第 2 次印刷
开　本	787 毫米×1092 毫米　1/16　印张 17
字　数	414 千字
印　数	3001～6000 册
定　价	29.00 元

ISBN 978 - 7 - 5606 - 3990 - 1/C

XDUP 4282001 - 2

＊＊＊如有印装问题可调换＊＊＊

前　言

随着大数据时代的到来，统计学作为现代科学研究的重要方法论工具，其作用更加突出。在生物医学研究、社会学研究以及经济决策中，人们已经越来越依赖于现代统计方法。从纷繁复杂的数据中得到科学的结论、进行科学的决策，这无论对于理论研究者还是社会实践者而言都是必备的基本素质。

本书是统计学的入门教材，我们在写作过程中有两个基本原则。第一个原则是注重统计方法的思维逻辑而非简单的数理推导。统计学中的数学公式很多，每一种统计方法背后都隐藏着归纳推理的认知逻辑，数理推导仅是实现过程，对于初学者而言，正确理解思维逻辑要比数理推导更为重要，毕竟仅仅注重数理模型而误用统计学方法的事例并不鲜见。第二个原则是注重统计方法在具体软件中的应用。作为初学者，操作也很重要，能够将所学的统计方法在软件中学以致用，不仅是写作《应用统计学》这本书的目的，还能够激发读者进一步学习更复杂的统计方法的兴趣。

从初等统计学的教学要求而言，本书的写作主要包括三大块内容：第一部分为1~4章，是统计学的基础知识，主要讲解统计数据的类型、来源和描述统计数据分布的基本方法；第二部分为5~8章，主要讲解基于概率论知识的推断统计，包括区间估计和假设检验的基本思想和操作方法；第三部分为9~12章，主要讲解研究变量关系的基本方法，包括检验品质变量相关性的卡方检验，检验品质变量与数值变量关系的方差分析，检验数值变量之间关系的相关回归。在本书最后一章我们介绍了统计指数方法，这一章相对其他章节是独立的，但由于指数是经济分析中的一个重要工具，因此在写作时我们将这一部分内容也包含在内。

本书面向统计学初学者编写，可作为经济管理、社会学相关专业的专业教科书，也可作为工科类、医学类的相关学生学习统计方法的专业参考书。

本书的编写工作主要由颜节礼老师完成，主审工作由唐建荣老师完成，软件的应用部分得到了杨一兵老师的帮助和支持。在此向在本书写作过程中提供帮助的各位同事表示真诚的感谢。

本书的出版得到了西安电子科技大学出版社的大力支持，在此对出版社相关工作人员表示诚挚的感谢！

　　限于能力和时间，书中难免有疏漏或不当之处，还望各位同仁和读者多多批评指正，我们将努力修改完善，以期再版时修订。

编　者

2015 年 8 月

目　　录

第 1 章 绪　论

统计能告诉我们什么？下面我们通过生活中的几个例子来简要说明。

假如有人问你，上海市民的收入状况如何，你该怎样回答？这时统计数据和数字的对比比任何仅用语言文字的描述更加具象和易于理解。根据国家统计局上海调查总队调查，2014 年上海市城镇居民人均可支配收入为 47 710 元。那么这一数据能告诉我们什么信息？这一数据反映的收入水平是高还是低？实际上统计数字的信息永远是通过数据的比较反映出来的。从纵向对比来看，这一数据较 2013 年上海市城镇居民的人均可支配收入 43 851 元增长 8.8％；从横向对比来看，2014 年全国城镇居民平均可支配收入是 19 867.2 元，上海市的水平是全国平均水平的 2.4 倍。除此之外，也可以与上海市农村居民家庭的人均可支配收入 21 192 元比，上海市城镇居民家庭是农村居民家庭人均可支配收入的 2.25 倍；当然也可以列出全国内地其他 31 个省、直辖市、自治区的城镇居民可支配收入进行比较，从比较中反映上海市城镇居民可支配收入的状况。如果我们需要进一步理解这一数据所反映的信息，可以结合结构分析，即可支配收入 47 710 元这一数据是如何构成的？根据调查，人均可支配收入 47 710 元中，工资性收入为 30 629 元，占 64.2％；经营净收入为 2345 元，占 4.9％；财产性收入为 846 元，占 1.8％；转移性收入为 13 890 元，占 29.1％。当然，也可以结合图形（如饼图），把这一信息更加直观地展示出来。

其实，城镇居民人均可支配收入这一数据是经过对调查得到的原始数据进行加工处理得来的。那么如果对原始数据进行进一步分析，并关心收入这一变量的分布，我们可以得到处于不同收入水平的家庭占比，即通常我们所讲的收入分配。通过对原始调查数据的分析，不仅能掌握可支配收入的平均值，还可以得到收入分配的内部差异程度。如果需要进一步了解收入分配的影响因素，可以通过对收入这一变量与其他变量之间是否存在相关关系进行探索，如个人收入与个人的受教育程度是否相关，个人收入是否与个人所处的行业相关等。

总而言之，从以上例子中，我们发现通过数据的比较才能将统计数据所包含的信息充分展示出来，我们最关心的就是统计数据分布、构成以及变量和变量之间的关系。那么，在社会科学、自然科学中我们所研究的所谓"规律"，其本质就表现为变量与变量之间的关系。从哲学意义上讲，事物之间内在的、本质的、普遍的联系在现实中一定表现为变量与变量的关系，研究变量关系几乎是所有学科普遍的实证逻辑。

1.1 什么是统计学

1.1.1 统计学的定义

"统计"一词在我们的生活中经常出现，我们每天都会在电视、报纸或者网络上看到一些关于经济、社会、医疗等领域的统计数据。如 2015 年 1 月份，全国居民消费价格总水平同比上涨 0.8%、2014 年末我国劳动年龄人口 91 583 万人，占人口总数的 67% 等。通常，在有些人眼中统计学或者说统计只不过是数据的搜集汇总而已，其实这只是统计一词最原始的含义，统计学或者统计不仅仅是枯燥的统计数据，每一个统计数据背后实际反映的是活生生的经济、社会现象。现代科学无论是自然科学还是社会科学已经离不开统计学，统计学已经深深渗透到这些学科的研究当中，通过揭示统计数据的某些特性，往往能发现隐藏在现象背后的客观规律。

在生物遗传规律中，基因组合规律已经被现代人所熟知。然而在基因尚未被认知之时，现代遗传学之父孟德尔(Gregor Johann Mendel，1822－1884)的豌豆试验利用豌豆子代各种花色出现的几率，推断出基因组合的遗传规律，并提出了生物的性状是由遗传因子(Gene)控制的观点。这一研究方法是典型的通过分析观察数据来揭示隐藏在数据背后的遗传规律。

在人文社会科学领域内，一个很有趣的例子就是根据统计规律判断保存在牛津大学 Bodelian 图书馆的一首新诗的作者为莎士比亚。1985 年 11 月，研究莎士比亚的学者泰勒从自 1775 年以来就保存在 Bodelian 图书馆的收藏中发现了写在纸片上的九节新诗。然而新诗只有短短 429 个字，也没有记载谁是诗的作者。这首诗会是莎士比亚的作品吗？最终答案由两个统计学家给出。统计学家 Thisted 和 Efron(1987)利用统计的方法研究了这个问题，得出结论：这首诗用词的风格(规范)与莎士比亚的风格非常一致。这个研究纯粹基于统计学基础，他们根据莎士比亚所有著作的用词总数 884 647 个(其中 31 534 个是不同的)，统计了 31 534 个词的用词频率，经过与其他几位人们认为有可能的作家比较，发现新诗的用词频率与莎士比亚的用词频率最为接近。在这个研究的背后有一个潜在的逻辑——作者隐藏在用词频率这一统计数字背后的写作风格是基本固定的。

那么，我们如何给统计学下一个准确的定义呢？其实，给出统计学定义的学者很多，只是不同的定义侧重点不同而已。根据《不列颠百科全书》的定义：统计学是研究如何测定、收集、整理、归纳和分析反映客观现象总体数量的数据，以便给出正确认识的方法论科学。这一定义，比较清晰地说明了统计学的研究对象为数据，其本质是根据数量关系来说明客观规律。通常在统计学中所研究的数量不同于数学中的数字，统计学中的数据有明确的含义，所研究的数量关系一般包括数量大小、数量结构、数量的横向比较和纵向(动态)比较以及数量之间(不同变量)的关系。

根据《新韦氏国际英语大词典(第 3 版)》给出的统计定义：统计是一门收集、分析、解释和提供数据的科学。这一定义比较清晰地说明了统计的研究过程，即统计工作的四个阶段：统计数据的收集、统计数据的整理和分析、统计数据所反映的可能存在的统计规律的解释以及提供决策支持的统计数据。认识统计工作的一个完整的过程对于学习统计学理论和利用统计方法解决实际问题都很有帮助。统计学家 Mario F. Triola 也给出类似的定义：统计指的是一组方法，用来设计实验、获得数据，然后在这些数据的基础上组织、概括、演示、分析、解释和得出结论。这一定义更侧重于在自然科学研究中的统计测量和分析。

为了更好地理解统计学，在这里有必要说明三个相互关联的词：统计学、统计工作和统计资料。"统计"一词兼有上述三层含义，在不同的场合可能指三者之一。统计工作就是社会实践中搜集、加工、整理、分析统计数据，解释统计数据背后隐藏的客观规律的社会实践活动；统计学是学科范畴，是统计工作的理论总结和方法性的指导，对于统计数据搜集、整理、分析有一套科学规范的方法，是通过系统学习可以尽快掌握的理论知识体系；而统计资料就是统计工作的具体成果，包含统计数据、统计图表、统计分析咨询报告等。

1.1.2　统计学的研究方法

1. 描述统计和推断统计

统计学具体的数据处理方法多种多样，但总体而言，统计学的研究方法可归为两类：描述统计（descriptive statistics）和推断统计（inferential statistics）。描述统计是推断统计的基础，对总体规律的推断必须先从对样本数据的描述统计出发。

描述统计是研究数据收集、整理和描述的统计学分支。其主要内容包含：数据收集、数据整理、数据展示和数据的描述性分析。其目的主要是描述数据的分布特征、展示数据之间的关系和规律。

推断统计是研究如何利用样本数据来推断总体特征的统计学分支。它通过观察样本数据而推断总体数据的分布形态或者总体变量之间的关系。其主要方法包括参数估计和假设检验。推断统计一般包含 5 个要素或者过程：

（1）确定研究对象，研究对象也就是总体；

（2）确定所要研究的总体变量；

（3）收集样本数据；

（4）对样本数据进行描述性统计；

（5）根据样本数据的描述性统计，结合数理统计知识对总体进行推断以及对推断进行可靠性度量。

20 世纪初，概率论被引进统计学，产生了推断统计方法，其重要贡献就是使我们能利用正确选出的样本，对每一种统计推断提供一种可靠性度量。

2. 统计学研究方法的逻辑基础

作为一门方法论学科，统计学通过测定、收集、整理数据，对数据进行比较，归纳客观世界事物之间的普遍联系，统计学就是"依据反映客观现象总体数量关系的数据，以便给出正确认识"的方法论。因此，有必要从认识论的角度，分析统计学这种方法论的思维逻辑。归纳推理与演绎推理是人们在认识客观世界过程中两种紧密联系、互相依赖、互为补充，又有着显著区别的逻辑思维过程。从认识论的角度观察统计学的研究方法，统计学更偏重于归纳推理。

演绎推理是从一般到特殊（个别）的推理过程，依靠人们先前积累的一般性理论知识指导推论得出新的结论。典型的演绎推理形式即三段论，包括：大前提、小前提和结论。例如，三角形的内角和等于 180°（大前提），图形 ABC 是三角形（小前提），因此图形 ABC 的内角和等于 180°（结论）。演绎推理的正确性受到大前提正确性的影响，如果大前提的正确性存疑，那么结论的可靠性就受到质疑。历史地看待人类的认识活动，马克思辩证唯物主义的认识论认为实践是人类认识的基础，人们认识活动的起点一定是前人认识活动的结果。演绎推理中的大前提必然是前人认识的结果，我们又如何保证前人认识活动的结果确切无误呢？人类的科学史告诉我们，科学的发展实际上是在不断否定前人认识活动结果中前进的。

归纳推理是从特殊到一般的推理过程，通过生产实践中观察到的具体个案，经过思维加工抽象出一般性的结论。例如，"天鹅都是白色的"这一结论就是通过多次观察的个案（样本）归纳出的一般性的结论。然而由于这种归纳是不完全归纳，因此可能会得出错误的结论，但是在人类认识和生产实践中完全归纳是非常困难的，因此统计就需要根据样本数据通过不完全归纳法得出一定应用价值的结论，例如，根据样本实验田提供的产量和施肥量之间的关系推断出施肥量对产量存在正的贡献。显然，统计方法就是归纳推理，这种归纳推理是有一定风险的。

两种逻辑思维方法虽存在上述区别，但它们在人类认识世界的实践活动中是相依相济的。通常作为演绎推理一般性知识的大前提必须借助于归纳推理从具体的经验中概括出来，从这个意义上我们可以说，没有归纳推理也就没有演绎推理。当然，归纳推理也离不开演绎推理。例如，归纳活动的目的、任务和方向是归纳过程本身所不能解决和提供的，这只有借助于理论思维，而这本身就是一种演绎活动。而且，单靠归纳推理是不能证明必然性的，因此，在归纳推理的过程中，人们常常需要应用演绎推理对某些归纳的前提或者结论加以论证。从这个意义上我们也可以说，没有演绎推理也就不可能有归纳推理。

因此，演绎推理所得出的结论需要通过客观观察数据的验证，即现实是不是如此。归纳推理所得出的结论也需要演绎推理的结论来解释，即为什么是如此。两者结合才能得出较为可靠的结论。而统计学在认识客观实践中更多的是担当归纳推理的角色，尤其是推断统计，就是由样本规律归纳得到总体一般规律的思维过程。

1.1.3 避免误用统计学

通过分析统计学的思维逻辑，我们知道要正确地运用统计学就必须注意避免将客观世界简化成数学符号。认识到统计认识世界的过程绝不是枯燥的数字堆砌，统计学中的数字不同于数学中的数字，它们都是活生生的有血有肉的数字，统计学的经验模型也离不开每一门具体学科，统计模型一定建立在具体学科定性研究的基础之上。有统计学家提出过这样的观点：统计学基本上是寄生的，靠研究其他领域内的工作而生存，由解决其他领域内的问题而存在并兴旺发达。这也准确地说明了统计学与其他具体学科之间的关系。

数学可以离开其他学科而自成体系地发展，但是如果统计学离开了其他具体学科则成为无源之水。统计学所构造的经验模型反映的一定是经济社会和自然现象中的内在联系。例如，经典的回归分析一定要能够找到被解释变量与解释变量之间的因果联系，包括多元统计分析中的路径分析也反映事物内部的因果联系；因子分析中提取出的每个因子必须有具体的经济内容等。这些都反映了统计的这一特征。统计学的研究绝不可以将客观世界简化成数学符号的联系。

在西方有一句谚语："谎言，该死的谎言，统计数字（Lies，damned lies，and statistics）"，主要描述数字的说服能力，特别是用来讽刺一些使用统计数字支持、但毫无说服力的分析报告，以及人们倾向于贬低那些不支持其立场的统计结论。如果我们抛开了统计数据背后的经济实质或忽视了分析数量关系后面的内在因果关系，则会得到许多啼笑皆非的结论。例如，每天喝 3 杯以上咖啡的人心脏病发病几率会增加 50%（数据是观察数据还是实验数据？这能说明喝咖啡和心脏病发作之间的因果关系吗？）、在教堂结婚的比例越高则人均预期寿命越低（由英国学者根据历史数据研究发现两者之间存在负相关，但是这种数据上的负相关又能说明什么因果关系？）等不一而足，如果不能解释这些现象之间的因果关系，那么这些分析也仅仅是茶余饭后的笑话而已。

1.2　统计学的产生和发展

如果将统计理解为关于数据的搜集、整理、分析和解释，那么可以说从结绳记事起就有了人类统计活动的萌芽，随着人类经济活动不断发展，统计实践活动也不断地展开。随着统计实践活动的发展，作为对于统计实践活动的理论总结，这期间统计学也出现了不同的研究流派。

1.2.1　政治算术学派

政治算术学派产生于 17 世纪的英国，其代表人物是资产阶级古典经济学家威廉·配第（1623—1687）。马克思高度评价配第的贡献，他认为："配第是政治经济学之父，在某种程度上可以说是统计学的创始人"，并称他为"最有天才的和最有创建性的经济研究家"。

15~17 世纪的欧洲，在重商主义的理论指导下，认为财富或价值来自于流通领域，政策上主张国家通过贸易来积累国库的贵重金属。最早荷兰成为最强大的国家，后起的资本主义国家英国、法国在国内市场基本饱和的情况下，为了扩展到国际市场，和荷兰先后发生了战争，争夺殖民贸易等利益。在这样的历史条件下，威廉·配第为了给战争中的英国人鼓气，分析了三国（英国、法国、荷兰）间的经济实力，还提出了发展本国产业、开拓国际市场、增强殖民掠夺等政策和建议。在其书中大量运用了数字表达的方法，包括运用数字、重量、尺度计量和简单直观的图表。配第这种用数据分析说明经济问题的方法被认为是统计学不同于其他学科的本质特征，配第也被认为是经济统计学派的创始人。

1.2.2　国势学派

国势学派产生于 18 世纪的德国。由于该学派主要以文字记述国家的显著事项，故又称之为记述学派。其主要代表人物是海尔曼·康令（H. Conring，1606—1681）和阿亨华尔（G. Achenwall，1714—1772）。康令第一个在德国黑尔姆施泰特大学以"国势学"为题讲授政治活动家应具备的知识。阿亨华尔在哥廷根大学开设"国家学"课程，其主要著作是《近代欧洲各国国势学纲要》，书中讲述"一国或多数国家的显著事项"，主要用对比分析的方法研究了解国家组织、领土、人口、资源财富和国情国力，比较了各国实力的强弱。因在德文中"国势"与"统计"词义相通，后来正式命名为"统计学"。该学派在进行国势比较分析中，偏重对事物性质的解释，而不注重数量对比和数量计算，但却为统计学的发展奠定了经济理论基础。但随着资本主义市场经济的发展，对事物量的计算和分析显得越来越重要，该学派后来发生了分裂，分化为图表学派和比较学派。

1.2.3 数理统计学派

数理统计学派由 19 世纪比利时数学家凯特勒（A. Quetelet）开创。他率先将概率论引入了统计学，开创了统计研究方法的新领域。在其著作中，凯特勒最先提出用数学中的大数定律作为分析社会经济现象的一种工具，通过大量观察个体事物的随机性来研究事物整体的必然规律。

在凯特勒之后，经过几代统计学家的研究，尤其是在以费雪（R. A. Fisher，1890－1962）为代表的一批学者的努力下，建立了相关回归分析、假设检验、χ^2（读作卡方）检验和 t 分布理论，使数理统计学逐渐成为一门独立的、完整的学科。

在现代统计学的发展中，一方面每个学派在不断地独立发展，另一方面各个领域内研究思想和研究方法也相互借鉴。因此，这也产生了另一个问题，由于社会统计专门研究社会问题，而数理统计学既研究社会问题也研究自然现象，如何对统计学的研究领域加以界定就产生了争议。同时，统计学到底是一门实质性学科还是一门方法论学科也是争论的焦点。然而现代统计学正是在不断争论中向前推进的。无论是现代自然科学还是社会科学，许多学科问题的研究已经离不开统计方法，统计学方法和理论也在解决其他学科问题的过程中不断丰富。

1.3 统计学研究中的基本概念

1.3.1 总体和样本

总体（population）是指客观存在的、在同一性质基础上结合起来的许多个别单位的整体，即研究对象的集合，是根据研究目的和要求所确定的研究事物的全体，总体也称母体。

总体是由每一个单位或个体组成的，构成总体的所有个体叫做总体单位。例如，考察某厂生产的灯泡的使用寿命，该厂生产的所有灯泡为总体，每个灯泡为一个个体。当总体中所含个体总数有限时，称为有限总体，否则，称为无限总体。

样本（sample）是在研究中根据需要从总体中抽取的部分单位组成的集合。统计分析的目的就是要对总体的特征、不同总体间的差异等做出推断，然而在实践中全面了解总体的情况往往难以办到。例如，要了解某一地区的年平均降雨量，总体本身就是无限总体。或者尽管是有限总体，但进行全面调查从经济上是不可行的，如要观测生产线上灯泡的平均使用寿命，不可能对所有灯泡进行破坏性试验，记录每一个灯泡的使用寿命。所以往往通过观测部分个体，以获得总体的信息。为了使样本能够正确反映总体情况，对总体的范围要有明确的规定，总体的范围称为抽样框；在抽取样本的过程中，必须遵守随机原则；样本的观察单位还要有足够的数量（样本容量）。

1.3.2 参数和统计量

参数是描述总体特征的量,包括反映总体数据集中趋势的总体平均数,如某一人群的平均体重、平均身高等;还有反映总体数据变异程度的总体方差;反映不同总体变量相关关系的相关系数等。

统计量是描述样本特征的量,如样本平均数、样本方差、样本相关系数等。统计量可以由样本观测值计算得到,因而是样本观测值的函数。一般来说,每一个总体参数都有一个对应样本统计量。因而由样本推断总体也可以理解为由统计量推断参数,见图1-1。

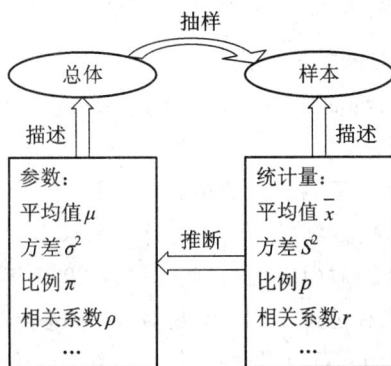

图 1-1 总体与样本、参数和统计量之间的关系

1.3.3 变量和变异

变量是指总体单位的标志,如人的性别、年龄,企业的产值、利润额等。总体单位的标志值在各单位间是有差异的,这种存在差异的性质叫做变异。变异的大小反映了总体在某个标志上的同质性或差异程度的大小。变量值和变量值之间的差异、变量值之间的关系、变量值的分布规律都是统计研究的客观对象。

1.4 统计学研究中变量的分类

统计学所研究的变量,根据不同的分类标准有不同的分类方法。不同类型的变量其表现形式和特征不同,其统计数据处理的方法存在很大差异,这也就是统计数据分类的必要性。

1. 按照统计数据的计量方法分类

按照统计数据的计量方法分,统计学中所研究的变量可分为分类变量、顺序变量和数值型变量。

在社会经济研究中,很多变量只表示事物的分类而不能用数字来表示,例如,性别用男、女表示;宗教信仰用基督教、佛教等表示;大学生最喜欢的运动项目用游泳、足球等表示。这类变量称为分类变量。

顺序变量一般情况下也用文字来表示,不同的是这类变量值存在优劣先后之分。例如,客户对酒店餐饮服务的质量评价可以是非常满意、满意、一般、不满意和非常不满意。这种变量的结果本身存在优劣之分。一般情况下,这类变量在问卷设计中可采用两分法

（即满意、不满意）、三分法（满意、一般、不满意）或者更多的五分法、七分法等。又如对学生的综合评价可分为优、良、中、及格和不及格等。

数值型变量是最常见的变量。数值型变量可以用数值来表示，如身高、体重、收入等。

在统计研究中，计量层次较高的变量可以当做计量层次较低的变量使用，但是会损失一些信息。例如，在研究某地区的家庭收入状况时，根据当地经济发展水平，家庭年收入"小于 20 000 元"可以定义为"低收入"；"收入 20 000 到 49 999 元"可定义为"中低收入"；"50 000 元到 149 999 元"可定义为"中等收入"；"150 000 元到 499 999 元"可定义为"中高收入"；"500 000 以上"定义为"高收入"。这就是一个数值型变量用作顺序变量的例子。但是低层次计量的变量一般不能用作高层次计量的变量。

2. 按照统计数据反映的时间特征分类

按照统计数据反映的时间特征分类，统计学中所研究的变量可分为横截面数据、时间序列数据及面板数据。

横截面数据是在同一时间、不同统计单位相同统计指标组成的数据。横截面数据是按照统计单位排列的。因此，横截面数据不要求统计对象及其范围相同，但要求统计的时间相同。也就是说必须是同一时间截面上的数据。例如，2015 年某城市家庭收入抽样数据由 10 000 个家庭组成，统计对象和范围不同，但是对于"家庭收入"这一指标的"口径"必须相同，家庭的顺序对于数据组织也不存在影响。传统的统计分析一般认为横截面数据来自一个总体分布未知但一致的总体，一些经典的统计估计方法也是基于这一假设。

时间序列数据是在不同时间点上收集到的数据，这类数据反映某一事物、现象等随时间的变化状态或程度。例如，通常会按照年份将某一地区的 GDP 排成一列，此时统计数据是按照时间先后排列，在分析时也不能打乱排序。对于时间序列数据，可以认为每期的观察值来自于一个未知分布总体的随机观察，但是，对于不同期数据来自分布形态相同的总体这一假设往往不成立，因此时间序列分析必须发展出新的分析统计方法。时间序列数据直观的表示方法一般是在坐标平面上，横轴表示时间而纵轴表示变量数值。

面板数据是横截面数据与时间序列数据综合起来的一种数据类型。其有时间序列和截面两个维度，当这类数据按两个维度排列时，是排在一个平面上，与只有一个维度的数据排在一条线上有着明显的不同，整个表格像是一个面板，所以把 panel data 译作"面板数据"。面板数据的优点显而易见：既可以观察同一单位在不同时间上变量的变化趋势，也可以分析同一时间上不同单位变量值的分布规律。

3. 按照统计数据取得的方式分类

按照统计数据取得的方式分类，统计学中所研究的变量可分为观察数据和试验数据。

试验数据往往是在某些可控条件下，通过试验取得的数据；而观察数据通常是在不可控条件下通过观察取得的数据，社会经济科学研究中更多的要依赖观察数据。两种数据在分析得到结论时的差别是显而易见的。在试验中，试验环境是受到严格控制的，数据的产生一定是某一约束条件下的结果，往往通过控制条件变量观察结果变量的变化，一般来说，结果变量的变化除随机因素外可以主要解释为由条件变量变化引起的，在自然科学研究中试验的方法应用非常普遍。而在社会经济研究中，结果变量的变化受多种不可控变量甚至是未知因素的影响，解释结果变量变化的原因要相当慎重，避免错误地归结因果关系。

本 章 小 结

一、本章主要概念

本章主要概念包括：描述统计和推断统计，数据，定性数据和定量数据，观察数据和试验数据，总体和样本，参数和统计量。

二、本章主要方法

（1）根据统计数据类型的定义，判断社会经济研究中所关心的变量属于哪一类。

（2）识别社会经济研究中的总体、样本、参数和统计量。

本 章 复 习 题

一、简答题

1. 应用统计的应用可以分为哪两部分？

2. 推断统计包含哪五个要素或过程？

3. 统计数据类型是如何分类的？

4. 统计学的目的是什么？

5. 推断统计学的主要贡献是什么？

二、单项选择题

1. 指出下面的哪一个数据属于分类数据（　　）。

A. 年龄　　　　B. 工资　　　　C. 汽车产量

D. 购买商品的支付方式（现金、信用卡、支票）

2. 指出下面的哪一个数据属于顺序数据（　　）。

A. 年龄　　　　B. 工资　　　　C. 汽车产量

D. 员工对企业某项制度改革措施的态度（赞成、中立、反对）

3. 某研究部门准备在全市 200 万个家庭中抽取 2000 个家庭，据此推断该城市所有职工家庭的年人均收入，这项研究的统计量是（　　）。

A. 2000 个家庭　　　　　　　　B. 200 万个家庭

C. 2000 个家庭的人均收入　　　　D. 200 万个家庭的人均收入

4. 了解居民的消费支出情况，则（　　）。

A. 居民的消费支出情况是总体　　　　B. 所有居民是总体

C. 居民的消费支出情况是总体单位　　　　D. 所有居民是总体单位

5. 统计学研究的基本特点是（　　）。

A. 从数量上认识总体单位的特征和规律

B. 从数量上认识总体的特征和规律

C. 从性质上认识总体单位的特征和规律

D. 从性质上认识总体的特征和规律

6. 一家研究机构从 IT 从业者中随机抽取 500 人作为样本进行调查，其中 60% 的人回答他们的月收入在5000元以上，50％的回答他们的消费支付方式是使用信用卡。这里的"月收入"是（　　）。

 A. 分类变量   B. 顺序变量

 C. 数值型变量   D. 离散变量

7. 要反映我国工业企业的整体业绩水平，总体单位是（　　）。

 A. 我国每一家工业企业   B. 我国所有工业企业

 C. 我国工业企业总数   D. 我国工业企业的利润总额

8. 一项调查表明，在所抽取的1000个消费者中，他们每月在网上购物的平均消费是200元，他们选择在网上购物的主要原因是"价格便宜"。这里的参数是（　　）。

 A. 1000个消费者

 B. 所有在网上购物的消费者

 C. 所有在网上购物的消费者的平均消费额

 D. 1000个消费者的平均消费额

9. 一名统计学专业的学生为了完成其统计作业，在《统计年鉴》中找到的2006年城镇家庭的人均收入数据属于（　　）。

 A. 分类数据   B. 顺序数据

 C. 截面数据   D. 时间序列数据

10. 一家公司的人力资源部主管需要研究公司雇员的饮食习惯，改善公司餐厅的现状。他注意到，雇员要么从家里带饭，要么在公司餐厅就餐，要么在外面的餐馆就餐。他收集数据的方法属于（　　）。

 A. 访问调查   B. 邮寄调查

 C. 个别深度访问   D. 观察调查

三、多项选择题

1. 欲了解某地高等学校的科研情况，（　　）。

A. 该地所有高等学校所有的科研项目是总体

B. 该地所有的高等学校是总体

C. 该地所有高等学校的每一个科研项目是总体单位

D. 该地每一所高等学校是总体单位

E. 该地所有高等学校的所有科研人员是总体

2. 下表是《财富》杂志提供的按销售额和利润排列世界500强公司的一个样本数据：

公司名称	销售额/百万美元	利润额/百万美元	行业代码
Banc One	10 272	1427	8
CPC Intl.	9844	580	19
Tyson Foods	6454	87	19
…	…	…	…
Woolworth	8092	168.7	48

在这个例子中( )。

    A. 总体是 500 强公司,总体单位是表中所列的公司

    B. 总体是 500 强公司,总体单位是其中每一家公司

    C. 总体是 500 强公司,样本是表中所列的公司

    D. 总体是 500 强公司,样本是表中所列公司的销售额和利润额

    E. 总体是表中所有的公司,总体单位是表中每一家公司

3. 一家具制造商购买大批木材,木材不干会影响家具的尺寸和形状。家具制造商从每批货中随机抽取 5 块木材检验湿度,如果其中任何一块木材的湿度超过标准,就把整批货退回。这个问题中( )。

    A. 样本是从所有木材批次中随机抽取的部分批次木材

    B. 样本是从每批木材中随机抽取的 5 块木材

    C. 总体单位是从所有木材批次中随机抽取的部分批次木材

    D. 总体单位是购买的每一块木材

    E. 总体是购买的全部木材

四、计算(分析)题

1. 一个公司正致力于测试一种新的电视广告的效果。作为测试的一部分,广告在某市的当地新闻节目中于下午 6:30 播出。两天以后,一市场调查公司进行了电话采访以获取记忆率信息(观众记得看过广告的百分比)和对广告的印象。这一研究的总体是什么?总体单位是什么?样本是什么?这种情况下为什么使用样本?简要解释原因。

2.《商业时空》杂志曾实施过一项内容广泛的研究估计,研究对象是 800 名正在管理那些美国最大的全球性公司的总经理,目的是用他们的综合社会背景特征来反映总经理们的概貌。下面列出从每一位总经理处测得的几个变量,试对每一个变量指出其为数量变量还是性质变量。

    (1)出生国   (2)年龄   (3)受教育程度

    (4)在公司的任职期限   (5)总收入   (6)专长

3. 为考察具有 A 型行为和 B 型行为的两类白领工人在工作成绩方面的差异,曾经有人进行过一项研究。A 型工人在工作中显示诸如心情暴躁、说话很快、雄心勃勃、缺乏耐心和对人常怀敌意等特点,有一种向他人挑战的倾向,而且一般显得比较紧张。B 型行为的特点一般与上述情况相反。下表列出从参与这项研究的一位加拿大制造商处得到的若干工人的数据。注意:每名工人的工作成绩都用 5 分制反映,较高的分数代表较好的成绩,成绩由他们的直接上司评定。

工人	行为类型	年龄	管理级别	管理雇员的人数	成绩得分
1	A	47	高	22	3
2	B	28	中	10	5
3	B	52	高	105	2
4	A	30	低	3	1

(1)指出试验单元是什么;

（2）描述此项研究中的两个主体；

（3）对每个变量是数量变量还是性质变量作出说明；

（4）识别被测量的变量，并指出是数量变量还是性质变量；

（5）试说明研究者怎样利用样本信息来估计两个总体在平均成绩方面的差异？

4.《美国新闻与世界指导》在"1994 年住宅指南"一栏中提供了美国一百个城市现有住宅的价格信息。《美国新闻与世界指导》所调查的每所住宅记录中有若干变量，其中有 5 个变量为：

（1）城市　　　　（2）县区　　　　（3）住宅类型（安居型、小康型或豪华型）

（4）上市天数　　（5）销售价格

要求：识别这些变量所产生的数据类型（定量型或定性型）。

5. 一条大规模生产汽车变速器的装配线被置于质量监控之下。每隔 1 小时，质量管理员就从生产线上抽选 50 个变速器检测有无缺陷。这 50 件被检产品中不合格品（有缺陷的产品）所占的比例，被用作这一过程的质量的度量。只要任何 1 小时内不合格品的比率超过了某一规定的上限，就要对生产线采取调整措施，以改进以后的产品质量。

（1）试描述汽车变速器生产商感兴趣的过程。

（2）描述样本。

6. 一家人力资源研究机构曾进行过一项关于论功增薪的研究，旨在确定论功付酬政策与雇员们的工作成绩有多大程度的实际联系。此项研究工作的一个方面，就是在一年内对这 16 家公司中最大一家公司的 3990 名员工实施论功增薪政策。经分析后发现，有半数以上的增薪额在 7% 到 10% 之间。

（1）试识别研究者感兴趣的变量，这个变量是数据变量还是性质变量？

（2）参与论功增薪的 3990 名员工代表总体还是样本？试作说明。

7. 当日产公司 1989 年推销其新型无限豪华轿车——英菲尼迪时，其电视广告战曾以手法新颖著称：无论什么地方都见不到这种汽车。在广告画面中，有茂密的森林、巨大的砾石、明亮的闪电和海洋的波涛，就是没有汽车。在一项有 1000 名顾客参加的全美盖洛普民意测验[①]中，这个广告被评为能引起最佳回忆的商业电视广告。

（1）此项研究属可数性研究还是分析型研究？

（2）指出民意调查者感兴趣的总体。

（3）识别样本。

（4）所搜集的数据是定量数据还是定性数据？

（5）盖洛普民意测验所作的推断是什么？

8. 一家成功的廉价服装商店已经营了 30 年。某种特定品牌的蓝色工装裤必须提前一个月向制造商订货。为避免损失，这家商店每个月都必须预测蓝色工装裤的月销售量。假定商店已准备好以往 10 年的月销售量记录。这个信息将被用于月需求的预测。

（1）应采用何种类型的统计研究？

（2）如果廉价商店将以往 10 年内蓝色工装裤的月销售量数据视作选自某个总体的样

---

① 美国民意调查机构——美国舆论研究所进行的调查项目之一，因 1935 年由 G. 盖洛普创办该所而得名。总部设在普林斯顿，民意测验每年举行 20~25 次。调查内容涉及政治、经济、社会等诸多领域。

本，试描述概念性总体。

（3）试提出一种方法，使这家廉价服装店能利用以往 10 年的月销售量记录预测蓝色工装裤的月需求。

9．为了探究工作人员的自尊心和积极不公平与岗位工作生产率之间的关系，曾进行过一项可数性研究，这项研究的参与者是在私立英格兰大学修读工业心理学课程的 80 名大学生。要求这些学生完成一项校对任务，按工作的小时数付给他们报酬。不过对其中某些人付给过高的小时工资（积极不公平条件），对其余学生则只付公平的小时工资（公平条件）。研究结果发现，自尊心强的个体在积极不公平条件下的生产率比在公平条件下的生产率高，而自尊心弱的个体情况正相反。

（1）此项研究中的变量是以完成的任务量来衡量生产率。这个变量按其性质而言是数量变量还是性质变量？

（2）在这项研究中，我们可以设想四种实验条件：① 强自尊心/积极不公平；② 强自尊心/公平；③ 弱自尊心/积极不公平；④ 弱自尊心/公平。试描述与这四种条件相对应的总体。

（3）假定在每种条件下工作的学生各有 20 名，试识别样本。

（4）你是否认为这些样本能充分代表（1）中所描述的总体？

（5）你是否认为这些研究结果是通过分析总体数据得出的？还是来自样本信息？

10．一般认为，通用产品编码符号扫描系统大大节约了超市顾客的结账时间。为了了解对超市顾客的平均结账时间，在一个有通用产品编码符号扫描系统的超市，观察由 500 名顾客组成的样本，记录下每名顾客的结账时间。

（1）识别所测量的变量及其类型。

（2）描述被抽样的总体。

（3）假如你利用这 500 名顾客的平均结账时间来估计在这家超市购物的所有顾客的平均结账时间，你是否预期样本均值会等于总体均值？作出解释。

复习题参考答案

一、简答题

1．描述统计和推断统计。

2．确定总体；确定变量；收集样本数据；根据样本对总体进行推断；推断的可靠性测量。

3．定量数据（数值）；定性数据（分类）。

4．对数据进行描述；利用样本数据对总体作出推断。

5．它使我们能利用正确选出的样本，对每一种统计推断提供一种可靠性度量。

二、单项选择题

1．D　2．D　3．C　4．B　5．B　6．C　7．A　8．C　9．C　10．D

三、多项选择题

1．BD　　2．BC　　3．BDE

四、计算(分析)题

1. 总体是所有在 6:30 看到广告的观众；总体单位是每一位在 6:30 看到广告的观众；
样本是受到电话采访的观众。

2. (1) 性质变量　　　(2) 数量变量　　　(3) 性质变量

　　(4) 数量变量　　　(5) 数量变量　　　(6) 性质变量

3. (1) 加拿大制造工人

　　(2) 所有 A 型工人的成绩；所有 B 型工人的成绩

　　(3) 行为类型：性质变量；年龄：数量变量；管理级别：性质变量；管理雇员的人
　　　　数：数量变量；成绩得分：数量变量

　　(4) 工作成绩：数量变量

　　(5) 计算 A 型工人和 B 型工人两个样本平均成绩之差

4. (1) 性质变量　　　(2) 性质变量　　　(3) 性质变量

　　(4) 数量变量　　　(5) 数量变量

5. (1) 所生产的全部变速器的质量

　　(2) 每小时检验的 50 个变速器中每一个变速器的状态(合格或不合格)

6. (1) 论功增薪：数量变量　　　(2) 样本

7. (1) 可数性研究

　　(2) 全部顾客

　　(3) 参加民意测验的 1000 名顾客

　　(4) 定性数据

　　(5) 英菲尼迪广告是能引起最佳回忆的广告

8. (1) 分析型研究

　　(2) 以往和将来所有年份的月销售量

　　(3) 略

9. 略

10. 略

第 2 章　统计数据的搜集

2.1　统计数据的来源

统计数据是统计分析的素材，数据的初始来源都是通过统计调查和实验观察。但是，在社会经济研究和统计实践中，统计研究者取得统计数据的来源通常有间接来源和直接来源。间接来源通常也叫做二手资料，即研究者根据统计研究的需要，引用他人搜集或研究过程中产生的数据；而直接来源则是研究者根据自身研究需要，设计调查方案或实验，直接从研究对象中取得的数据。

2.1.1　数据的间接来源

二手资料的取得相对容易，研究者在查阅相关文献后，与所研究的主题相关的资料已经存在，只需要在原有资料的基础上加工、整理即可得到研究所需的数据。这类数据通常可以从以下渠道取得：

一些宏观经济社会数据可以从网站获得。国家宏观经济数据，如 GDP、CPI、就业人口、省市地方经济相关数据、世界其他各国人口数、教育、对外贸易等进出口数据，可以通过国家统计局、省市地方统计局、政府机构、国外统计机构、国际组织、专业经济组织、行业协会等网站直接取得或者根据发布的数据加工整理以满足经济社会研究的需要。一些重要的网站，在国家统计局网页上都给出了相关链接，下面罗列了部分重要网站：

国家统计局网站：http：//www.stats.gov.cn

教育部网站：http：//www.moe.gov.cn

财政部网站：http：//www.mof.gov.cn

商务部网站：http：//www.mofcom.gov.cn

上海证券交易所：http：//www.sse.com.cn

中国人民银行：http：//www.pbc.gov.cn

中国行业协会商会：http：//www.fctacc.org

美国国家统计局：http：//www.fedstats.gov

美国普查局网站：http：//www.census.gov

世界银行：http：//www.worldbank.org.cn

联合国统计司：http：//unstats.un.org

一些专业性研究所需数据可以从专业性的年鉴、学术杂志、专业报纸、学术研讨会、各类经济信息中心发布的公告取得。

还有国家图书馆、高校和各类专业性图书馆收藏的专业性的数据库,这些专业型数据库在帮助研究者得到一些重要数据的同时,还可以给研究者提供相关问题研究的背景资料、研究思路等,如中国期刊网数据库、中宏数据库。

二手数据由于比较容易取得,搜集成本相对较低,在经济研究和经济决策中应首先考虑是否有二手资料可用。但是在运用时一定要注意数据的计算口径、范围与所研究问题的差异。例如,衡量收入时我国有城镇居民可支配收入、农村居民纯收入,还有某些统计机构发布的行业从业人员收入状况,运用时需要仔细分辨收入所包含的内容(口径),避免简单对比产生的错误,必要时可对数据进行调整,同时需要弄清楚某些数据的统计方法,例如,这些数据是抽样、普查,还是其他问卷方式得到的,数据的统计方法可能影响到数据的可比性;在应用以货币计量的经济数据时,不同时间或区域的价格水平、汇率等也会影响到数据的可比性,必要时需对数据进行甄别和修正。

2.1.2 数据的直接来源

当缺少符合研究需要的二手数据时,研究者从研究对象中取得一手资料,搜集一手数据最基本的方式就是进行统计调查或进行实验活动,统计调查或进行实验就是统计数据的直接来源。

统计调查是指根据统计研究预定的目的、要求和任务,运用科学的方法,有计划、有组织地从客观实际搜集资料的过程。通过统计调查得到的数据,一般称为观测数据。实验法是直接获得统计数据的又一重要来源。通过实验法得到的数据就是实验数据。在社会经济研究中,由于经济现象、社会现象是事先客观存在的,一般不能通过设计实验来观察,往往需要通过问卷、调研等方式获取数据。

实验法不仅是一种搜集数据的方式,也是一种重要的研究方式。它是通过有意识地改变或控制某些输入变量,观察其他输出变量的变化,从而得到对事物本质或相互联系的认识。为了观察对输入变量的控制是否会导致输出变量的改变,在实验中,往往需要将研究对象分为两个组:一个是实验组,一个是对照组。对实验组的输入变量加以控制或改变,而对照组则不加控制,根据两组的输出结果,可以看出输入变量对输出变量的影响。

运用实验法要注意的是:首先,实验组和对照组的产生应当是随机的,研究对象的不同单位应当被随机地分配到实验组或对照组,而不应是经过有意识的挑选的;其次,实验组和对照组还应当是匹配的,也就是研究对象的背景资料应当是大体相同的,至少不要差异太大。例如,在传统的产科医院里,婴儿出生后产妇被要求以与婴儿隔离的方式照顾婴儿,从而研究这种方式是否会影响母婴之间的亲密关系(Klaus & Kennels,1972),那么如何产生实验组和对照组呢? 如果让产妇自主选择,这种方法则不可取,因为那些爱孩子的产妇自然会选择自己照顾婴儿。假如要取得28名产妇作为研究对象,就应该根据类似抓阄的方法随机地将 28 名产妇分成实验组和对照组,要求实验组的产妇和婴儿采用隔离照顾的方式,而控制组采用不隔离、自己照顾的方式。这种取得样本的方法相对要科学得多,然而这也会产生另外一个问题,即是否尊重个人意愿或更具人性呢? 因此在社会学、医学等领域取得样本不但要考虑科学性,有时也必须考虑是否更加人性或者符合伦理道德,然而不幸的是,两者往往很难兼顾。

在实证研究中，得出结论前一定要考虑观察数据和实验数据的区别。由于在实验条件下，很多条件是可控的，这样得出的结论相对客观。例如，要考察钢铁中加入某些稀土元素对其耐高温性能的影响，除了稀土元素种类、添加比例不同外，其他条件都保持一致，那么耐高温性能的变化就主要是由稀土元素种类、添加比例影响而产生的。但是运用观察数据得出结论时就必须慎重，例如，考察吸烟对身体健康（如患支气管炎）的影响，由于伦理原因不能够将人群随机分为实验组和对照组做实验，只能根据现实世界观察所得的数据进行研究，那么人群的年龄结构、性别结构、收入结构、健康观念、医保水平、生存环境等都可能影响身体健康水平，而这些因素很难保证相同，甚至找不出仅在是否吸烟上存在差异而其他条件都相同的两个人，故要得到数量足够的样本几乎不可能。而一个人是否吸烟与其健康观念、医保水平等存在相关性，这时如果不考虑其他因素的影响，仅根据吸烟组和非吸烟组患支气管炎比率的差异来考察吸烟对患支气管炎的影响，往往会夸大吸烟对健康的影响。在社会经济研究中，绝大多数情形是依赖观察数据的分析，这也给社会经济研究带来很多困难。基于此，在统计学方法的发展进程中，有一条主线就是针对观察数据中存在的问题不断提出新的方法。

2.2　统　计　调　查

2.2.1　统计调查方案

统计调查是社会经济研究中取得一手资料的重要方法。统计调查首先要根据经济研究的需要，制定详细的统计调查方案，对统计调查工作作出总体的安排。统计调查方案一般包括五个内容（5W）：

（1）调查目的（Why）。调查目的是调查数据的行动指南。

（2）调查对象和调查单位（Who）。调查对象和调查单位解决向谁调查的问题。

（3）调查项目（What）。调查项目是调查的具体内容，调查项目就是调查单位的某个或某些属性。

（4）调查时间（When）。调查时间是所调查的资料所属期间或时点，调查时间要和调查工作的开展时间区分开来。

（5）调查组织实施（How）。调查组织主要包括调查所需资金人员的配置、调查方式方法的选择以及调查地点、时间安排和每个阶段的主要任务等。

2.2.2　统计调查的分类

（1）按调查对象包括的范围的不同，统计调查可分为全面调查和非全面调查。全面调查是对被调查对象中所有的单位全部进行调查，其主要目的是要取得总体的全面、系统、完整的总量资料，如普查。全面调查要耗费大量的人力、物力、财力和时间。非全面调查是对被调查对象中的一部分单位进行调查，如重点调查、典型调查、抽样调查和非全面统计报表等。

（2）按登记时间是否连续，统计调查可分为经常性调查与一次性调查。经常性调查是随着调查对象在时间上的发展变化，而随时对变化的情况进行连续不断地登记。其主要目的是获得事物全部发展过程及其结果的统计资料。一次性调查是不连续登记的调查，它是对事物每隔一段时期后在一定时点上的状态进行登记。其主要目的是获得事物在某一时点上的水平、状况的资料。

（3）按调查的组织方式的不同，统计调查可分为统计报表制度和专门调查。统计报表制度是按照国家统一规定的调查要求与文件（指标、表格形式、计算方法等）自下而上地提供统计资料的一种报表制度。专门调查是为了某一特定目的而专门组织的统计调查，包括普查、抽样调查、重点调查、典型调查等。

2.2.3　常见的抽样组织方式

1. 统计报表制度

统计报表制度是各级政府统计部门依法实施国家统计调查项目、部门统计调查项目和地方统计调查项目的业务工作方案；是关于统计指标、统计表式、统计对象、统计范围、调查方法、调查频率等统计制度方法要素的规范表述和统一规定；是政府综合统计部门对同级政府各有关部门、上级统计部门对下级统计部门关于统计调查工作的综合要求。统计报表制度具有权威性和法规约束性。

作为政府统计的重要手段，统计报表制度根据《中华人民共和国统计法》的有关规定制订。随着信息化技术的发展，统计报表基本采用电子化报表制度、数据自动化处理，相互调用，实现统计信息共享。

2. 普查

普查是针对一个国家或者一个地区重要的国情、国力等社会经济现象的总量专门组织的一次性全面调查。普查涉及面广，指标多，工作量大，时间性强。普查作为一种特殊的数据搜集方式，具有以下几个特点。

1）一次性的或周期性的

由于普查涉及面广、调查单位多，需要耗费大量的人力、物力和财力，通常需要间隔较长的时间，一般每隔 10 年进行一次，如我国的人口普查从 1953 年至 2000 年共进行了五次。今后，我国的普查将规范化、制度化，即每逢末尾数字为"0"的年份进行人口普查，每逢"3"的年份进行第三产业普查，每逢"5"的年份进行工业普查，每逢"7"的年份进行农业普查，每逢"1"或"6"的年份进行统计基本单位普查。

2）规定统一的标准时点

标准时点是指对被调查对象登记时所依据的统一时点。调查资料必须反映调查对象的某一时点上的状况，以避免调查时因情况变动而产生重复登记或遗漏现象。例如，我国第五次人口普查的标准时点为 2000 年 11 月 1 日零时，就是要反映这一时点上我国人口的实际状况；农业普查的标准时点定为普查年份的 1 月 1 日 0 时。

3）规定统一的普查期限

在普查范围内各调查单位或调查点应尽可能同时进行登记，并在最短的期限内完成，以便在方法和步调上保持一致，保证资料的准确性和时效性。

4）规定普查的项目和指标

普查时必须按照统一规定的项目和指标进行登记，不准任意改变或增减，以免影响汇总和综合，降低资料质量。同一种普查，每次调查的项目和指标应力求一致，以便于进行历次调查资料的对比分析和观察社会经济现象发展变化的情况。

5）数据较准确，规范化程度较高

由于普查的组织程序规范，数据一般比较准确，因此它可以为抽样调查或其他调查提供基本依据。

6）使用范围较窄

由于普查往往是针对基础性的社会经济数据进行调查，所以使用的范围相对较窄。相对而言，抽样调查的应用范围则更为广泛。

3. 抽样调查

普查由于工作量大、成本花费大、组织工作复杂，因此只有重大的经济总量才采用普查的方法。更多的研究数据是通过抽样调查的方法取得。抽样调查是一种非全面调查，它是从全部调查研究对象中，抽选一部分单位进行调查，并据以对全部调查研究对象做出估计和推断的一种调查方法。根据抽选样本的方法，抽样调查可以分为概率抽样和非概率抽样两类。概率抽样是按照概率论和数理统计的原理从调查研究的总体中，根据随机原则来抽选样本，并从数量上对总体的某些特征作出估计推断，对推断中可能出现的误差可以从概率意义上加以控制。而非概率抽样是指样本的取得并不完全遵循概率随机原则，因此并不能根据取得的样本数据通过概率推论的原理对总体做出严格的统计推断，但在实践中往往起到了解基本情况、提炼研究假设等作用。

1）简单随机抽样

简单随机抽样也称为纯随机抽样，是指对总体不进行任何形式的分组，直接从 N 个单位中随机抽取 n 个单位作为样本，使每个可能的样本被抽中的概率相等的一种抽样方式。随机抽取并不是"随意"，要保证总体中的任何一个单位有相同的几率进入样本，通常有些基本方法，一般是在确定了样本容量后，采取抽签或随机数表的方法抽取。

简单随机抽样在抽样中应用广泛，但是要取得可靠的数据必须首先明确抽样框，抽样框即是研究对象的所有单位。例如，我们要了解某高校学生每周用于课外阅读的时间，则该校所有学生名册就是一个非常完整准确的抽样框，我们可以根据名册排序后采用随机数表形成样本。但是如果研究者仅从出入图书馆的同学中每隔几分钟选取一人形成样本，则无意间缩小了抽样框，严格意义上由所得数据推测出的该校学生课外阅读时间可能会偏高，这类误差被称作抽样框误差。一个典型的案例是 1936 年美国总统选举前，一份颇有名气的杂志的工作人员做了一次民意调查，调查兰顿（当时任堪萨斯州州长）和罗斯福（当时的总统）中谁将当选下一届总统。为了了解公众意向，调查者通过电话簿和车辆登记簿上的名单给一大批人发了调查表。通过分析收回的调查表，显示兰顿与罗斯福得票数比为57：43，于是杂志预测兰顿将在选举中获胜。但实际选举结果正好相反，最终得票数比为38：62，罗斯福在选举中获胜。其实在 1936 年，拥有电话和汽车的只是少数富人，这种方法无意间缩小了抽样框。

明确了抽样框后，就可以采用随机数表的方法形成样本。随机数表是由随机生成的 0～9 十个数字所组成的数表，每个数字在表中出现的机会是相同的，它们出现在表上的顺序是随机的。下面介绍随机数表的用法，随机数表取得样本的方法一般有三种。

第一种，假如我们从 $N=788$ 的总体中随机抽取 $n=30$ 个单位作为样本，那么我们可以在随机数表中选择任意的三列，依次取出总体单位编号在 001 到 788 中间的 30 个作为样本。

第二种，如果从 $N=288$ 的总体中随机抽取 $n=30$ 个单位作为样本，因为理论上三列数字取值在 000～999 之间，如果我们选择 001～288，则会有很大一部分数字在这个区间之外，这种情况下一般将取到的三位数除以 288 后的余数作为总体单位号进入样本，例如，取到 769，那么 $769/288=2\cdots193$，那么取总体单位编号为 193 进入样本。

第三种方法则更为简单，由于在 Excel 中有两个随机数函数——RAND 和 RANDBE-TWEEN。RAND 是返回取值在 0～1 之间的随机数，而 RANDBETWEEN 是返回自定义范围内的随机数，针对 $N=788$，我们可以运用 RANDBETWEEN 函数取 1～788 中的随机数。

采取简单随机抽样抽取样本时，根据先期取得的样本单位是否放回总体再参与后期的抽样，可以把简单随机抽样分为重置抽样（也叫放回抽样）和非重置抽样（也叫不放回抽样）。从总体单位数为 N 的总体中抽取样本容量为 n 的样本时，在取得每一个样本单位并做记录后重新放回总体，再继续抽取下一个样本单位，直至抽满 n 个单位的方式叫做重置抽样，在这种情况下，理论上有 N^n 个可能样本。如果在取得一个样本单位后不放回总体，继续抽取下一个样本单位，直至抽满 n 个单位的方式叫做非重置抽样，在这种情况下，理论上有 C_N^n（从 N 中取 n 的组合数）个可能样本。

2）等距离抽样

等距离抽样是将总体单位排序后按等距离的方式抽取样本。例如，从总体单位数为 N 的总体中抽取 n 个作为样本，我们按顺序排列后将总体分为 n 组，每一组单位数 $m=\left[\dfrac{N}{n}\right]$，然后在第一组随机取第 r 个进入样本，依次 $r+m$，$r+2m$，$\cdots$，$r+(n-1)m$ 进入样本，样本容量为 n，如果 $r+nm\leqslant N$，也可以进入样本，此时样本容量是 $n+1$。

例如，要从 229 个学生中抽取 20 个学生调查其成绩，则可以将总体按学号排序后依次分成 20 组，每组 $\left[\dfrac{229}{20}\right]=11$ 人，在 0～11 之间随机选择一个数，假设选 3，则学号为 3，3+11，$3+2\times11$，$\cdots$，$3+19\times11$ 的进入样本，由于 $3+20\times11=223<229$，因此第 223 号也可以进入样本，此时样本容量为 21 个。如果首次选择 $r=10$，由于 $10+20\times11=230>229$，则选择到 $10+19\times11=219$ 为止共 20 个单位。

等距离抽样操作也相对简单，在实际运用中尤其是当掌握了与所要调查的项目相关的其他项目信息时，可按照已知的相关信息进行排序，采用等距离抽样。例如，想采取抽样调查的方式了解家庭收入状况，则可根据前些年已有的收入普查数据进行排序，等距离抽取样本进行调研。或者为了了解家庭支出状况，由于支出与收入有着很强的相关性，如果之前有过收入数据的信息，则可以按照收入数据进行排序。

3）分层抽样

分层抽样也叫类型抽样。它是从一个可以分成不同子总体（或称为层）的总体中，按规定的比例从不同层中随机抽取样品（个体）的方法。这种方法的优点是样本的代表性比较好、抽样误差比较小。尤其是在掌握了所调查的变量分布相关信息，根据经验可以判断层内变量差异较小而层间变量差异较大时，分层抽样可以较大幅度地减小抽样误差。例如，要了解青少年的身体素质状况，由于男女在身体某些机能中差异较大，因此可以按照性别进行分组，在每一组内按一定比例取子样后组合成样本。

分层抽样保证了样本中包含各种特征的抽样单位，样本的结构与总体结构接近，从而能保证抽样估计的精度，同时可以研究总体内不同层的分布特征。采用分层抽样，各层样本的抽查方法是相对独立的，可以是随机数表法，也可以是系统选样法。分层抽样要取得良好的效果，就要选择好分层变量，理想的分层变量是那些与测量变量存在高度相关的变量，否则对总体的分层就失去了意义。

4）整群抽样

整群抽样是先将总体单元分为若干个群，然后随机地选择部分群体作为抽样样本，调查样本群中的所有单元，整群抽样可以按照自然分群或按照需要分群。

与简单随机抽样相比，整群抽样使得样本单位相对集中，其优点是大幅度地降低了抽样调查的费用。整群抽样的缺点是相对于随机抽样，抽样精度小、误差大。

2.2.4 社会调研中的问卷设计

调查研究是社会研究中重要的研究方式。调查研究往往需要根据自填式问卷或者结构式访问的方法取得数据资料，通过对来自某种社会群体的样本数据的统计分析，认识社会经济现象及其规律。运用调查研究的领域非常广泛，调查研究已经深入到社会生活状况调查、社会问题调查、市场调查、民意调查、公共安全舆情调查、学术研究等各个方面。问卷（questionnaire）是获取调查数据最重要的工具之一。

1. 问卷的结构

问卷是一份精心设计的表格，用以测量人们的行为、态度和社会特征等属性。尽管不同研究领域的问卷差异很大，但从基本格式上来看，问卷包含问卷说明、问题及答案、编码几个部分。

1）问卷说明（开场白）

问卷说明部分的目的是向被调查者说明本次调查的目的、调查单位或调查者的身份、调查的大概内容、调查对象的选取方法和涉及到被调查者隐私的保密措施、填写说明等，开场白要求简明扼要，语言中肯。下面是某市税务系统"员工心理状态、感受和履职状态"的调查问卷的开场白。

尊敬的女士/先生：

您好！

感谢您花费宝贵的时间和精力来填写这份问卷！我们是××省××地方税务局

"员工心理状态、感受和履职状态"的课题组人员，为切实了解地税系统公务员队伍的职业心态、职业行为与工作效率之间的关系，提高公务员队伍工作的有效性，特通过问卷向您咨询有关问题，调查结果仅作研究之用，希望您能提供真实的想法。

此问卷共分为五个部分，为了保证调查的质量，请根据您在工作中的实际感受对下列问题进行相应选择。

本问卷采用匿名方式，答案没有对错之分，问卷的发放、收回、分析、保管均由课题组负责。

再次感谢您的支持与配合！祝您工作愉快！

××省××地方税务局

2）问题及答案

问题及答案是问卷的主体，也是问卷设计的主要内容。从形式上看，问题可分为开放式与封闭式两大类。

所谓开放式问题（open-ended question），是指对问题的回答未提供任何具体的备选答案，由被调查者根据自己的想法自由作出回答，属于自由回答型。开放式问题的优点是：比较灵活，适合于收集更深层次的信息，特别适合于那些尚未弄清各种可能答案或潜在答案类型较多的问题。而且开放式问题可以使被调查者充分表达自己的意见和想法，有利于被调查者发挥自己的创造力。随之而来的缺点是：由于会出现各种各样的答案，给调查后的资料整理带来一定困难，例如，在"员工心理状态、感受和履职状态"调查中的下列问题。

您认为在人员选聘中存在的主要问题是什么？

——。

所谓封闭式问题是指对问题事先设计出了各种可能的备选答案，由被调查者从中选择。此类问题答案是标准化的，有利于被调查者对问题的理解和回答，也有利于调查后的资料整理。封闭式问题对答案的要求较高，对一些比较复杂的问题，有时很难把答案设计周全；封闭式问题的答案是选择回答型，所以设计出的答案一定要穷尽和互斥。根据封闭式问题的回答方法，答案设置的方法有两项选择法、多项选择法、顺序选择法、评定尺度法、双向列联法五种。

（1）两项选择法。这种方法要求被调查者选择其中之一来回答。优点是被调查者只需在二者之中选择一项，回答比较容易，调查后的数据处理也很方便。如：您的性别：A. 女 B. 男。

（2）多项选择法。多项选择法在设计问卷时，对一个问题给出三个或三个以上的答案，让被调查者从中选择进行回答。根据需要可分为：单项选择型、多项选择型和限制选择型。单项选择型要求被调查者对所给出的问题答案选择其中的一项；多项选择型要求被调查者对所给出的问题答案中,选出自己认为合适的答案,数量不受限制;而限制选择型要求被调查者在所给出的问题答案中,选出自己认为合适的答案,但数量要受一定限制。例如:

单项选择型:

   您的受教育程度:

   A. 大专及以下　　　B. 本科　　　　　C. 硕士(含 MBA)　　　D. 博士及以上

多项选择型:

   您工作中最乐于接受的奖励方式是:(可多选)

   A. 口头表扬　　　　B. 物质奖励　　　C. 带薪休假　　　　　D. 岗位轮换

限制选择型:

   吸引您选择中华牙膏的因素主要是(请选择你认为最重要的两项):

   A. 价格　　　　　　B. 香型　　　　　C. 使用功效　　　　　D. 包装

   E. 销售渠道　　　　F. 促销

（3）顺序选择法。顺序选择法的问题答案有多个,要求被调查者在回答时,对所选的答案按要求的顺序或重要程度加以排列。其中,对所选的答案数量可以进行一定的限制,也可以不进行限制;问题答案不仅可以反映所要调查的内容,而且可以反映出被调查者对问题的看法,从而增加了信息量,例如:

您在购买这种牌子的电视机时,主要考虑哪些因素?

   A. 产品的品牌

   B. 价格合理

   C. 售后服务

   D. 外形美观

   E. 维修方便

   请按您认为的重要程度排序: □ □ □ □ □

（4）评定尺度法。评定尺度法问题的答案,由表示不同等级的形容词组成,并按照一定的程度排序,由被调查者依次选择,有三分法、五分法、十分法等,下面是两个五分法评定尺度问题的例子。

你在工作中的压力和不愉快很多来自部门合作

   A. 非常认可　　　　B. 比较认可　　　　C. 一般认可

   D. 不太认可　　　　E. 很不认可

你在工作中的压力和不愉快很多来自和客户的交往

   A. 非常认可　　　　B. 比较认可　　　　C. 一般认可

   D. 不太认可　　　　E. 很不认可

（5）双向列联法。双向列联法采用交叉表的形式将两个问题综合到一起，这种问题结构能提供单一问题不能提供的信息。例如：你选择以下三种品牌的轿车主要基于哪些方面的考虑？

	神龙富康	捷 达	桑塔纳
1. 耗油量低			
2. 外观大方			
3. 乘坐舒适			
4. 整车价格合理			
5. 驾驶容易			
6. 制动性好			
7. 维修方便			
8. 零配件齐全			
9. 故障率低			
10. 售后服务周到			

2. 问卷设计的原则和注意事项

（1）问题描述简单明了，范围清晰，同时易于理解。

无论是问题还是备选答案都要简单明了，语言通俗规范，易于理解。对于一般公众而言，某些学科中的专业词汇可能不被人们熟知或者不易于理解，一般不要出现在问卷中。例如，"您本月的食品支出同比增加百分之几？"，这里"同比增加"这样的专业词汇并不是每个人都能准确理解，最好不要出现在问卷中。

问题的范围一定要清晰准确，例如，"请问您花费在音像制品上的金额是多少？"，这里对于"音像制品"包含哪些不同的人可能会有不同的理解；另外"花费"是一个月的花费还是一年的花费，是指购买音像制品、租赁音像制品还是直接在电影院等观看欣赏的花费。

问题的设计要考虑调查者的需要，同时要站在被调查者的角度理解问题，反复修订，避免被调查者的误解或者对问题产生歧义。

（2）问题应当让被调查者有确定的理解。

对于调查者想了解的信息，应该准确表达。例如，"你对百货商场的印象如何？"作为问题出现在调查问卷中就不大合适，由于问题表达过于笼统，调查者可能得不到想要的信息，达不到预期效果。如果想取得相关信息，可具体分成几个问题来提问，例如，"您认为百货商场的商品品种是否齐全？"、"您认为百货商场的商品价格是否合理？"、"您对百货商场的购物环境是否满意？"、"您对百货商场的服务质量是否满意？"等。这些问题都从不同角度和侧面描述了被调查者对商场的印象，问题更为具体和准确，易于被调查者把握问题的关键。

（3）一个提问只包含一个内容。

一个提问只包含一个内容有利于被调查者准确回答。例如，"您觉得这种新款轿车的加速性能和制动性能怎么样？"，调查者实际上想了解两个内容，分成两个问题更利于被调查者准确回答："您觉得这种新款轿车的加速性能怎么样？"、"您觉得这种新款轿车的制动性能怎么样？"。

（4）避免使用诱导性问题。

为了保证回答的客观性，问题中不要使用一些含有诱导性、暗示性或者倾向性的词汇。一些褒义词、贬义词、否定词尽量避免，尽量使用中性词汇如"一般、无所谓"等。例如，"你不赞成大学生在校期间谈恋爱吗？"，这种提法就具有诱导性，有一定的倾向性，容易诱导被调查者回答失真。合适的提法是"你对大学生在校期间谈恋爱有何看法？"。

（5）注意回避个人隐私。

一些关于年龄、财产、收入、婚姻状况等问题，在某些情况下被调查者可能不愿意回答或者不真实回答，应该注意措辞或者采取适当的方式消除被调查者的顾虑。涉及社会道德规范或个人隐私的问题被访者往往也不愿意回答或者不真实回答。对于敏感问题，可以采用一些处理技巧，通常常有第三人称法、关联提问法、释难法、数值归档法、假设法等。

首先介绍第三人称法。如针对"您是否有逃漏税行为？"，被访者往往不愿客观回答，采用第三人称法转换后被访者就不会特别敏感，例如：

有些人经常逃漏税，您认为他们逃税最主要的原因是：

　　A. 认为税率过高　　B. 心存侥幸心理　　C. 认为国家没有妥善处理税款

您赞同他们的想法吗：

　　A. 赞同　　B. 不赞同

关联提问法可以避免被访者过于敏感，同时也能获得一些信息。例如，想了解被访者的业余生活，如果问题是"请问你的业余生活如何安排？"，可能致被访者尴尬，换成"您周围的朋友平时业余时间主要做些什么？"既避免了被访者的戒备心理，同时也能够获得相应信息。

释难法是在问题前面加一段有助于缓解被调查者心理压力或戒备的文字，之后被调查者往往就会有勇气正面真实地回答问题。例如，在调查中学生早恋现象时，可以加上"在现代社会开放的文化背景下，中学生恋爱已经并不罕见，在许多家长眼中，这是孩子正常成长过程中的正常经历"，然后继续下面的问题："你是否谈过恋爱？"。

涉及到女性具体年龄或者被访者的具体收入时，被访者可能不愿意客观回答，则可以采取数值归档法，避免被访者过于敏感，同时也能达到调查目的。例如，对于女性年龄"Q：您的年龄是？"，选项可以是数值归档，如"A. 18 岁以下，B. 18～25 岁，C. 26～35 岁，D. 36 岁以上"。

假设法是在问题之前给出一种假设场景，然后再了解被调查者的真实想法。为了能够取得客观准确的数据，必须明确可能影响问卷质量的各种因素，避免问题设计对数据质量产生影响。例如，"Q：假设你大学刚毕业打算结婚，你会采取买房还是租房？"。

3. 问卷设计的步骤

问卷设计一般需要经过四个阶段：探索性阶段、设计问卷初稿阶段、试用分析阶段、修改定稿阶段。

探索性阶段工作的主要任务是了解和熟悉研究对象的基本情况，对各种问题的提法和可能答案有一个初步认识。通过与个别研究对象的接触交谈，了解被调查者对调查者所关心的问题的基本看法和理解程度。在反复与被调查者交流的过程中，我们的问题会逐渐清晰，为恰当地设计好问题的提法奠定基础。设计问卷初稿阶段可以将调查者关心的每一个问题逐一列出，仔细推敲，每一问题的答案也一并列出。再按照问题所涉及的内容初步分块，形成几大块问题，按照问题的信息相关程度、难易程度进行编排。试用分析阶段的主要工作是在一个小范围内试填问卷，分析问卷的填写错误及其原因；问题的提法是否让被调查者正确地理解；问题的答案是否互斥并被正确理解；答案填写是否完整，是否恰当地获得了调查者关心的信息；问卷的回收率如何；如果回收率较低，原因是什么。这个阶段要尽可能地咨询相关专家和行业内人员。修改定稿阶段的主要工作是对试用分析阶段发现的问题逐一修改，最终定稿。

4. 问卷题型的设计、数量与顺序

问卷题型设计一般以选择题为主，包括单选、多选和限定选项等，答案的设计必须穷尽和互斥，也可以有少量填空型题目，开放式的题目数量不宜过多。问题的数量并没有严格要求，但一般情况下完成一份问卷的时间控制在 30 分钟以内为宜，特殊的有报酬的问卷题目可以多些。题目的顺序应该是先简单、后复杂，先封闭式问题、后开放式问题。

2.3 数 据 误 差

数据误差是指通过调查搜集到的数据与研究对象真实结果之间的差异，数据误差可分为两类：抽样误差和非抽样误差。

2.3.1 抽样误差

抽样误差（sampling error）是由于抽样的随机性而产生的误差。由于抽样具有随机性，因此在抽样过程中，样本统计量与总体参数间一定存在差异。抽到的样本统计量与总体参数之间的误差称为实际的抽样误差，然而在实际抽样中存在两个问题：一是总体的真实参数往往是未知的；二是在总体很大时，所有可能样本的数目非常大，不可能将所有可能样本一一抽到。因此，就某一次抽样而言，真实的抽样误差有多大并不能完全确定。根据概率统计的知识，可以得到抽样的平均误差，以及在假定总体服从一定的分布形态的条件下，得到抽样误差的分布形态。

由于抽样的随机性是客观存在的，因此抽样误差是必然存在而无法避免的。但是，根据概率论的知识，我们可以根据抽样推断的需要尽量减小抽样误差。影响抽样误差大小的因素主要有两个方面：一是样本容量的大小，样本容量越大，抽样误差则越小，通常在样本容量趋近于总体单位数时，抽样误差也会趋近于零。另一个影响抽样误差的因素是总体的变异程度，总体的变异程度越大，各单位之间的差异就越大，从而抽样的误差也就越大。

总体变异程度越小，各单位的变量值越趋近于一致，抽样误差也越小。

2.3.2　非抽样误差

非抽样误差(non-sampling error)相对于抽样误差而言，是除抽样误差之外，由其他因素引起的样本观察值与总体真实值之间的差异。抽样误差是一种随机误差，只存在于概率抽样中，而非抽样误差则不同，它可能存在于概率抽样、非概率抽样中，也有可能存在于全面调查中。非抽样误差通常产生于下面几种情形。

1. 抽样框误差

抽样框是指抽样的范围，抽样框应该穷尽所有总体单位。在概率抽样中，样本的选取就是在确定了抽样框后，根据概率的原则等可能地选取样本单位。如果在确定抽样框时由于认识模糊或者工作失误，有意无意地缩小了样本框，总体中的某些单位就不可能进入样本或者进入样本的概率违背了等概率原则(随机原则)。例如，要了解某校大学生每周花在课外阅读上的时间，完整的样本框应该是该校所有在册学生名录。但如果为了抽样方便，在该校图书馆随机发放 100 份问卷予以调查，就缩小了样本框和抽样范围，不能保证所有学生以相同概率进入样本。根据这样的样本得到的总体参数估计值必然与总体真实值存在较大差异。抽样框误差的本质实际上是违背了抽样的随机性原则。通常如果在抽样前对总体进行仔细分析，对抽样过程进行规划和安排，这类误差是可以避免的。

2. 回答误差

回答误差是由于被调查者的回答与总体真实情形存在差异而产生的。产生回答误差的具体情形一般有三种：

一是被调查者对问题的理解偏差。在调查过程中，有时被调查者对问卷的理解可能和问卷设计者的理解不完全一致；

二是被调查者的记忆误差。当调查的问题需要被调查者根据自己的记忆来回答时，可能由于时间过久记忆不准确而产生误差；

三是被调查者有意识地回避问题或者给出与真实情形不符的回答。这类情形主要是由于被调查的项目涉及到被调查者的隐私，被调查者不愿给出真实的答案，或者被调查者的真实答案并不符合传统道德的规范，被调查者有意隐瞒真实情形而给出不符合真实情况的答案。

3. 无回答误差

无回答误差就是没有取得被调查者对于问卷的回答而产生的误差。产生无回答误差的情形可能是被调查者主观上不愿回答；也可能是被调查者客观上由于工作忙等原因而无暇回答问卷；还可能是调查问卷在回收过程中丢失。

在实际统计研究中，忽略无回答问题或问卷，可能对统计推断产生影响。例如，在收入调查中，高收入人群往往主观上不愿回答自身的实际收入，在这种情况下，用样本数据对总体进行推断，估计值往往要低于人群的实际收入。又例如要估计科研人员每周花在科学研究上的时间，客观上那些忙于科研工作的人可能无暇填写问卷，那么根据回收的问卷对总体人群进行估计，估计值可能较实际人群花在科研上的时间要低。

因此，对于无回答产生的误差并不能简单地将无回答的问卷忽略。尤其是在问卷回收率较低的情形下，要尽可能想办法提高问卷回收率，或者采取问卷追踪的办法尽可能得到被调查者的回答。

4. 测量误差

测量误差是在调查过程中由于测量工具、测量环境等因素产生的误差。在通过实验取得统计数据时，对数据的测量往往会存在误差。对于社会经济问题采用观察法得到数据时，也要通过调查者自身测量或者观察，在测量或者观察工作量比较大的时候，很难保证测量不出现误差。

2.3.3 数据误差的控制

根据我们前面的分析，抽样误差是由于抽样的随机性产生的，只要是采用概率抽样方法取得数据，抽样误差必然存在，但是依据概率论的知识，根据统计推断的需要可以对抽样误差进行控制。在第6章和第7章中我们将会讨论如何减小抽样的平均误差和根据抽样推断的可信度水平将抽样误差控制在一定范围内。

而对于非抽样误差，产生的原因和情形比较多，因此，应当针对非抽样误差产生的原因，从各方面、各环节出发，采取相应的措施对其实施有效的预防和控制。

1. 科学设计调查方案

抽样调查过程是一项系统工程，事先必须进行周密设计，制定出科学的调查方案，才能在调查的过程中减少非抽样误差。科学地设计调查方案，应着重从抽样框和问卷设计两方面进行考虑。在抽样框方面，要求设计者在编制抽样框之前必须对调查总体的分布结构有一定的认识，在抽选样本之前，要对抽样框加以检查，发现可能存在的问题，进行识别和处理，并采取一定措施加以补救；在问卷设计方面，要求设计者在设计问卷时所提问题除了要符合调查主题外，还要看能否使被调查者完全明确调查的意图并乐意配合作出正确的回答。

2. 加强培训，提高抽样调查队伍的整体素质

抽样调查对抽样调查队伍的素质有较高的要求，它要求统计人员不但要有较高的专业造诣、高度的责任感、良好的职业道德和高度的敬业精神，而且还要有较强的实际工作能力。

调查问卷的设计者应具备的素质和能力是掌握统计推断的大量知识，了解调查内容的有关知识，具有一定的心理学知识并对计算机数据处理有所了解。

调查人员应具备的素质和能力有：一是要有实事求是的工作态度和责任心，善于联系群众；二是熟悉调查目的和内容；三是能掌握并熟练地运用各种科学的调查方式、方法和技术，并能根据搜集资料的特点，合理地选择应用调查方法。

汇总分析人员应具备的素质和能力是能够准确无误地处理数据信息，熟练地应用统计分析方法并能熟练地撰写调查报告。

要全面提高统计队伍的整体素质应采取多种途径和方法，通过举办短期培训班、定期和不定期的理论研讨会、经验交流会，到高等院校进修等方式，培养一支高素质的统计队伍。

3. 重视对调查员的挑选和管理

在抽样调查中，调查员直接同社会上形形色色的人群打交道，如果调查员在调查中不讲究访问技巧和措辞艺术，不善于和不同类型的人打交道，就不可能得到被调查者的有效配合。如果调查员缺少实事求是的工作态度和责任心，没有吃苦耐劳的精神，就不可能取得准确的统计资料。

因此对调查员的挑选和管理是一项重要的工作，也是减少调查误差的一个关键。选择调查员应从理论专业知识、道德品质、应变能力等方面入手，选择那些思想和业务素质较好，工作能力强的调查员。应加强对调查人员的管理，建立行之有效的约束机制，防止调查人员弄虚作假。

4. 采用多种途径，减少被调查者误差

抽样调查要求被调查者能够提供准确、完整的资料，但在实际调查时，由于各种原因，往往会遇到被调查者不回答或故意回答错误的情况，而导致被调查者误差的发生。针对这一情况，一方面要采取适当的方式教育、感化被调查者，使其对调查能有正确的认识，愿意与调查者有效配合；另一方面还要采取有效的方法，减少被调查者误差的发生。

对于一些涉及个人隐私和商业秘密的问题的调查，可以采用随机化回答技术，对被调查者提供的资料保密等来提高回答率；对于被调查者有意无意提供了有偏差的数据而产生的误差，可以采用与有关记录核对、逻辑性检查或用重新调查进行核对等方法对调查的资料进行修正。对于那些为了某种利益而有意歪曲事实，虚报、瞒报，故意造假产生的误差造成严重后果的要追究其法律责任。

5. 做好调查资料的汇总工作，避免汇总误差

对于在调查数据汇总和数据传输过程中产生的误差，从其形成的原因来看，应从两方面进行控制：一是要对调查资料进行严格审核，制定科学的整理方案；二是要采用先进的计算机整理技术。

总之，非抽样误差的大小，直接关系到抽样调查结果的准确性和可靠性。深入分析各种非抽样误差产生的原因，从而找到预防和控制非抽样误差的具体措施，才能确保抽样调查结果的准确性，提高抽样调查资料的质量。

本 章 小 结

一、本章主要概念

本章主要概念包括：数据直接来源和数据间接来源，概率抽样和非概率抽样，样本容量，简单随机抽样，重置抽样和非重置抽样，抽样框和抽样框误差，等距抽样，分层抽样，整群抽样，问卷调查，抽样误差和非抽样误差。

二、本章主要方法

（1）利用网站、年鉴、期刊数据库等搜集相关的二手资料。

（2）使用随机数表选择随机样本。

（3）掌握基本的问卷设计。

本章复习题

一、简答题

1. 数据收集包括哪些方法？

2. 非随机样本可能产生哪些问题？

3. 随机样本有哪些类型？

4. 抽样调查与重点调查、典型调查有哪些主要区别？

5. 若要进行产品质量调查和市场占有率调查，你认为采用什么调查方法最合适？简要说明理由。

6. 简述普查和抽样调查的特点。

二、单项选择题

1. 从含有 N 个元素的总体中抽取 n 个元素作为样本，使得总体中的每一个元素都有相同的机会（概率）被抽中，这样的抽样方式称为（　　）。

A. 简单随机抽样　　　　　　　　　B. 分层抽样

C. 系统抽样　　　　　　　　　　　D. 整群抽样

2. 为了调查某校学生的购书费用支出，从全校抽取 4 个班级的学生进行调查，这种调查方法是（　　）。

A. 简单随机抽样　　　　　　　　　B. 分层抽样

C. 系统抽样　　　　　　　　　　　D. 整群抽样

3. 为了调查某校学生的购书费用支出，将全校学生的名单按拼音顺序排列后，每隔 50 名学生抽取一名进行调查，这种调查方式是（　　）。

A. 简单随机抽样　　B. 分层抽样　　C. 系统抽样　　　D. 整群抽样

4. 在一项调查中，调查单位和填报单位（　　）。

A. 无区别，是一致的　　　　　　　B. 有区别，是不一致的

C. 无区别，是人为规定的　　　　　D. 有区别，但有时是一致的

5. 对家用电器的平均寿命进行调查，应该采用（　　）。

A. 普查　　　　　　　　　　　　　B. 重点调查

C. 典型调查　　　　　　　　　　　D. 抽样调查

6. 抽样调查与重点调查的主要区别是（　　）。

A. 作用不同　　　　　　　　　　　B. 组织方式不同

C. 灵活程度不同　　　　　　　　　D. 选取调查单位的方法不同

7. 调查时限是指（　　）。

A. 调查资料所属的时间　　　　　　B. 进行调查工作的期限

C. 调查工作登记的时间　　　　　　D. 调查资料报送的时间

8. 统计整理阶段最关键的问题是（　　）。

A. 对调查资料的审核　　　　　　　B. 统计分组

C. 统计汇总　　　　　　　　　　　D. 编制统计表

9. 调查项目（　　）。

A. 是依附于调查单位的基本标志　　　　B. 与填报单位是一致的

C. 与调查单位是一致的　　　　　　　　D. 是依附于调查对象的基本指标

10. 为了反映商品价格与需求之间的关系，在统计中应采用（　　）。

A. 划分经济类型的分组　　　　　　　　B. 说明现象结构的分组

C. 分析现象间依存关系的分组　　　　　D. 上述都不正确

三、多项选择题

1. 下列属于原始数据的是（　　）。

A. 统计部门掌握的数据　　　　　　　　B. 说明总体单位特征的数据

C. 说明总体特征的数据　　　　　　　　D. 还没有经过分组汇总的数据

E. 直接向调查单位登记得到的数据

2. 统计调查方案的内容包括（　　）。

A. 确定调查目的

B. 确定调查对象、调查单位和报告单位

C. 确定调查项目和调查表

D. 确定调查方法和调查时间

E. 确定调查人员经费等

3. 重点调查的"重点"单位指（　　）。

A. 在国民经济中作用重要的单位

B. 标志值在总体标志总量中所占比重比较大的单位

C. 全部单位中的一小部分单位

D. 在国民经济中地位显赫的单位

E. 能反映总体基本情况的单位

四、计算（分析）题

1. 许多民意测验都通过邮件进行。在这种抽样方法中，人员的随机样本是从一份被认为构成目标总体的人（如某种产品的购买者）的名单上抽选的。向样本中的每个人寄一份问卷，要求填好后寄回民意测验所。试问：为什么这种类型的调查所产生的样本会产生有偏推断？

2. 下表列出了以往 7 年的最低利率。假定你对利用这些信息预测 1994 年的最低利率感兴趣。

年　　份	最低利率/（%）
1987	8.22
1988	9.32
1989	10.87
1990	10.01
1991	8.46
1992	6.25
1993	6.15

（1）所用统计研究属何种类型？

（2）识别样本。

（3）描述感兴趣的概念总体。

3. 一般认为，欧美企业的管理模式相对比较民主而日韩企业的管理模式相对比较集权。那么，在中国的文化环境下，哪种管理模式更能够适应生存和更具有发展潜力？针对这一问题展开研究。请问：

（1）你认为研究者需要得到哪些数据？

（2）哪些数据是数量数据，哪些是品质数据？

（3）你打算如何取得这些数据？

4. 消费者对网上购物有什么感受呢？为了得到这个问题的答案，某客户关系软件公司对 1859 名美国成人进行了调查。被调查者在过去的一年中至少有一次在线交易的经历，如网上银行交易购物或投保。结果显示，有 1655 名被调查者（即 89% 的人）在进行在线交易时曾遇到技术上的问题，另外 1/3 以上的消费者在网上交易遇到故障时会转而选择其他有同等竞争力的网站。

（1）确定数据收集方法。

（2）确定目标总体。

（3）样本是否具有代表性？

5. 商场里常常可以看到“过去 100 美元，现在 80 美元”之类的促销广告。这种促销是通过比较零售商过去的售价与现在更有竞争力的价格来吸引消费者。《消费者研究杂志》想知道不同商店的价格比较是否会比同一商店内的价格比较更有吸引力。假设从某一指定市场上随机挑选 50 名消费者参与该调查。研究者随机挑选其中的 25 人去看店内的价格比较促销广告（“过去 100 美元，现在 80 美元”），另外 25 人则去看商店之间的价格比较广告（“其他店 100 美元，本店 80 美元”）。然后采用 10 分量表的形式，根据顾客对促销活动的心动程度打分（其中，1 分表示非常不想购买，10 分表示非常想购买），然后比较两组人员的打分结果。

（1）确定数据收集方法。

（2）样本是否具有代表性？

6. 《纽约时报》刊登了一篇文章，就是否应该立法要求摩托车手配戴头盔这一问题进行了讨论。文章中，一个关于哈雷机车车手的杂志的编辑用一项研究结果来说明他对这一问题的看法。这项研究表明，没有立法的 9 个州的摩托车手的事故死亡率低于已经立法的其他州（这 9 个州每万名摩托车手中有 3.05 人死亡，而其他州为 3.38 人）。调查发现，在一项 2500 人参加的拉力比赛中，有 98% 的受访者反对要求配戴头盔的立法。基于以上信息，你认为不戴头盔对摩托车手来说是否安全？你还希望得到哪些统计信息？

7. 公司的一名档案管理员接到一项任务，要求他从公司的 5000 份账单中抽选一个由 26 份账单构成的随机样本，以备审计之用。这名管理员考虑两种抽样方法：

方法 1　将 5000 份公司账单按顾客名字的第一个字母顺序编排，然后从 26 个字母的每个字母中随机抽选一份账单。

方法 2　对每一份公司账单制定一个从 0001 到 5000 的四位数编号，从随机数表中选出 26 个四位数（在 0001 到 5000 的范围内），然后从公司账单中找出相应编号的账单。

试问：你建议这位管理员采用哪一种方法？哪一种抽样方法有可能产生没有代表性的样本？

8. 产品试销被许多公司用作评估消费者是否喜欢某种新产品的手段。常规的产品试销通常要在一年的时间内对目标总体作 3％ 的抽样，这是一个缓慢而且费用很高的过程。《财富》杂志报道说，许多公司正在改用另一些所用样本小得多和所耗时间短得多的方法。有一种方法称为"模拟产品试销"，做法是这样：一位在购物中心被吸引参与试销活动的消费者阅读了某项新产品的广告，并将一件免费样品带回家，稍后她就在电话访问中对这件新产品做出评价。这种电话应答被从事产品试销的公司用来预测潜在销售量。模拟产品试销能较为有效地识别出产品可能会失败，但当产品的潜力看好时，它们的预测就并不成功。为什么这种抽样方法所产生的关于消费者爱好的样本有可能低估一种成功产品的销售量？

9. 电脑犯罪的年度调查。电脑安全协会(CSI)每年都会对美国商业活动中的电脑犯罪情况进行调查，向全美所有政府机构和公司的电脑安全部门发放调查问卷。2010 年 CSI 对 5412 个组织以邮件或电子邮件的方式进行调查，共有 351 个组织完成了该项调查。其中有 1/4 的受访者承认在过去一年中，其所在公司的电脑系统有未经授权即使用的情况。

(1) 确定 CSI 关注的总体。

(2) 确定 CSI 收集数据的方法。这种方法是否有偏差？

(3) 描述 CSI 调查的变量，它是定性的还是定量的？

(4) 从调查结果中可以推断出什么结果？

10.《会计学的行为研究》(2008 年 1 月)发表了一篇有关会计师权术主义特质的研究文章。权术主义描述的是负面特质，包括操纵、狡猾奸诈、欺骗和不良的信仰。一项问卷调查从一所西南部的大学随机抽取了 700 名会计专业的毕业生，然而，部分问卷无回答或答案不完整，只有 198 份问卷可以用来分析。测量的变量包括年龄、性别、受教育水平、收入、工作满意度得分和权术比率得分。这项研究发现在会计行业中未要求通过权术行为获得成功。

(1) 研究者感兴趣的总体是什么？

(2) 每个被测量的变量是哪种类型的数据？（定量或定性）

(3) 界定样本范围。

(4) 界定使用的数据收集方法。

(5) 研究者做出哪些推断？

(6) 无回答可能会对推断产生哪些影响？

复习题参考答案

一、简答题

1. 观察；公开发表的资料；试验设计。

2. 选择偏差；无应答偏差；测量误差。

3. 简单随机样本；分层随机样本；整群样本；系统样本；随机相应样本。

4. 略

5. 略

6. 略

二、单项选择题

1. A 2. D 3. C 4. D 5. D 6. D 7. B 8. B 9. A 10. C

三、多项选择题

1. BDE   2. ABCDE   3. BCE

四、计算(分析)题

1. 并非每个人都将答卷寄回。

2. (1) 分析型。

(2) 1987 至 1993 年的最低年利率。

(3) 过去、现在和将来所有年份的优惠年利率。

3. (1) 衡量企业管理模式的数据、衡量企业经营绩效的数据。

(2) 衡量企业管理模式的数据是品质数据，衡量企业经营绩效的数据是数量数据。

(3) 可以通过问卷调查的方法针对企业的经理人进行调查。

4. (1) 通过调查完成，共有 1859 人完成了调查。

(2) 软件公司关注的是在过去一年中至少进行过一次网上交易的消费者的信息，因此，目标总体即所有至少有一次网上交易的顾客。

(3) 很明显，1859 名被调查者是目标总体的一个子集，构成了一个样本。因为没有提供如何选取该样本的详细信息，因此，无法确定该样本是否具有代表性。如果是通过随机电话拨号获得的，那么它是一个随机样本，具有代表性。但如果问卷放在网上，所有浏览网站的消费者都可以作答，也可以不作答，那么被调查者就是自我选择形成的。这样的调查结果通常会存在无应答偏差。有可能那部分不作答的网络用户或根本没有看到问卷的答案与现在的结果大不相同，导致结果严重低估或高估。

5. (1) 消费者是试验个体。由于研究者控制试验个体的分组情况——"店内比较广告"还是"不同店间比较广告"，因此，该处使用了试验设计的方法收集数据。

(2) 50 名消费者是从指定的市场上随机挑选的。如果目标总体是该商场的所有消费者，则该样本是有代表性的。但是，该样本的信息不能对其他不同的商场情况作出推断。通过试验设计中采用随机化的方法，研究者可以消除可能存在的各种偏差，包括自我选择的偏差。

6. 可以运用统计学思想帮助自己准确地评估这项研究。例如，在评估"98％"这一数据的有效性时，你需要知道这些数据是如何收集的。如果这项调查是有组织有目的地实施的，那么很可能 2500 名车手的样本并不是在目标人群——所有摩托车手中随机挑选的，而是"自选"的。(他们全都是参加了同一拉力赛的车手，该拉力赛可能是倾向于反对就戴头盔立法的。)如果受访者对该立法有强烈的看法(强烈的反对倾向),那么数据结果就很可能有严重偏差。同时,如果样品中的偏差是蓄意的,那么数据的调查员可能被指控实施了"不道德的统计实践"。

7. 略

8. 略

9. 略

10. 略

第 3 章 统计数据的图表展示

统计数据分析就是揭示数据的分布规律以及变量之间的关系,统计图表往往是最直观和易于理解的数据分布及变量关系的展示工具。

3.1 品质数据的整理与显示

3.1.1 分类数据的整理与显示

分类数据(也称为品质变量、名义变量或虚拟变量)是对总体单位分类的一种描述,通常只能用文字进行描述。分类数据的整理首先是进行分类,只有进行分类后才能观察出总体的分布特征,包括每一类的频数 、频率等。展示分类数据的图表通常有柱形图(Histogram)、饼图(Pie Chart)、条形图(Bar Chart)和帕累托图(Pareto Chart)。如果要反映多个总体结构类型的比较,可选择对比条形图或者环形图。

1. 柱形图

例 3.1 下面是调研了 60 名大学生最喜欢的运动项目后得到的数据(表 3-1),通过对数据的分类反映数据的分布情况。

表 3-1 60 名大学生最喜欢的运动项目统计情况

序号	性别	项目	序号	性别	项目	序号	性别	项目
1	男	足球	11	男	羽毛球	21	男	足球
2	男	足球	12	男	网球	22	男	足球
3	男	篮球	13	男	网球	23	男	排球
4	男	篮球	14	男	网球	24	男	羽毛球
5	男	足球	15	男	网球	25	男	乒乓球
6	男	足球	16	男	羽毛球	26	男	其他
7	男	足球	17	男	足球	27	男	足球
8	男	足球	18	男	足球	28	男	足球
9	男	足球	19	男	足球	29	男	足球
10	男	网球	20	男	羽毛球	30	男	足球

续表

序号	性别	项目	序号	性别	项目	序号	性别	项目
31	女	足球	41	女	羽毛球	51	女	排球
32	女	排球	42	女	羽毛球	52	女	排球
33	女	羽毛球	43	女	羽毛球	53	女	羽毛球
34	女	乒乓球	44	女	网球	54	女	排球
35	女	其他	45	女	网球	55	女	排球
36	女	羽毛球	46	女	羽毛球	56	女	羽毛球
37	女	羽毛球	47	女	网球	57	女	排球
38	女	羽毛球	48	女	网球	58	女	羽毛球
39	女	排球	49	女	网球	59	女	排球
40	女	羽毛球	50	女	网球	60	女	排球

对数据的分类可以借助 Excel，相对于手工分类而言，Excel 的速度快、准确性高。在 Excel 中，首先需要对数据进行分类汇总，列出汇总数据表，然后根据数据表生成图表。

注意： 在 Excel 中进行操作时，必须将同一个变量保存在一列。对于其他统计软件如 SPSS、SAS、MINTAB 等，数据的保存格式也类似，一列可以为一个变量，而一行通常表示一个个案(case)。

方法一： 首先按照项目对数据排序后，运用分类汇总得到结果，如图 3-1 所示。数据表左上方的数字 1、2、3 代表三个层级；下方有“+”或“-”号，点击“+”号本层级的细目展开，点击“-”号本层级的细目折叠，只显示汇总数。通过对结果的表格形式稍作编辑便可得到分类表。

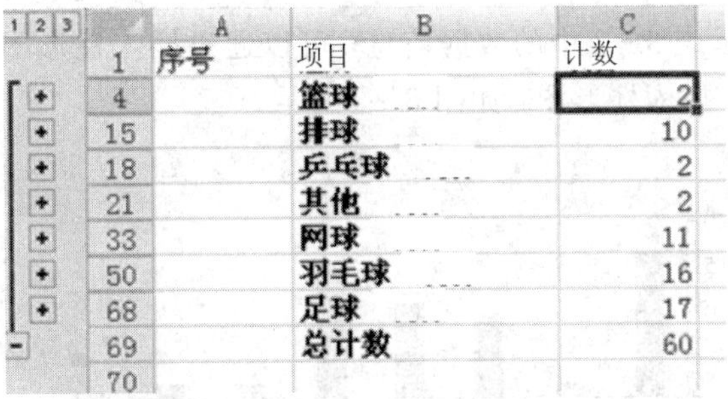

	A	B	C
1	序号	项目	计数
4		篮球	2
15		排球	10
18		乒乓球	2
21		其他	2
33		网球	11
50		羽毛球	16
68		足球	17
69		总计数	60
70			

图 3-1　按项目排序后的分类汇总结果

方法二： 运用 COUNTIF 函数进行汇总，如图 3-2 所示。在函数对话框中选定相应参数单元格，注意绝对引用和相对引用的灵活运用，按下回车键后复制公式，通过 Excel 中函数复制功能，可得到如表 3-2 所示的表格。

注意： 在 Excel 中单元格引用有相对引用、绝对引用和半绝对引用。形如“A1”为相对引用，形如“A1”为绝对引用，形如“$A1”为列绝对行相对引用，形如“A$1”为列相对行绝对引用。正确掌握单元格引用方式对用 Excel 处理统计数据大有益处。

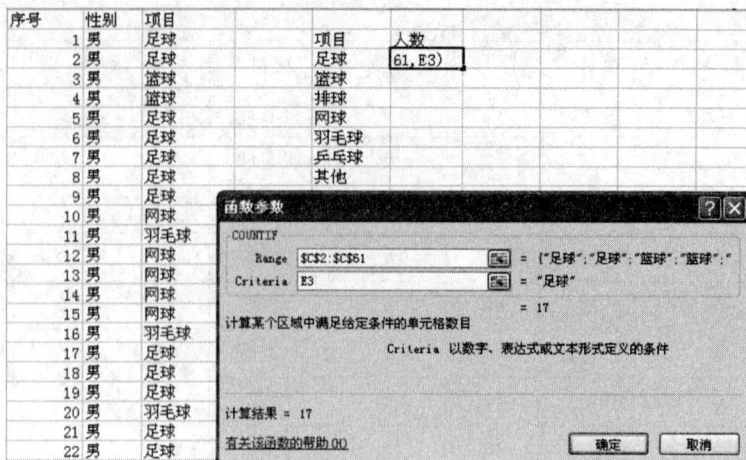

图 3－2　运用 COUNTIF 函数进行分类汇总示意图

表 3－2　运用 COUNTIF 函数分类汇总的结果

项　　目	人数	百分比
足球	17	28.3%
篮球	2	3.3%
排球	10	16.7%
网球	11	18.3%
羽毛球	16	26.7%
乒乓球	2	3.3%
其他	2	3.3%
合计	60	100.0%

为了更直观地表示表 3－2 中的数据信息，可以通过插入柱形图工具来实现。在 Excel 中选定表格数据区域，插入柱形图，如图 3－3 所示。

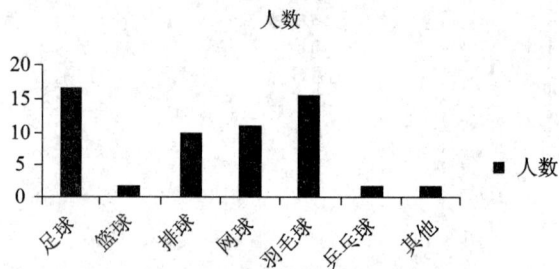

图 3－3　60 名大学生最喜爱的运动项目分布

2. 饼图

针对分类数据表 3－2，如果在插入图表时选择的图表类型为饼图，就可以得到如图 3－4 所示的饼图。图表标签可以设置成频数，也可以设置成百分比形式，在图 3－4 中设置成百分比的形式。

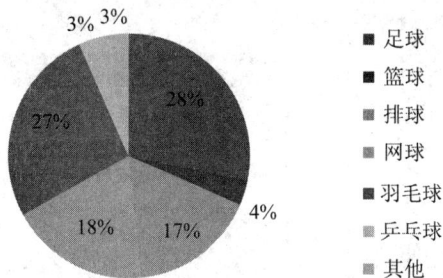

图 3-4　60 名大学生最喜爱的运动项目分布饼图

3. 对比条形图

对比条形图用于对两个或两个以上的总体结构进行对比显示，例如下面调查了三名投资者的投资组合，数据表格见表 3-3，对比条形图的结果如图 3-5 所示。

表 3-3　A、B、C 三名投资者的投资组合数据　　　　　万元

资金配置	A 投资者	B 投资者	C 投资者
股票	25.5	35	75
基金	5	15	42
债券	50	50	30
定期存款	35	52	25
总计	115.5	152	172

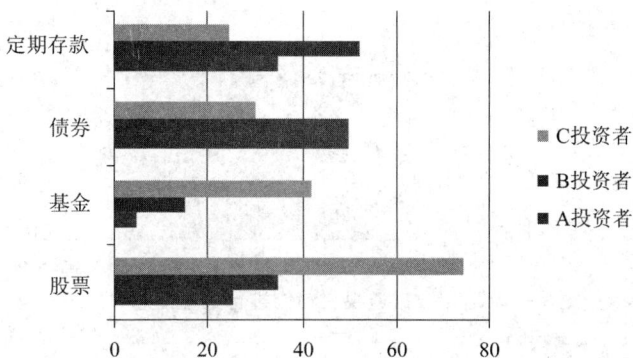

图 3-5　A、B、C 三名投资者投资组合

上面的例子是针对已经分类的数据采用对比条形图进行展示。针对尚未整理的原始数据，Excel 提供了"数据透视表"和"数据透视图"功能进行分类展示。假如针对例 3.1 需要反映男、女生喜欢的运动项目之间的差异，则需要按照性别对运动项目进行分类汇总，可利用 Excel 2007 提供的数据透视表功能，插入数据透视表和数据透视图。

第一步：选择"插入"——"数据透视表"，如图 3-6 所示。

第二步：分别将"项目"、"性别"拖动至列标签和行标签，将"项目"拖动至"Σ 数值"项，选择"计数型"汇总方式，得到数据透视表，如图 3-7 所示。

第三步：结合数据透视图展示类似于对比条形图的数据信息，如图 3-8 所示。

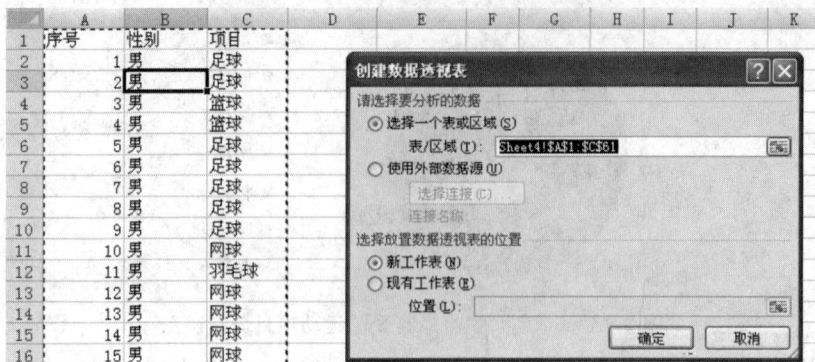

图 3-6　运用数据透视表功能进行数据汇总(之一)

图 3-7　运用数据透视表功能进行数据汇总(之二)

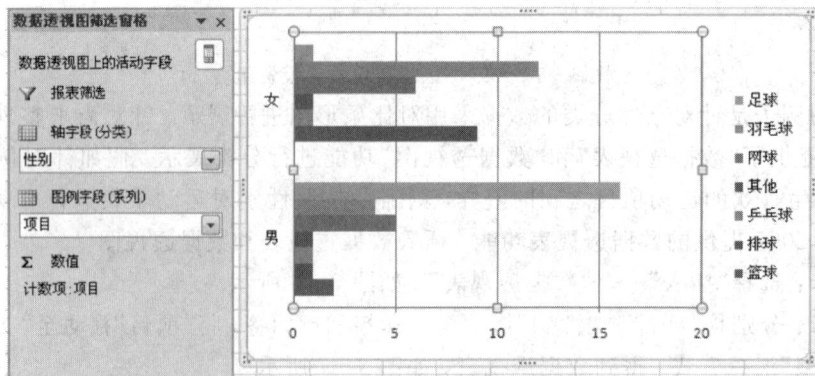

图 3-8　运用数据透视表功能进行数据汇总(之三)

4. 帕累托图

帕累托图是质量统计分析中常用的图形，为了更加清晰地找出次品形成的主要原因，帮助进行质量控制，常将频数按照由高到低的次序排列，实质上也是柱形图。但这种数据通常的特点是少数类型的变量值占了总体比重的绝大多数。帕累托图也经常和累计分布图一起使用。

例 3.2　在某塑料器具的生产过程中，器具经常会夹杂气泡，影响使用效果。经过记录分析一个月中生产线上的 1632 件次品，形成气泡的主要原因有 8 种，对其分类见表 3-4。下面依次列出每一种原因。

表 3-4　次品原因分类统计

次品原因	次品数	占比/（%）
R3	577	35.36
R1	327	20.04
R6	217	13.30
R7	185	11.34
R2	121	7.41
R5	98	6.00
R4	86	5.27
R8	21	1.29
合计	1632	100.00

R1：原料含水分、溶剂或易挥发物；

R2：料温高，加热时间长，塑料降聚分解；

R3：注射压力小；

R4：螺杆退回过早；

R5：模具排气不良；

R6：模温低；

R7：注射速度太快；

R8：模具型腔内有水分、油脂或脱模剂不当。

帕累托图就是按照频数的多少依次进行排序，用柱形图的形式列出每一类的频数，如图 3-9 所示。在处理原始未分组数据时，如果我们借助 Excel 中的"直方图"工具，则只需要在选项框"帕累托图"前面打钩即可。

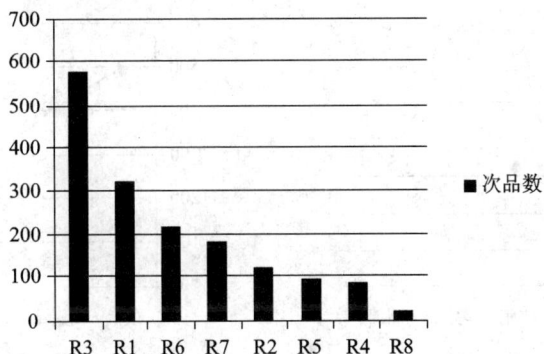

图 3-9　次品原因分布的帕累托图

3.1.2　顺序数据的整理与展示

由于顺序数据可以排序，因此可以用条形图或饼图反映其分布规律（类似于分类数据），同时由于具有实际意义，顺序数据的累计通常还可以用到频数累计分布图。频数累计的方法一般有向上累计和向下累计两种。

例 3.3　针对黄金周期间对不同城市旅游景点满意程度进行调查，选取两个城市的 500 名游客调查数据，分析游客对景区价格的看法，汇总数据如表 3-5 和表 3-6 所示。

表 3-5 A 城市游客对门票价格的评价

对门票价格的评价	人数	向上累积频数	向下累积频数	百分比/(%)	向上累积百分比/(%)	向下累积百分比/(%)
很高	95	95	500	19.0	19.0	100
较高	114	209	405	22.8	41.8	81.0
适中	116	325	291	23.2	65.0	58.2
较低	99	424	175	19.8	84.8	35.0
很低	76	500	76	15.2	100	15.2
合计	500	—	—	100	—	—

表 3-6 B 城市游客对门票价格的评价

对门票价格的评价	人数	向上累积频数	向下累积频数	百分比/(%)	向上累积百分比/(%)	向下累积百分比/(%)
很高	160	160	500	32.0	32.0	100
较高	120	280	340	24.0	56.0	68.0
适中	97	377	220	19.4	75.4	44.0
较低	73	450	123	14.6	90.0	24.6
很低	50	500	50	10.0	100	10.0
合计	500	—	—	100	—	—

由此可做出 A 城市游客对门票价格的评价累计图，向上累计和向下累计分别见图 3-10 和图 3-11。

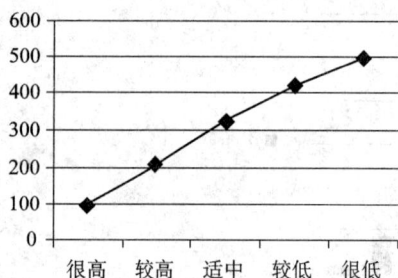

图 3-10 A 城市游客对门票价格的评价（向上累计）

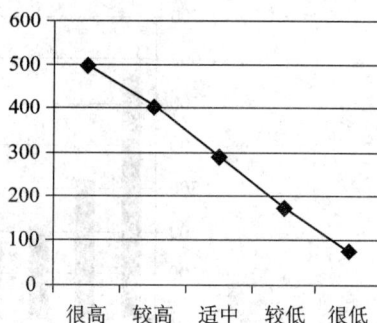

图 3-11 A 城市游客对门票价格的评价（向下累计）

由累计图的形态可以观察数据的分类特征，如果近似于一条直线，则说明比较接近于均匀分布。累计曲线的凹凸代表了不同的分布特征，同学们可以自己思考。

如果需要比较两个城市游客对门票价格评价的差异，则可以通过环形图来反映。在 Excel 2007 中环形图的做法是选定两张表中需要用环形图展示的频数区域（本例选择百分比）和其中一张表的分类标题，插入环形图即可（图 3-12）。观察环形图，由"很高"顺时针累计（向上累计），A 城市游客比例的累计增速较快，说明整体上 A 城市游客认为门票价格较高。

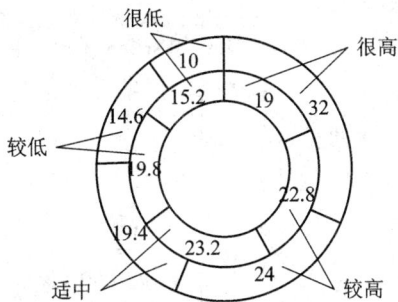

图 3-12　A、B 两城市游客对景点门票价格的评价环形图

3.2　数值型数据的整理与显示

一般情况下，必须通过分组才能观察数值型数据的分布规律，数值型变量分组方法采取单变量分组和组距分组的方式，如图 3-13 所示。单变量分组适合变量值不多的情形，多数为离散型变量；组距分组适合变量值较多的情形，多数为连续型变量。组距分组有等距分组和异距分组两种，采取等距分组还是异距分组往往取决于数据的特征和研究的需要。

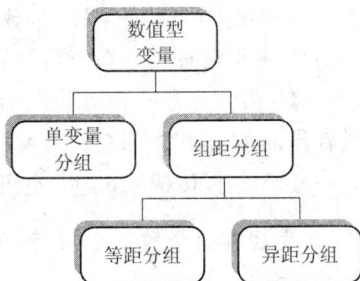

图 3-13　数值型变量分组方法

1. 单变量分组

例 3.4　某车间共有工人 18 名，在某天加工零件的过程中，观察记录每个工人生产的次品数：1，1，0，0，0，0，0，3，1，1，1，0，0，2，0，2，1，1。如何对数据进行分组展示？

解　本例中的数据为单变量，对其分组可采用表 3-7 所示的方式。

表 3-7　某车间 18 名工人某天生产的次品数分布

次品数	工人数	百分比/(%)
0	8	44.44
1	7	38.89
2	2	11.11
3	1	5.56
合计	18	100.00

2. 组距分组

例 3.5　为研究中学生的身体素质状况，在某市随机抽取 150 名中学生进行测量。150 名学生的身高数据如图 3-14 所示。

序号	身高（cm）	序号	身高（cm）	序号	身高（cm）	序号	身高（cm）	序号	身高（cm）
1	176	31	166	61	169	91	171	121	165
2	170	32	172	62	158	92	171	122	165
3	167	33	174	63	156	93	177	123	161
4	170	34	169	64	169	94	169	124	163
5	158	35	163	65	169	95	170	125	168
6	162	36	167	66	166	96	171	126	173
7	164	37	169	67	157	97	167	127	167
8	164	38	169	68	161	98	164	128	176
9	170	39	159	69	172	99	165	129	160
10	159	40	174	70	169	100	167	130	152
11	164	41	164	71	171	101	170	131	171
12	169	42	168	72	168	102	170	132	164
13	166	43	161	73	168	103	169	133	163
14	159	44	162	74	169	104	167	134	172
15	164	45	163	75	169	105	168	135	163
16	166	46	171	76	175	106	172	136	174
17	157	47	164	77	168	107	167	137	162
18	164	48	163	78	169	108	178	138	166
19	158	49	172	79	160	109	162	139	165
20	166	50	167	80	163	110	167	140	168
21	171	51	163	81	164	111	180	141	170
22	171	52	168	82	162	112	172	142	162
23	172	53	166	83	161	113	162	143	173
24	156	54	168	84	173	114	165	144	164
25	160	55	174	85	170	115	182	145	163
26	169	56	157	86	170	116	158	146	168
27	172	57	169	87	162	117	169	147	159
28	172	58	169	88	169	118	172	148	170
29	174	59	170	89	170	119	171	149	161
30	168	60	176	90	164	120	169	150	161

图 3-14　某市 150 名中学生的身高数据

对于数值型数据，只有通过分组才能观察其分布态势，分组的步骤如下：

第一步：计算变量的全距，即 $R=$ 最大—最小值 $=182-152=30$。当数据量多、不易观察时，可在 Excel 中通过排序或者借助极值函数 MAX 和 MIN 来计算。

第二步：确定变量的组数，一般情况下取 5～15 组，也可根据如下公式来确定：

$$K=1+\frac{\lg n}{\lg 2}\quad（n\text{ 为观察值个数 150}，K\text{ 约为 }8～9\text{ 组}）$$

第三步：确定组距，$d=\dfrac{R}{K}=\dfrac{30}{8}=3.75$，组距一般取 5、10、20、100 等整数，对于本例而言，取 5 比较合适。

第四步：确定组限，从最小值开始，将最小值放入最低组，依此类推。

下面介绍在 Excel 中运用直方图工具进行分组。

第一步：在 Excel 中输入分组界限。Excel 要求给定每组的上限，选择"数据分析——直方图"，如图 3-15 所示。

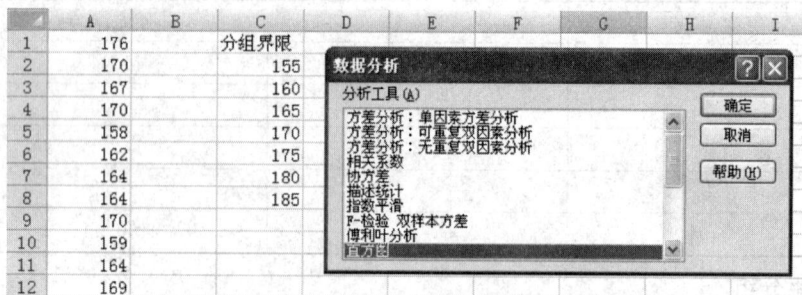

图 3-15　利用直方图对数值型数据分组（之一）

第二步：选择"输入区域"为原始数据区域（切记数据为一列），"接收区域"为分组上限，"输出区域"为图表存储位置，如图 3-16 所示。

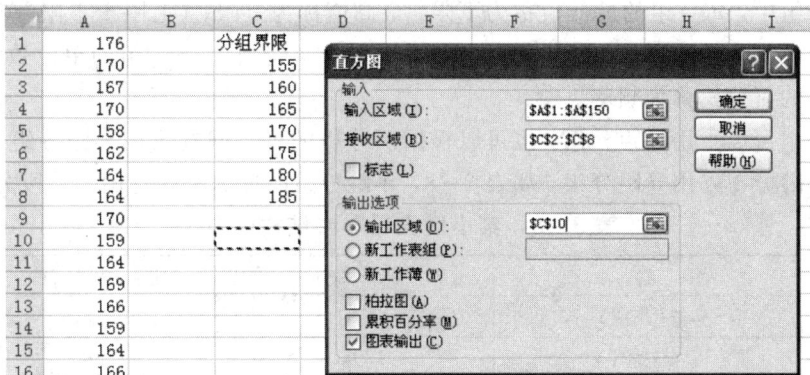

图 3-16　利用直方图对数值型数据分组（之二）

第三步：按确定后图表输出如图 3-17 所示。

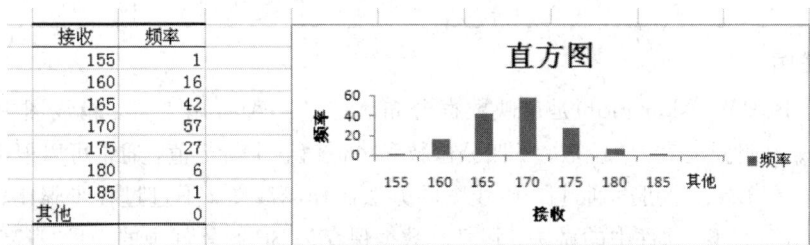

图 3-17　利用直方图对数值型数据分组（之三）

第四步：对图表进行编辑修饰。将表中的"接收"下的上限改为身高区间，删除"其他"组（注意："其他"组频数必须为 0，说明分组没有重复，也没有遗漏）。将直方图柱体间距缩小到 0（具体方法是右击直方图柱体—设置数据系列格式—鼠标拖动"分类间距"下的间距）。对于直方图输出的表格可以根据需要计算百分比、累计频数等，如图 3-18 所示。

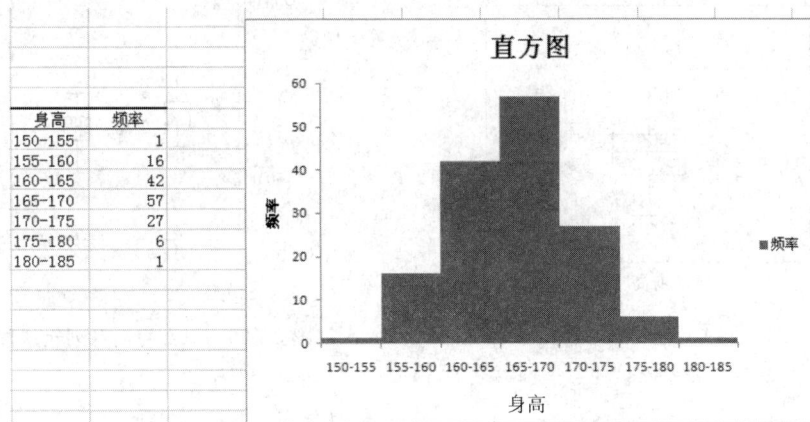

图 3-18　利用直方图对数值型数据分组（之四）

第五步：其他图形的选择。如果需要输出其他图形，可在输出的直方图中点击鼠标右键，选取其他图表类型，如"饼图"等。

组距分组中，每一组的最低值称为下限，最高值称为上限；(上限＋下限)/2 称为组中值，组中值可以用来近似表示每一组的一般水平或平均水平；每一组的单位数称为频数；每一组所占的百分比称为频率。

组距分组可以采用等距分组，也可以根据所分析的经济问题采用异距分组。例如，某小区人口年龄分布采用异距分组，如表 3-8，年龄分组的依据是联合国年龄段分类标准。

表 3-8　某小区人口年龄结构分布

年　龄	人　数	比　例/(%)
0~6 岁(儿童)	705	4.43
7~17 岁(少年)	1205	7.58
18~40 岁(青年)	7093	44.60
41~65 岁(中年)	4702	29.56
66 岁以上(老年)	2200	13.83
合计	15 905	100.00

3. 箱线图

箱线图(Box-Whisker plot)是反映数据分布态势的一种常用工具，箱线图中包含了变量的最高值、上四分位值、中位数、下四分位数和最低值五个特征值，通常可以根据未分组数据直接得到。在 Excel 中可以通过做 K 线图的方法制作箱线图，不过过程步骤比较复杂，在这里我们给出在 SPSS 软件中的做法，将身高数据保存为 SPSS 软件中的变量"身高"。

第一步：选取"图形"菜单中的"箱图"。

第二步：选取变量"身高"，点击确定后得到身高箱线图，见图 3-19。

系列箱线图可以在多总体比较中很好地反映总体分布的差异，例如，根据性别分组做系列箱线图，男女身高的差异就可以得到清晰的反映，见图 3-20。

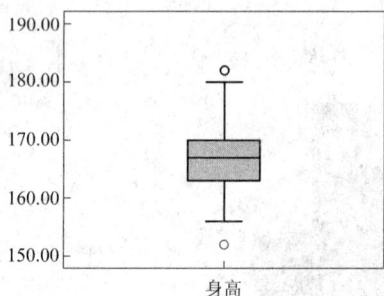

图 3-19　身高箱线图

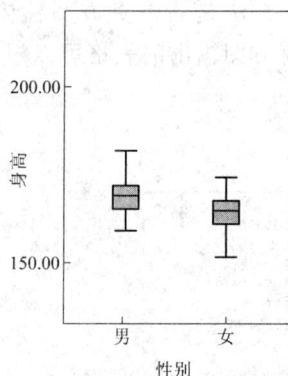

图 3-20　男女身高系列箱线图

4. 茎叶图

茎叶图(stem-leaf display)是一个与直方图相类似又不同的特殊工具，茎叶图保留原始资料的资讯，直方图则失去原始资料的讯息。茎叶图的优点是没有损失统计图上原始数据的信息，所有数据信息都可以从茎叶图中得到。表 3 - 9 是某班 36 名学生的英语测试成绩，成绩的十位数做"茎"，个位数做"叶"，制作茎叶图如图 3 - 21 所示，从中可以看出茎叶图与直方图之间的关系。

表 3 - 9　某班 36 名学生的英语测试成绩

学号	英语成绩	学号	英语成绩	学号	英语成绩	学号	英语成绩
1	74	10	71	19	98	28	71
2	85	11	73	20	79	29	87
3	73	12	89	21	78	30	66
4	81	13	86	22	80	31	77
5	67	14	68	23	81	32	87
6	73	15	57	24	45	33	69
7	60	16	89	25	74	34	64
8	78	17	96	26	76	35	76
9	84	18	83	27	59	36	78

茎	叶	频数
4	5	1
5	7　9	2
6	0　4　6　7　8　9	6
7	1　1　3　3　3　4　6　6　7　8　8　8　9	14
8	0　1　1　3　4　5　6　7　7　9　9	11
9	6　8	2
合计		36

图 3 - 21　某班 36 名同学英语测试成绩的茎叶图

5. 折线图

折线图(Ploygon)通常用来反映时间序列数据的变化规律。表 3 - 10 列示了我国 2004—2013 年的 GDP 及其构成情况，图 3 - 22 反映了三大产业增加值的变化趋势。

表 3 - 10　我国 2004—2013 年的 GDP 及构成

指标	2004	2005	2006	2007	2008	2009	2010	2011	2012	2013
GDP	160 714	185 896	217 657	268 019	316 752	345 629	408 903	484 124	534 123	588 019
第一产业增加值	20 902	21 804	23 313	27 783	32 747	34 154	39 355	46 153	50 893	55 322
第二产业增加值	73 530	87 127	103 164	125 145	148 098	157 850	188 805	223 390	240 200	256 810
第三产业增加值	66 283	76 965	91 180	115 091	135 907	153 625	180 743	214 580	243 030	275 887

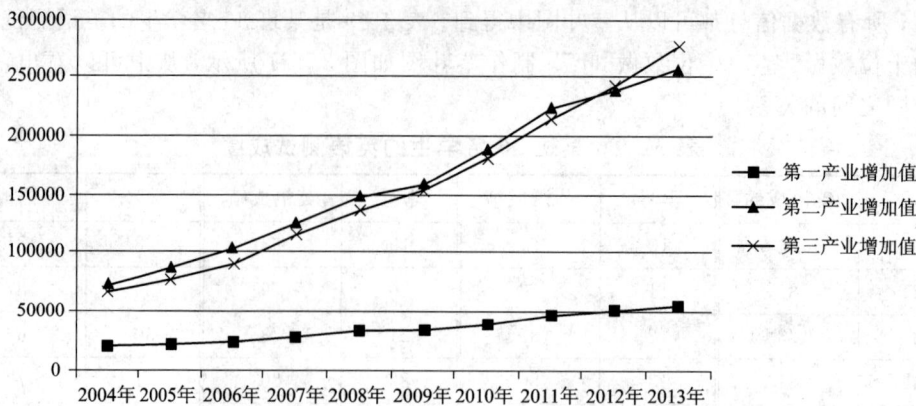

图 3-22　2004－2013 年三大产业增加值的变化趋势

6. 散点图

散点图(Scatter Plot)能够更好地探索变量之间的关系。例如,为了帮助软件系统研究者了解软件漏洞,由不同的软件测试者进行测试以查找软件中存在的漏洞数。软件测试者的经验用软件测试者的工作时间来表示,记录不同软件测试者查找出的漏洞数。表 3-11 列出了 60 名测试者测试经验和发现软件漏洞数的数据。

表 3-11　软件测试者经验与查找出漏洞的个数

测试者	软件测试者经验/小时	发现软件漏洞数	测试者	软件测试者经验/小时	发现软件漏洞数	测试者	软件测试者经验/小时	发现软件漏洞数
1	50	11	21	110	20	41	95	16
2	55	11	22	75	14	42	105	19
3	100	17	23	85	16	43	125	20
4	99	17	24	95	18	44	135	21
5	85	16	25	65	15	45	88	17
6	150	20	26	88	15	46	68	13
7	220	26	27	90	18	47	89	16
8	60	12	28	105	18	48	95	17
9	70	14	29	120	18	49	155	21
10	80	16	30	110	19	50	165	21
11	80	15	31	75	14	51	145	21
12	64	14	32	85	15	52	150	23
13	68	13	33	95	18	53	220	27
14	95	17	34	65	15	54	180	25
15	105	18	35	88	17	55	190	25
16	150	23	36	90	18	56	180	24
17	120	20	37	115	20	57	190	26
18	88	17	38	120	19	58	245	28
19	98	16	39	175	24	59	250	29
20	105	18	40	165	22	60	200	25

在 Excel 中选择数据区域后插入散点图，如图 3-23 所示。注意将软件测试者经验设置成横坐标而将漏洞个数设置成纵坐标。

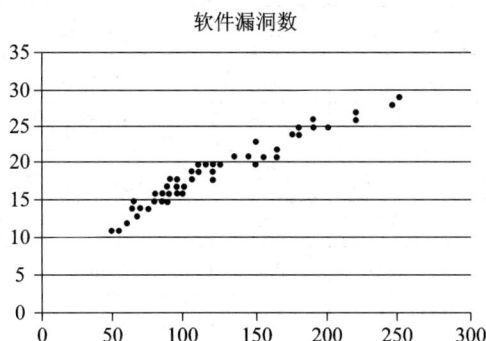

图 3-23 测试者测试经验和发现软件漏洞数的散点图

3.3 统 计 表

统计表是表现数字资料整理结果最常用的一种表格。统计表是用由纵横交叉的线条所绘制的表格来表现统计资料的一种形式。统计表一般由表头(总标题)、行标题、列标题和数字资料四个主要部分组成，必要时可以在统计表的下方加上表外附加。

1. 统计表的结构

(1) 表头。表头应放在表的上方，是表的名称。它所说明的是统计表的主要内容，包括统计表的名称和填报单位、日期、数值单位、表号等。

(2) 表体。表体是统计表的主体部分，包括行标题、列(栏)标题和数据区域三块。行标题通常安排在表的左边第一列，说明所研究问题的类别名称(也叫主词)；列标题通常安排在统计表的第一行，说明经济问题的指标名称(也叫宾词)；中间部分为数字区域。

(3) 表外附加。表外附加(也叫表脚、表注)通常放在统计表的下方。表外附加列明填表人、复核人、负责人，便于明确责任及查询，必要时说明资料来源、指标的注释等内容。

表 3-12 是一个包含了表头、表体、表外附加的完整的统计表。

表 3-12 2013 年普通本科分学科学生数 人

	毕业生数	招生数	在校生数	预计毕业生数
总　计	3 199 716	3 814 331	14 944 353	3 497 450
其中：女	1 623 403	2 090 027	7 738 044	1 710 277
哲学	2034	2930	9205	2104
经济学	193 530	223 473	882 890	210 209
法学	122 676	138 050	535 423	132 181
教育学	104 691	139 887	517 344	115 184
文学	355 662	366 416	1 479 974	366 583

续表

	毕业生数	招生数	在校生数	预计毕业生数
其中：外语	200 312	199 856	813 777	202 609
历史学	15 773	18 370	70 836	17 129
理学	248 790	277 254	1 076 027	263 721
工学	1 058 768	1 274 915	4 953 334	1 171 858
农学	58 752	68 658	259 837	61 125
医学	192 344	238 919	1 064 363	211 467
管理学	575 152	697 484	2 750 404	645 874
艺术学	271 544	367 975	1 344 716	300 015
总计中：师范生	342 076	351 062	1 436 507	358 307

2. 统计表的作用

统计表与统计图一样，其作用一是用数量说明研究对象之间的相互关系；二是用数量把研究对象之间的变化规律显著地表示出来；三是用数量把研究对象之间的差别显著地表示出来。

3. 绘制统计表的注意事项

（1）统计表的名称应简明、确切，能够概括地反映出表的基本内容、所属的空间和时间范围。

（2）统计表的形式应设计成纵横线条交叉的长方形表格，长宽保持适当比例，外框或分栏框用粗线，其他线条用细线绘制。统计表的左右两边不封口，用开口式。

（3）统计表中单元格的对齐方式一般采用：文字水平及垂直均居中，数值右对齐。这样的对齐方式美观整齐，方便比较数据大小。表中数值较大时采用千位分隔符。文字部分用宋体字，数字部分用 Times New Roman 字体。统计表数据部分不应留空白，当数字为零时要写出来，不应有数字时要用短横线"–"填充，避免漏填且这样做方便筛选。

（4）对于栏数较多的统计表，通常在栏上加上编号，方便表示各栏数据之间的计算关系，如（3）＝（2）＋（1）表示该表中第 3 栏数字为第 2 栏与第 1 栏数字之和。

（5）统计表中数值的计量单位应按以下方法表示：当表中数值都以同一单位计量时，将计量单位写在统计表的右上角；当同栏数值以同一单位计量而各栏单位不同时，则应将单位写在对应各纵栏标题的下方；当同行单位相同而各行单位不同时，可在横行标题后添列一个计量单位栏，用以标明各行的计量单位。

本 章 小 结

一、本章主要概念

本章主要概念包括：数据筛选，数据排序，直方图，条形图，频数和频率，累计频数和累计频率，向上累计和向下累计，饼图，箱线图，茎叶图，折线图，统计表，统计分组，组距分组和单变量分组，组距，组中值。

二、本章主要方法

(1) 用 Excel 进行数据筛选、进行数据透视表分析。

(2) 用 Excel 对分类数据、数值数据进行直方图操作。

(3) 用 Excel 对数据作相应的其他图形：条形图、饼图等。

本章复习题

一、简答题

1. 数值型数据的分组方法有哪些？

2. 直方图与条形图有何区别？

3. 茎叶图与直方图相比有什么优点？

4. 简述构造相对频数分布的步骤。

5. 简述确定直方图中类区间数的经验法则。

二、单项选择题

1. 在累计次数分布中，某组的向下累计次数表明(　　)。

A. 大于该组上限的次数是多少　　　　B. 大于该组下限的次数是多少

C. 小于该组上限的次数是多少　　　　D. 小于该组下限的次数是多少

2. 数据筛选的主要目的是(　　)。

A. 发现数据的错误　　　　　　　　　B. 对数据进行排序

C. 找出所需要的某类数据　　　　　　D. 纠正数据中的错误

3. 样本或总体中各不同类别数值之间的比值称为(　　)。

A. 频率　　　　　　　　　　　　　　B. 频数

C. 比例　　　　　　　　　　　　　　D. 比率

4. 将比例乘以 100 得到的数值称为(　　)。

A. 频率　　　　　　　　　　　　　　B. 频数

C. 比例　　　　　　　　　　　　　　D. 比率

5. 下面的哪一个图形最适合描述结构性问题(　　)。

A. 条形图　　　　　　　　　　　　　B. 饼图

C. 对比条形图　　　　　　　　　　　D. 直方图

6. 下面的哪一个图形适合比较研究两个或多个总体或结构性问题(　　)。

A. 环形图　　　　　　　　　　　　　B. 饼图

C. 直方图　　　　　　　　　　　　　D. 茎叶图

7. 将全部变量值依次划分为若干个区间，并将这一区间的变量值作为一组，这样的分组方法称为(　　)。

A. 单变量值分组　　　　　　　　　　B. 组距分组

C. 等距分组　　　　　　　　　　　　D. 连续分组

8. 下面的哪一个图形最适合描述大批量数据分布的图形( )。

A. 条形图   B. 茎叶图

C. 直方图   D. 饼图

9. 由一组数据的最大值、最小值、中位数和两个四分位数 5 个特征值绘制而成的，反映原始数据分布的图形，称为( )。

A. 环形图   B. 茎叶图

C. 直方图   D. 箱线图

10. 10 家公司的月销售额数据(万元)分别为 72，63，54，54，29，26，25，23，23，20。下面哪种图形不宜用于描述这些数据( )。

A. 茎叶图   B. 散点图

C. 条形图   D. 饼图

三、多项选择题

1. 下列属于定性变量的有( )。

A. 职业   B. 居住区域   C. 体重

D. 身高   E. 汽车产量

2. 下面的分组数列属于( )。

身高/cm	人数	比重/%
150～155	40	20
155～160	100	50
160～165	60	30
合计	200	100

A. 变量数列   B. 品质数列   C. 等距数列

D. 异距数列   E. 闭口数列

四、计算(分析)题

1. 《建筑设备性能杂志》曾报道过关于某地区供水网络性能特征的问题。在这项研究中，曾收集了有关水管部件的以下诸方面的数据作为样本：

① 水管直径；

② 水管材料；

③ 安装年数；

④ 位置；

⑤ 水管长度；

⑥ 水管周围土壤的稳定性(不稳定、中等程度稳定或稳定)；

⑦ 水管周围土壤的腐蚀性(腐蚀性土壤或非腐蚀性土壤)；

⑧ 管内压力；

⑨ 埋在地下的管道所占比例；

⑩ 损坏率(管道因损坏而维修的次数)。

回答以下问题：

(1) 试识别所测量的品质变量；

(2) 列出适用于整理(1)中诸品质变量所产生的数据的各种统计方法。

2. 许多公司一直在试验改变传统的每周 5 天 40 小时工作制。一家公司就以下几种工作制中喜欢哪一种工作制问题向雇员们做了调查：每周六天 48 小时工作制；每周五天 40 小时工作制；每周 4 天 40 小时工作制和每周 3 天 40 小时工作制。有 25 名雇员应答，他们的意见列于下表内：

雇员	工作制	雇员	工作制
1	5 天 40 小时	14	4 天 40 小时
2	5 天 40 小时	15	6 天 48 小时
3	3 天 40 小时	16	4 天 40 小时
4	6 天 48 小时	17	5 天 40 小时
5	4 天 40 小时	18	5 天 40 小时
6	4 天 40 小时	19	5 天 40 小时
7	5 天 40 小时	20	4 天 40 小时
8	3 天 40 小时	21	3 天 40 小时
9	6 天 48 小时	22	5 天 40 小时
10	5 天 40 小时	23	3 天 40 小时
11	4 天 40 小时	24	4 天 40 小时
12	5 天 40 小时	25	5 天 40 小时
13	4 天 40 小时		

(1) 试识别所测的变量属于何类型。

(2) 识别各个类。

(3) 计算每一个类的频数。

(4) 就对工作制偏好的数据绘制相对频数长条图。

3. 不动产投资信托公司(缩写作 REITs)是一种靠出售股票和联合投资人的资本来购进房地产或从事不动产贷款业务的公司。由于这类公司必须遵守美国联邦政府的指导方针，而且要受国内税收政策的约束，目前存在的这类公司数量有限，在美国范围内开业的只有 219 家。这 219 家公司所拥有的房地产类型归纳后列于下表：

房地产类型	占 REITs 的百分比/(%)
保健机构	17
旅馆	2
工业	11
办公楼	20
住宅	15
零售业	21
其他	14
合计	100

（1）将这些数据用饼状图表示出来并对此作出解释。

（2）这个饼状图所描述的是总体数据还是样本数据？试作说明。

4. 迈阿密大学曾为美国劳动部做过一项关于妇女从她们的工作岗位上升流向问题的研究。研究中被调查的是分布在全美范围内的 176 名女经理，她们的一般特征可用图 3-24 中的饼状图来表示。试利用这些信息对典型的女经理作出描述。

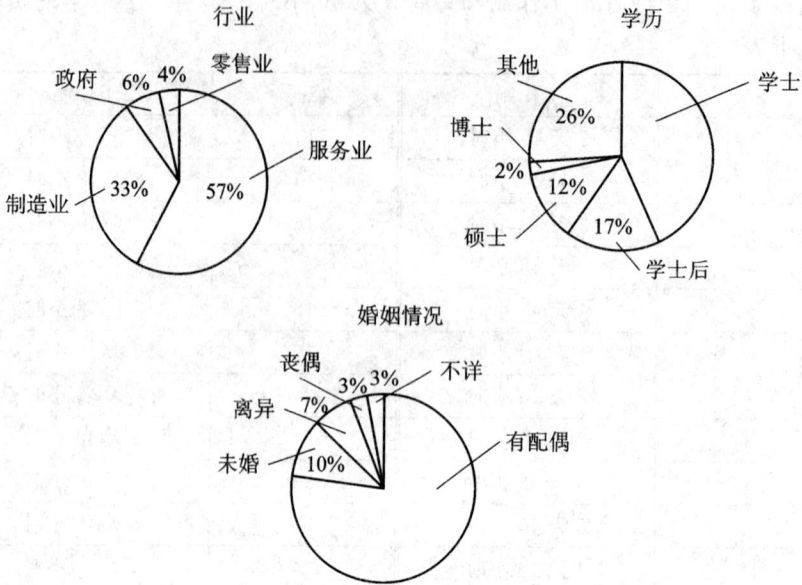

图 3-24

5. 考虑下列样本数据：

313	228	241	268	234	303	274	316
319	320	227	226	224	267	303	266
265	237	288	291	285	270	254	215

（1）以每个数字的前两位数字为茎，按由小到大的顺序将所有可能的茎列出。

（2）将每个观察值的叶置于适当的茎行内，以形成茎叶图。

6. 像商标名或商店名这样的特征究竟对购买者认知某种产品的质量有多大影响？人们对这种现象已做了许多研究工作，但研究结果似乎依赖于分析数据的方法、产品类型和价格等因素。1989 年 8 月号的《营销研究杂志》刊载过一篇文章，该文总结了调查商标名对产品质量影响方面的 15 项研究工作的成果，以及考察商店名对产品质量影响方面的 17 项研究工作的成果。在所有这些研究工作（实验单元）中，都要计算一个所谓影响力指数。这个指数在 0 与 1 之间取值，指数值接近 0 时表示影响很小，接近 1 时表示影响很大。下表列出这两组研究工作的影响力指数的茎叶图。试对两个图作比较对照。商标名和商店名这两个变量中哪一个对购买者认知质量影响较大？试作说明。

商标名（15 项研究）

茎	叶
0.6	0
0.5	7
0.4	
0.3	4
0.2	5 5
0.1	0 1 1 2 4
0.0	3 3 5 5 7

商店名（17 项研究）

茎	叶
0.6	
0.5	
0.4	3 4
0.3	
0.2	
0.1	2
0.0	0 0 0 1 1 2 2 3 6 7 8 8

7. 考虑如下样本数据：

5.9	5.3	1.6	7.4	8.6	1.2	2.1
4.0	7.3	8.4	8.9	6.7	4.5	6.3
7.6	9.7	3.5	1.1	4.3	3.3	8.4
1.6	8.2	6.5	1.1	5.0	9.4	6.4

(1) 求最大与最小两个测量值之差。

(2) 将(1)中所得到的差值除以 5，确定 5 个组区间的近似区间宽度。

(3) 为每一组区间指定上限和下限。

(4) 绘制这组数据的频数直方图。

8. 1987 年 2 月 27 日，《华尔街日报》报道过对一些美国公司提供的雇员人寿保险单的调查结果。问题之一是向雇员提供的最低团体寿险赔偿费是多少。图 3-25 给出每一个应答类别所占的百分率。

(1) 用来描述调查结果的是何种类型的图形方法？

(2) 在所调查的公司中，有多大比率的公司未提供团体寿险赔偿费？

(3) 假如有 1000 家公司参与调查，提供 10 000 美元最低团体寿险赔偿费的公司有多少？

(4) 调查结果是根据总体数据还是根据样本数据得出的？试作解释。

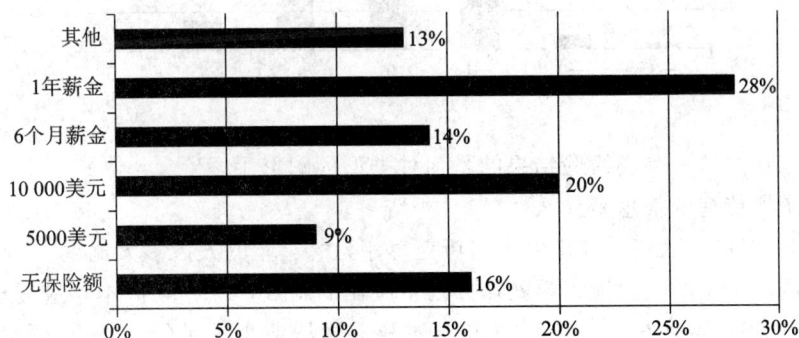

图 3-25

9.《新英格兰医学杂志》1991 年 3 月 18 日报道说,疾病控制中心坚信许多原先的吸烟者都有这样的经验:停止吸烟的人体重有增加的趋势。该疾病控制中心的研究小组考察了 1885 名吸烟者和 768 名已被跟踪研究了 13 年的原先吸烟者的数据。研究期间的体重增加量分为略有增加(3 公斤或 3 公斤以下)、适度增加(3 到 8 公斤之间)、显著增加(8 到 13 公斤之间)和严重增加(13 公斤以上)四类。吸烟者和戒烟者也被按性别分类,以比较男性与女性的体重增加量。下表中的数据代表在四个体重增加量类别中男人和女人所占的比率。

体重增加量	戒烟者/(%)		吸烟者/(%)	
	男	女	男	女
略有增加	55	50	66	63
适度增加	22	26	24	23
显著增加	14	10	8	9
严重增加	9	14	2	5
合计	100	100	100	100

(1) 试用四种适当的图形方法描述这些数据。

(2) 比较(1)中四个图形。是否存在戒烟者体重增加的比吸烟者多的趋势?女性戒烟者的体重增加的是否比男性戒烟者多?

10. 一种新型食品是否可口往往取决于事先所作的市场口味检验。经验表明,在这种检验中,只要有五十人参与对新产品的品尝和评估,就能揭示消费者在可接受性方面的主要问题。假定有五十人同意参加对一种新产品(带花生米的奶油巧克力)的口味检验。品尝过这种产品后,他们中的每个人被要求以无记名方式对这种产品的整体可接受性评定等级,等级从 −3 到 +3 共 7 等(−3 = 极差,−2 = 很差,−1 = 差,0 = 中等,+1 = 好,+2 = 很好,+3 = 极好)。评定结果示于图 3-26。

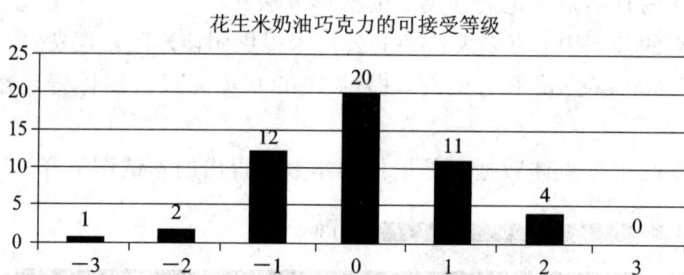

图 3-26

(1) 用来描述这一品尝检验结果的是何种类型的图形手段?

(2) 此图所传递的信息是什么?

(3) 在 50 名品尝者中,将花生奶油巧克力评为"极差"的人占多大比率?

11. 根据对 161 所全国性大学就业办公室所作的调查,1996 年向本科应届毕业生提供的就业建议比前一年少 26%。在 1996 年向本科应届毕业生提供的 32 965 项就业建议中,有 10 951 项是向商科学生提供的。这 10 951 项建议又可按商科各专业分解如下表。

(1) 这些数据是定量数据还是定性数据?

（2）用适当的图形方法描述这些数据。

（3）在这些数据的基础上你能得出什么推断？

商 科 专 业	就业建议数
会计学	6575
商业管理	1934
管理信息系统	607
市场营销和分销	1835
合　　　计	10 951

12. 许多医院已开发了自己的计算机系统软件，用以处理门诊病人的账单和其他会计服务项目。《1982 年全美医院数据处理调查》提供了有关硬件供应商的信息，这些供应商向341 所医院提供计算机硬件，而医院则开发自己的财务系统软件。

硬 件 供 应 商	医 院 数
宝来公司	45
数据通用公司	6
数字设备公司	8
霍尼韦尔公司	8
IBM 公司	188
NCR 公司	50
其　　他	36

（1）指出硬件供应商这个变量是数量变量还是性质变量？

（2）哪种类型的图形方法适用于表中数据的整理？

（3）绘制适当图形整理这些数据。

（4）在所调查的医院中，从宝来公司购买计算机硬件设备的占多大百分比？

（5）在所调查的医院中，没有从 IBM 公司购买计算机硬件设备的占多大百分比？

复习题参考答案

一、简答题

略

二、单项选择题

1. B　2. C　3. D　4. B　5. B　6. A　7. B　8. C　9. D　10. B

三、多项选择题

1. AB　　2. ACE

四、计算(分析)题

1. (1) 水管材料;位置;水管周围土壤的稳定性;水管周围土壤的腐蚀性。
   (2) 饼状图和条形图。

2. (1) 性质变量　　(2) (5,40);(3,40);(6,48);(4,40)
   (3) 10;4;3;8　　(4) 0.4;0.16;0.12;0.32

3. (1) 略　　　(2) 总体

4. 在服务行业工作,有学士学位,有配偶。

5. (1) 21,22,23,24,25,26,27,28,29,30,31,32　　(2) 略

6. 商标名

7. (1) 8.6　　　(2) 1.8
   (3) 1.05～2.85,2.85～4.65,4.65～6.45,6.45～8.25,8.25～10.05
   (4) 略

8. (1) 长条图　　(2) 16%　　(3) 200　　(4) 样本

9. (1) 略　　　(2) 是;是

10. (1) 长条图　　　(2) 略　　　(3) 1/50＝0.02

11. (1) 定量数据　　(2) 略
    (3) 收到就业建议的商科各专业中多数是会计专业的学生。

12. (1) 性质变量　　(2) 长条图或饼状图　　(3) 略
    (4) 约 13.2%　　(5) 约 44.9%

第 4 章　统计数据的特征值

统计研究的一个重要作用是揭示统计数据的分布。数据的特征值和统计图一样，能够很好地揭示统计数据的分布。描述统计数据分布特征的特征值一般有三类：集中趋势、离散程度和分布的形态。

4.1　集中趋势的测定

统计数据一般具有向中间靠拢的趋势，这种趋势称为集中趋势。一般而言，集中趋势值可以表示变量的一般水平、中等水平或普遍水平等。通常根据不同类型的变量，集中趋势值一般有众数、中位数和平均值三种。

4.1.1　众数

众数(Mode)即是多数，是变量值表现次数最多的值，可以表示总体的一般水平，通常用 M_0 表示。适用于分类变量、顺序变量和数值型变量。

1.　分类变量的众数

在例 3.1 关于学生体育爱好项目调查的数据中，60 名学生中爱好足球的共 17 名，高于其他任何一个项目的爱好人数，因此变量"体育爱好项目"的众数为"足球"，众数表示了多数人的体育爱好；在例 3.2 关于塑料器具气泡缺陷形成的原因中，由于"R3.注射压力小"形成的次品数为 577 件，高于其他原因造成的次品数，因此 R3 是众数。

2.　顺序变量的众数

在例 3.3 关于城市游客对门票价格的评价中，A 城市 500 名游客中，认为价格"适中"的有 116 人，超过其他组人数，因此众数是"适中"。同理，在 B 城市游客对门票价格的评价中，"很高"是众数。

3.　数值型变量的众数

对于未分组数据或者单变量分组数据，只需观察变量值出现次数最多的值即为众数。例如，在第 3 章例 3.4 的单变量分组数据中，18 名工人中生产次品数为 0 的工人人数最多，为 8 人，因此众数为"0"。对于未分组资料，尤其当变量值比较多时，例如，在第 3 章例 3.5 的 150 名学生的身高数据中，单靠观察很难发现众数，这时我们可以借助 Excel 中的众数函数 MODE 或者对每一变量值计数的函数 COUNTIF。但是通常对于连续型变量，未分组资料计算的众数可能是没有实际意义的，因此需要根据分组资料运用插值法计算众数。

表 4 - 1　150 名中学生身高分布

身高/cm	频数
150～155	1
155～160	16
160～165	42
165～170	57
170～175	27
175～180	6
180～185	1

根据表 4-1 的分组数据，首先观察单位数最多的组即"165～170"中的频数 $f=57$，前后两组的单位数分别为：$f_{-1}=42$，$f_{+1}=27$，组距 $d=5$，众数组下限 $L=165$，则众数

$$M_o = L + \frac{f - f_{-1}}{(f - f_{-1}) + (f - f_{+1})} \times d = 165 + \frac{15}{15 + 30} \times 5 = 166.67 \quad (4.1)$$

一般而言，根据分组资料计算的众数同未分组资料计算的众数是不同的，之间的差异取决于总体分布形态。

4.1.2　中位数和分位数

1. 中位数

中位数(Median)即位置处于中间的数，将一组数据排序后，可以找出一个数据值，以这个数据值为界将总体分为单位数相等的两部分，那么这个数据值即为中位数。中位数可以表示总体的中等水平，通常用 M_e 表示。对于顺序变量和数量变量可以计算中位数。计算中位数需先将数据排序，再找出中位数的位置，中位数位置上对应的值即是中位数。

$$中位数的位置 = \frac{n+1}{2} \quad (4.2)$$

式中，n 表示数据个数。

对于顺序数据而言，以第 3 章例 3.3 中 A 城市游客对门票价格的评价(见表 4-2)为例：

表 4 - 2　A 城市游客对门票价格评价分组

对门票价格的评价	人数	向上累积频数	向下累积频数	百分比/(%)	向上累积百分比/(%)	向下累积百分比/(%)
很高	95	95	500	19	19	100
较高	114	209	405	22.8	41.8	81
适中	116	325	291	23.2	65	58.2
较低	99	424	175	19.8	84.8	35
很低	76	500	76	15.2	100	15.2
合计	500	—	—	100	—	—

由于 $n=500$，$(n+1)/2=250.5$，根据累计分布频数，第 250 和第 251 个单位都在"适中"这一组，因此中位数就是"适中"，或者直接观察累计百分比为 50% 的位置。

对于数值型未分组变量而言，设一组数据为 x_1，x_2，$\cdots$，x_n，则中位数

$$M_e = \begin{cases} x_{\frac{n+1}{2}} & n\ 为奇数 \\ \dfrac{1}{2}(x_{\frac{n}{2}} + x_{\frac{n}{2}+1}) & n\ 为偶数 \end{cases} \tag{4.3}$$

例 4.1　根据调查 9 个投资基金 2014 年的投资净收益率(%)，由小到大排序后，排序变量值及顺序号为：

排序变量值：27.1　39.2　44.2　44.5　53.8　56.6　59.5　62.5　66.4

顺序号：　　 1　　 2　　 3　　 4　　 5　　 6　　 7　　 8　　 9

因此，收益率的中位数位置为(9+1)/2=5，取第五个值"53.8"为中位数。

例 4.2　随机调查 10 名职工，记录从家到单位上班的时间(min)，数据由小到大排序的变量值及顺序号为：

排序变量值：29　31　35　38　40　42　45　46　50　52

顺序号：　　 1　 2　 3　 4　 5　 6　 7　 8　 9　 10

因此取第 5 个数和第 6 个数之和的一半(40+42)/2=41 为这组数据的中位数。

2. 分位数

除了中位数将总体单位数等分为两部分外，还有将总体等分为四部分的四分位数、等分为十部分的十分位数、等分为一百个部分的百分位数，其计算思想都差不多。下面介绍应用场合比较多的四分位数。

四分位数(Quartiles)和中位数的求法是一样的，先找到四分位数的位置，然后再根据四分位数的位置观察或用插值的方法计算出四分位数。四分位数有三个：第一个四分位数称作下四分位数，用 Q_l 表示；第二个四分位数即中位数；第三个四分位数称作上四分位数，用 Q_u 表示。四分位数的位置计算方法如下：

$$Q_l\ 的位置 = \frac{n+1}{4} \tag{4.4}$$

$$Q_u\ 的位置 = \frac{n+1}{4} \times 3 \tag{4.5}$$

例 4.3　针对例 4.1 中 9 家投资基金年收益率的数据，有

$$Q_l\ 的位置 = \frac{n+1}{4} = \frac{9+1}{4} = 2.5$$

$$Q_u\ 的位置 = \frac{n+1}{4} \times 3 = 7.5$$

因此，下四分位数为第 2 和第 3 个收益率之和的一半，即(39.2+44.2)/2=41.7；第二个四分位数即中位数；上四分位数为第 7 和第 8 个收益率之和的一半，即(59.5+62.5)/2=61。

在 Excel 中，一组数据的四分位数可以通过函数 QUARTILE 计算，下面给出步骤：

第一步，将数据输入一列，不需要排序(图 4-1)。

第二步，选择函数 QUARTILE，在参数 Array 区域选择数据区域 A1：A9，为公式复制方便，选择绝对引用。参数 Quart 区域输入要计算的分位数位置，这里用单元格引用，0～4 分别表示返回最小值、下四分位值、中位值、上四分位值和最大值。按回车后使用公式复制按钮。

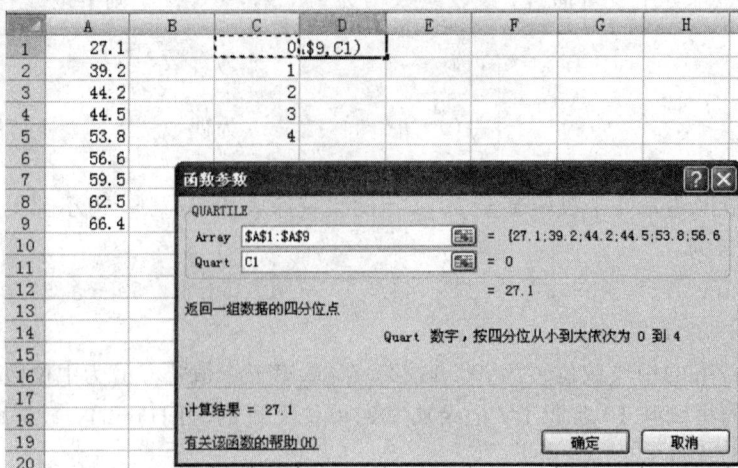

图 4-1　Excel 返回四分位数参数输入示意图

在 Excel 中四分位数的位置取法与前面的公式稍有差别：

$$Q_l \text{ 的位置} = \frac{n+3}{4} \tag{4.6}$$

$$Q_u \text{ 的位置} = \frac{3n+1}{4} \tag{4.7}$$

4.1.3　平均数

平均数(Mean)是数值型数据中最常用的集中趋势测度值，平均值只适用于数值型数据。通常总体平均数用 μ 表示，样本平均数用 $\bar{x}$ 表示，根据数据资料的形式，有不同的计算公式。

1. 简单算术平均数

简单算术平均数根据未分组数据计算，简单算术平均数为变量值之和除以变量值的个数，即

$$\bar{x} = \frac{\sum_{i=1}^{n} x_i}{n} \tag{4.8}$$

式中，x_i 为第 i 个变量观测值，n 为观测值的个数。

例 4.4　根据例 4.2 中 10 名职工从家到单位的时间(min)，计算平均时间如下：

$$\bar{x} = \frac{29+31+35+38+40+42+45+46+50+52}{10} = \frac{408}{10} = 40.8$$

2. 加权算术平均数

加权算术平均数是根据分组资料计算平均数，计算公式为：

$$\bar{x} = \frac{\sum_{i=1}^{m} x_i f_i}{\sum_{i}^{m} f_i} \tag{4.9}$$

或

$$\bar{x} = \sum_i^m x_i \frac{f_i}{\sum_i^m f_i} = \sum_i^m x_i w_i \qquad (4.10)$$

式中，x_i 表示第 i 组中值，f_i 表示第 i 组的绝对频数。已知分组资料每一组的绝对频数时，用式(4.9)计算加权算数平均数；而如果每一组的绝对频数未知，仅知道相对频率

$$w_i = \frac{f_i}{\sum_i^m f_i} \qquad (4.11)$$

此时，可采用式(4.10)计算加权算术平均数。

例4.5　根据例3.5中的分组资料，如果仅知道每一组的绝对频数 f_i(表4-3)，则可根据式(4.9)计算加权算术平均数；如果仅知道每组的相对频率或者所占百分比(表4-4)，则可根据式(4.10)计算。

表4-3　150 名中学生平均身高数据一

身高/cm	组中值(x_i)	人数(f_i)	$x_i f_i$
150～155	152.5	1	152.5
155～160	157.5	16	2520
160～165	162.5	42	6825
165～170	167.5	57	9547.5
170～175	172.5	27	4657.5
175～180	177.5	6	1065
180～185	182.5	1	182.5
合计	—	150	24 950

根据式(4.9)计算得

$$\bar{x} = \frac{\sum_{i=1}^m x_i f_i}{\sum_i^m f_i} = \frac{24\ 950}{150} = 166.33$$

表4-4　150 名中学生平均身高数据二

身高/cm	组中值(x_i)	频率(w_i)	$x_i w_i$
150～155	152.5	0.67%	1.02
155～160	157.5	10.67%	16.80
160～165	162.5	28.00%	45.50
165～170	167.5	38.00%	63.65
170～175	172.5	18.00%	31.05
175～180	177.5	4.00%	7.10
180～185	182.5	0.67%	1.22
合计	—	100.00%	166.33

根据式(4.10)计算得

$$\bar{x} = \sum_i^m x_i \frac{f_i}{\sum_i^m f_i} = \sum_i^m x_i w_i = 166.33$$

4.1.4 众数、中位数和平均数的关系

对于数值型数据可以计算众数、中位数和平均数，不仅三者的含义有所差别，而且由于总体分布形态的不同，三者的数值也有差别。

假如在风景优美的海边的小山上，有五栋位置不同的海滨别墅。当然，处于小山顶上，视野开阔、采光好的别墅价格很高，低矮处的别墅价格很低。假设价格分别是：200万美元、50万美元、30万美元、10万美元和10万美元。

如果计算众数，M_o就是10万美元，其经济含义可以表示多数别墅的价格；中位数为30万美元，其经济含义可以表示中等别墅的价格；然而平均数60万美元既不能表示中等水平，也不能表示大多数水平，究其原因，是因为平均数很容易受到极端值的影响。在不同形式的数据分布形态下，众数、中位数和平均数的关系可以用图4-2表示。

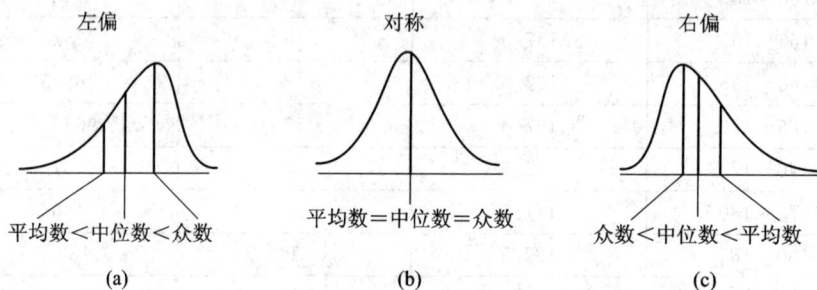

左偏　　　　　　　　　　对称　　　　　　　　　　右偏

平均数＜中位数＜众数　　平均数＝中位数＝众数　　众数＜中位数＜平均数

(a)　　　　　　　　　　(b)　　　　　　　　　　(c)

图 4-2　均值、中位数、众数之间的关系

4.1.5 几何平均数和动态平均增长率

几何平均数通常用于计算动态平均值或相对增长率的平均值。其计算公式如下：

$$G = \sqrt[n]{x_1 \cdot x_2 \cdots x_n} \tag{4.12}$$

例如，某投资者初始资本100万，第一年末投资收益100％，即本金和收益之和为200万，第二年末收益－50％（即亏损50％），本金和收益又重新回到100万。如果按照算术平均数计算平均收益率：

$$\bar{x} = \frac{100\% + (-50\%)}{2} = 25\%$$

这种算法显然不合理，因为初始投资额与最终的本金与收益之和相等，因此在计算此类动态收益率时需采用几何平均数：

$$G = \sqrt[2]{(1 + 100\%) \times (1 - 50\%)} - 1 = 0$$

例 4.6 有甲、乙两个企业2008年至2012年的产值水平如表4-5，根据资料计算两个企业的产值年平均增长率。

表 4 - 5　甲、乙两个企业 2008 年至 2012 年的产值水平

企业	2008	2009	2010	2011	2012
甲	100	150	200	260	320
乙	100	150	80	100	320

解　根据式(4.12)：

甲企业：

$$G = \sqrt[4]{\frac{150}{100} \times \frac{200}{150} \times \frac{260}{200} \times \frac{320}{260}} - 1 = 33.75\%$$

乙企业：

$$G = \sqrt[4]{\frac{150}{100} \times \frac{80}{150} \times \frac{100}{80} \times \frac{320}{100}} - 1 = 33.75\%$$

根据上面的计算结果，两个企业的产值年均增长率是相同的，而实际上两个企业生产产值的变动差异是非常大的。其原因就是按照几何平均法计算的平均增长率只关心期初、期末的水平值，而对于期间的水平值并不关心。那么，另外一种计算方法就是关心每一期的水平值，在经济统计学中，这种计算方法就是累计法。

假设期初水平为 a_0，每一期的平均增长速度为 G，则第 i 期的理论值 $\hat{a}_i$ 可表示为

$$\hat{a}_1 = (1+G)a_0$$

$$\hat{a}_2 = (1+G)\hat{a}_1 = (1+G)^2 a_0$$

$$\vdots$$

$$\hat{a}_n = (1+G)\hat{a}_{(n-1)} = (1+G)^n a_0$$

几何平均法的基本假设是第 n 期的实际值 a_n 等于理论值 $\hat{a}_n$，因此

$$a_n = \hat{a}_n = (1+G)\hat{a}_{n-1} = (1+G)^n \hat{a}_0 \tag{4.13}$$

$$G = \sqrt[n]{\frac{a_n}{a_0}} - 1 = \sqrt[n]{\frac{a_1}{a_0} \times \frac{a_2}{a_1} \times \cdots \times \frac{a_n}{a_{n-1}}} - 1 \tag{4.14}$$

显然在研究经济问题时，如果只关心经济现象期末水平，自然可以用几何平均法，因此这种方法也称做水平法，如我们只关心企业最终具备什么样的生产能力。但是如果更关心企业在生产期间向社会提供的产品或产值，则需根据累计法计算，即假设企业在整个生产期间向社会提供的实际产值累计值等于理论产值累计值，即 $\sum_{i=0}^{n} a_i = \sum_{i=0}^{n} \hat{a}_i$，那么就需要通过方程：

$$\sum_{i=1}^{n} a_i = \sum_{i=1}^{n} \hat{a}_i = a_0(1+G) + a_0(1+G)^2 + \cdots + a_0(1+G)^n$$

$$\sum_{i=1}^{n} \frac{a_i}{a_0} = (1+G) + (1+G)^2 + \cdots + (1+G)^n$$

求解得到 G。由于这一方程求解稍微复杂，在实践中根据 n、G 和 $\sum_{i=1}^{n} \frac{a_i}{a_0}$ 编制一张表格，需要时只需查表即可。

4.1.6 调和平均数

调和平均数也分为简单调和平均数和加权调和平均数,计算公式分别为

$$H = \frac{n}{\frac{1}{x_1} + \frac{1}{x_2} + \cdots + \frac{1}{x_n}} \tag{4.15}$$

$$H = \frac{\sum w_i}{\frac{1}{x_1}w_1 + \frac{1}{x_2}w_2 + \cdots + \frac{1}{x_n}w_n} \tag{4.16}$$

例 4.7 已知某企业销售 A 产品三批,每一批的销售量、销售价格、销售额数据如表 4-6,根据资料计算产品 A 的平均销售价格。

表 4-6 某企业 A 产品销售量、销售价格、销售额数据

批次	销售单价/(元/件)	数量/件	销售额/元
1	10	500	5000
2	10.5	600	6300
3	11.5	1000	11 500

解 如果根据销售单价和销售量计算,需要推算销售额,则按照加权算术平均数:

$$\bar{x} = \frac{销售额}{销售量} = \frac{10 \times 500 + 10.5 \times 600 + 11.5 \times 1000}{500 + 600 + 1000} = 10.886$$

如果根据销售单价和销售额计算,需要推算销售量,则按照加权调和平均数:

$$\bar{x} = \frac{销售额}{销售量} = \frac{500 + 6300 + 11\ 500}{\frac{1}{10} \times 5000 + \frac{1}{10.5} \times 6300 + \frac{1}{11.5} \times 11\ 500} = 10.886$$

由此可见,调和平均数是算术平均数的变形,在分析经济问题时,两者的本质是一样的。

4.2 离散程度的测定

数据分布的另一个属性就是离散程度,也称做离中程度。离散程度表示了总体内部的差异程度。

4.2.1 分类数据——异众比率

异众比率(Variation ratio)即不同于众数的比例,异众比率越小意味着数据分布越趋近于一致,其计算公式为

$$V_r = 1 - \frac{f_m}{\sum f_i} \tag{4.17}$$

式中,$\sum f_i$ 为各类频数之和,f_m 为众数组的频数。

例 3.1 中关于 60 名大学生最喜欢的运动项目,众数组"足球"17 人,约占 28%,则异

众比率为 72%，其数值较大，说明学生喜欢的运动项目差异比较大，或者说用"足球"代表大学生运动项目的偏好效果较差。

4.2.2　数值型数据

1. 全距(Range)

对于数值型数据，表示其内部差异最简单的方法就是全距法，全距表示了变量值分布区间的大小，也称做极差。计算公式为

$$R = \text{Max}(x) - \text{Min}(x) \tag{4.18}$$

全距的缺点之一是忽略了数据内部的分布情况，只考虑数据的两端，例如，图 4-3 中数据的全距都是 5，而分布情形却差异较大。全距的缺点之二就是易受极端值影响，如果数据出现个别极小或极大值，全距会产生很大变化。

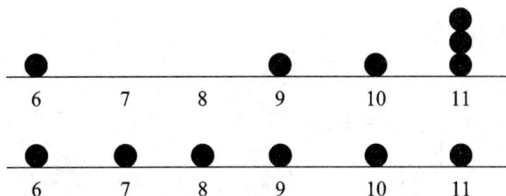

图 4-3　全距相同条件下不同情形的数据分布

2. 平均差

平均差是全部变量值与平均值的平均偏离程度。平均差克服了全距的两个缺陷，其计算公式为

$$D = \frac{\sum |x_i - \bar{x}|}{n} \tag{4.19}$$

或

$$D = \frac{\sum |x_{M_i} - \bar{x}| f_i}{\sum f_i} \tag{4.20}$$

平均差本身是一个离差的平均数，因此式(4.19)是根据未分组资料计算的简单平均数；式(4.20)是根据分组资料计算的加权平均数，其中的 x_{M_i} 表示第 i 组的组中值。

例 4.8　试根据例 4.2 中的数据计算职工到单位上班时间的平均差。

排序变量值：29　31　35　38　40　42　45　46　50　52

解　由于 $\bar{x}=40.8$，则

$$D = \frac{\sum |x_i - \bar{x}|}{n} = \frac{|29-40.8|+|31-40.8|+\cdots+|52-40.8|}{10} = 6.37$$

未分组资料的平均差可在 Excel 中采用函数 AVEDEV 计算。

如果要根据表 4-3 中的分组数据计算 150 名学生身高的平均差，则可根据式(4.20)得

$$D = \frac{|152.5-166.3|\times 1+|157.5-166.3|\times 16+\cdots+|182.5-166.3|\times 1}{150}$$

$$= \frac{663.4}{150}$$

$$= 4.22$$

3. 方差和标准差

方差和标准差是最常用的数值型变量离散程度的测度值。方差是变量值与平均值的离差平方平均值,标准差是方差的平方根。

根据总体数据计算的方差为

$$\sigma^2 = \frac{\sum (x_i - \bar{x})^2}{N} \qquad (4.21)$$

或

$$\sigma^2 = \frac{\sum (x_{M_i} - \bar{x})^2 f_i}{\sum f_i} \qquad (4.22)$$

根据未分组资料计算方差采用式(4.21);根据分组资料计算采用式(4.22),其中的 x_{M_i} 表示第 i 组的组中值。

标准差是方差的平方根,即

$$\sigma = \sqrt{\frac{\sum (x_i - \bar{x})^2}{N}} \qquad (4.23)$$

或

$$\sigma = \sqrt{\frac{\sum (x_{M_i} - \bar{x})^2 f_i}{\sum f_i}} \qquad (4.24)$$

根据样本数据计算时,样本方差的计算公式为

$$S^2 = \frac{\sum (x_i - \bar{x})^2}{n-1} \qquad (4.25)$$

或

$$S^2 = \frac{\sum (x_{M_i} - \bar{x})^2 f_i}{\sum f_i - 1} \qquad (4.26)$$

同理,根据未分组资料计算样本方差采用式(4.25);根据分组资料计算采用式(4.26),其中的 x_{M_i} 表示第 i 组的组中值。

标准差是方差的平方根,即

$$S = \sqrt{\frac{\sum (x_i - \bar{x})^2}{n-1}} \qquad (4.27)$$

或

$$S = \sqrt{\frac{\sum (x_{M_i} - \bar{x})^2 f_i}{\sum f_i - 1}} \qquad (4.28)$$

重要概念:

在根据样本数据计算方差或者标准差时,其分母用到的是 $n-1$ 而不是 n。在这里 $n-1$ 叫做自由度(degrees of freedom)。在统计学中,自由度是一个非常常用且重要的概念,自由度 $df = n-k$,n 是观察值的个数,k 是约束条件的个数。在计算样本方差或样本标准差

时，所需要的平均值 $\overline{x} = \dfrac{\sum x}{n}$ 是一个约束条件，即在 n 个观察值中，在满足上述约束条件的情况下，可以自由变化的观察值只有 $n-1$ 个。

例 4.9　试根据例 4.2 中的数据计算职工到单位上班时间的方差和标准差。

排序变量值：29　31　35　38　40　42　45　46　50　52

解　由于 $\overline{x} = 40.8$，所以

$$S^2 = \frac{\sum (x_i - \overline{x})^2}{n-1} = \frac{(29-40.8)^2 + (31-40.8)^2 + \cdots + (52-40.8)^2}{9} = 64.25$$

$$S = \sqrt{\frac{\sum (x_i - \overline{x})^2}{n-1}} = \sqrt{64.25} = 8.016$$

例 4.10　根据例 3.5 中数据的分组资料，计算方差时可采用表 4-7 的形式在 Excel 中计算。

表 4-7　150 名学生身高方差计算

身高/cm	组中值(x_{M_i})	人数(f_i)	$(x_{M_i} - \overline{x})^2$	$(x_{M_i} - \overline{x})^2 f_i$
150～155	152.5	1	190.44	190.44
155～160	157.5	16	77.44	1239.04
160～165	162.5	42	14.44	606.48
165～170	167.5	57	1.44	82.08
170～175	172.5	27	38.44	1037.88
175～180	177.5	6	125.44	752.64
180～185	182.5	1	262.44	262.44
合计	—	150	—	4171

解　由于 $\overline{x} = 166.3$，计算每一组组中值与均值离差平方 $(x_{M_i} - \overline{x})^2$ 以及 $\sum (x_{M_i} - \overline{x})^2 f_i$，根据式(4.26)及式(4.28)得

$$S^2 = \frac{\sum (x_{M_i} - \overline{x})^2 f_i}{\sum f_i - 1} = \frac{4171}{150-1} = 27.99$$

则

$$S = \sqrt{\frac{\sum (x_{M_i} - \overline{x})^2 f_i}{\sum f_i - 1}} = 5.29$$

在 Excel 中，未分组资料计算样本方差的函数是 VAR，对于分组资料可按照上述计算表形式用自定义公式的方法来计算。

4. 相对离散程度：标准差系数

方差和标准差尽管是数值型数据离散程度最重要的测度值，但是方差和标准差本身是

绝对数,对于均值不同的总体或者计量单位不同的总体,转换成相对离散程度来进行比较较为科学。相对离散程度最常用的测度值就是离散系数,其中标准差系数最为常见,它是标准差与平均值的比值,通常用系数或百分比来表示,计算公式是:

$$V = \frac{S}{\bar{x}} \tag{4.29}$$

例 4.11 根据例 3.5 中数据的分组资料,计算身高的标准差系数。

解 根据例 4.10 中的计算已知:

$$\bar{x} = 166.3, \quad S = 5.29$$

则

$$V = \frac{S}{\bar{x}} = 0.0318 \quad 或 \quad 3.18\%$$

4.2.3 数据相对位置的衡量:标准化 Z 值

标准化 Z 值的计算公式为

$$Z = \frac{x_i - \bar{x}}{S} \tag{4.30}$$

显然,Z 值表示观察值 x_i 偏离 $\bar{x}$ 的偏差相对于标准差 S 的倍数。对于绝对观察值而言,例如,在某次的英语测试中,某同学成绩为 75 分,那么在缺乏相关信息的情况下很难判断该同学成绩高还是低以及高低的程度,但是假如该次测试的平均分为 80 分,标准差为 5 分,那么

$$Z = \frac{x_i - \bar{x}}{S} = \frac{75 - 80}{5} = -1$$

这意味着该同学的成绩相对于该次测试的平均成绩而言,低于平均分 1 个标准差。根据在后面章节将要学到的数据分布规律,若测试成绩近似正态分布,那么该同学大致处于该次测试的后 16% 的位置,即低于该同学成绩的人数大概占此次测试人数的 16%。

根据数据正态分布的经验规律,利用 Z 值可以判断数据组中是否存在极端值。一般情况下 $|Z| > 2$ 的概率只有 5%,因此当数据 $|Z| > 2$ 时,可以认为数据是极端值或者非常规值。在产品质量控制中,根据这个原则可以判断生产线是否出现异常。

标准化 Z 值的思想在经济综合评价中也有比较广泛的用途。在经济现象综合评级中经常遇到的问题是多指标计量单位和指标的数量级差别较大,不能将不同类指标简单相加,需要对不同指标按照标准化的思想进行打分后相加,这将在第 13 章作进一步分析。

4.2.4 收入差距的衡量:洛伦兹曲线和基尼系数

为了研究国民收入在国民之间的分配问题,美国统计学家洛伦兹(Max Otto Lorenz,1876—1959)于 1907 年提出了著名的洛伦兹曲线(Lorenz Curve)。将收入按照从小到大的顺序排列,令 $x_1 \leqslant x_2 \leqslant \cdots \leqslant x_n$ 后,定义洛伦兹曲线。p 为收入低于 X 的人口所占的比例(图 4-4 中的横坐标),该部分人口拥有的总收入比例为 $L(p)$(图 4-4 中的纵坐标),两者之间的函数关系即洛伦兹曲线,如图 4-4 所示。通过 $(0,0)$ 和 $(1,1)$ 两点的线段方程为

$L(p)=p$，可以将其理解为完全平均线，因为这时人口累计比例 p 始终等于收入累计比例 $L(p)$，因此对应的收入分配一定是完全平均的。一般情况下，$L(p)$ 位于完全平均线下方，它离完全平均线越远，则它与完全平均线所围成的面积 S 越大，则收入差距程度越大，反之越小。

一般定义基尼系数 G_i 为面积 S 在三角形 OAL 的面积中所占的比例，图 4-4 中，由于三角形 OAL 的面积为 $\frac{1}{2}$，所以 $G_i = 2S$。

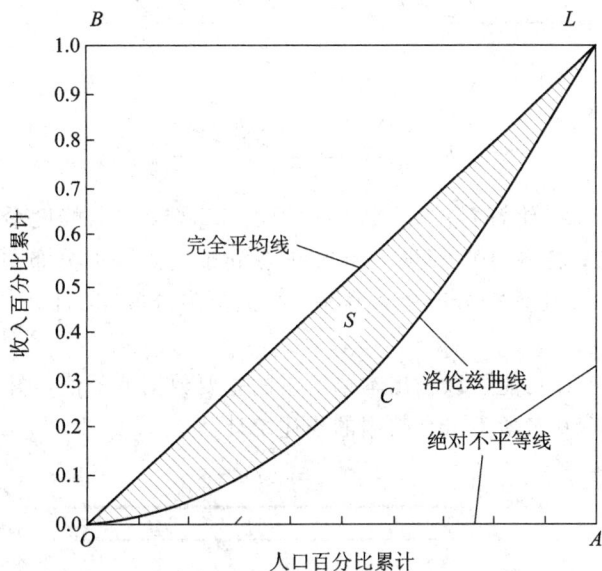

图 4-4　洛仑兹曲线和基尼系数

4.3　数据分布的形态

4.3.1　偏态及其测度

偏态即分布的偏斜程度，偏态的测度方法比较多，如可以参照本章第一节，根据众数、中位数及平均数的大小关系来衡量分布的偏斜方向和程度。在偏态测度指标中，统计学家皮尔森（K. Pearson）给出的偏态系数被普遍采用，公式为

$$SK = \frac{n \sum (x_i - \bar{x})^3}{(n-1)(n-2)S^3} \tag{4.31}$$

或

$$SK = \frac{\sum (x_{M_i} - \bar{x})^3 f_i}{nS^3} \tag{4.32}$$

式（4.31）适用于未分组资料；式（4.32）适用于分组资料。如果一组数据的分布是对称的，则偏态系数为 0；如果偏态系数显著不为 0，则分布为有偏的。偏态系数大于 1，为显著右偏；偏态系数小于 -1，为显著左偏；偏态系数在 0.5～1 之间为中等右偏；偏态系数在

－0.5～－1 之间为中等左偏;偏态系数在 0 附近,表示偏斜程度较低。在 Excel 中,可以通过函数 SKEW 返回数据分布的偏态系数。

4.3.2 峰度及其测度

峰度是相对于标准正态分布而言,表示一组数据的集中或者分布的陡峭程度。通常测度峰度的指标是峰度系数(Coefficient of Kurtosis),其计算公式为

$$K = \frac{n(n+1)\sum(x_i-\bar{x})^4 - 3(n-1)\left[\sum(x_i-\bar{x})^2\right]^2}{(n-1)(n-2)(n-3)S^4} \qquad (4.33)$$

或

$$K = \frac{\sum(x_{M_i}-\bar{x})^4 f_i}{nS^4} - 3 \qquad (4.34)$$

式(4.33)适用于未分组资料;式(4.34)适用于分组资料。若峰度系数 $K=0$,则说明数据服从标准正态分布;若 $K>0$,说明与标准正态分布相比数据分布更为集中;若 $K<0$,说明与标准正态分布相比数据分布更为扁平,数据更为分散。在 Excel 中,返回数据峰度系数的函数是 KURT( )。

Excel 中的描述统计功能可以输出本章所讲的主要数据特征值,图 4-5 给出的是运用 Excel 针对例 3.5 中 150 名学生身高数据的描述统计。

	列1	
1	平均	166.82
2	标准误差	0.424007724
3	中位数	167
4	众数	169
5	标准差	5.193012859
6	方差	26.96738255
7	峰度	0.080642721
8	偏度	-0.048587908
9	区域	30
10	最小值	152
11	最大值	182
12	求和	25023
13	观测数	150
14	置信度(95.0%)	0.837844837

图 4-5 Excel 描述统计输出结果

图中,第 1 项为平均值 $\bar{x}$,第 3 项为数据的中位数 M_e,第 4 项为数据的众数 M_o,第 5 项为样本标准差 S,第 6 项为样本方差 S^2,第 7 项为样本数据的峰度,第 8 项为样本数据的偏态,第 9 项为样本数据的全距。

在这里,第 2 项标准误差(Standard Error, SE)在本书第 6 章会讲到,不能将其与标准差(Standard Deviation, SD)混淆,两者的关系稍后再详细阐述。第 14 项也将在第 7 章用

到时作详细介绍。

表 4 - 8 是使用 SPSS 软件输出的身高描述统计表。

表 4 - 8　描述统计量

	N	极小值	极大值	均值	标准差	偏度		峰度	
	统计量	统计量	统计量	统计量	统计量	统计量	标准误	统计量	标准误
VAR00001	150	152.00	182.00	166.8200	5.193 01	-.049	.198	.081	.394
	150								

本 章 小 结

一、本章主要概念

本章主要概念包括：集中趋势，离散程度，偏态和峰度，算数平均数，中位数，众数，加权平均数，全距，平均差，方差和标准差，标准差系数，标准化 Z 值，偏态系数，峰度系数。

二、本章主要方法

（1）根据不同类别数据计算数据的特征值，包括平均值、中位数、众数、标准差、方差、标准差系数、标准化 Z 值等。

（2）运用 Excel 的函数功能或描述统计工具计算平均值、中位数、众数、标准差、方差、偏态系数和峰度系数等。

本 章 复 习 题

一、简答题

1. 最重要的数据描述性量度包括哪两类？

2. 哪几种数据描述性量度可以用于确定一个相对频数分布的"中心"的位置？

3. 一般用什么测量相对频数分布的离散性？

4. 一般用什么测量数据集中于某个测量值的相对位置？

5. 简述众数、中位数和均值的特点及应用场合。

二、单项选择题

1. 一组数据排序后，处于 25% 或 75% 位置上的值称为（　　）。

A. 众数　　　　　　　　　　　B. 中位数

C. 四分位数　　　　　　　　　D. 均值

2. 如果一个数据的标准化 Z 值是 -2，表明该数据（　　）。

A. 比平均数高出 2 个标准差　　B. 比平均数低 2 个标准差

C. 等于 2 倍的平均数　　　　　D. 等于 2 倍的标准差

3. 经验法则表明，当一组数据对称分布时，在均值加减 1 个标准差的范围内大约有（　　）。

    A. 68％的数据　　　　　　　　　　B. 95％的数据

    C. 99％的数据　　　　　　　　　　D. 100％的数据

4. 离散系数的主要用途是（　　）。

    A. 反映一组数据的离散程度　　　　B. 反映一组数据的平均水平

    C. 比较多组数据的离散程度　　　　D. 比较多组数据的平均水平

5. 离散系数（　　）。

    A. 只能消除一组数据的水平对标准差的影响

    B. 只能消除一组数据的计量单位对标准差的影响

    C. 可以同时消除数据的水平和计量单位对标准差的影响

    D. 可以准确反映一组数据的离散程度

6. 峰态通常是与标准正态分布相比较而言的，如果一组数据服从标准正态分布，则峰态系数的值（　　）。

    A. 等于 0　　　　　　　　　　　　B. 大于 0

    C. 小于 0　　　　　　　　　　　　D. 等于 1

7. 如果峰态系数 $K>0$，表明该组数据是（　　）。

    A. 尖峰分布　　　　　　　　　　　B. 扁平分布

    C. 左偏分布　　　　　　　　　　　D. 右偏分布

8. 某大学经济管理学院有 1200 名学生，法学院有 800 名学生，医学院有 320 名学生，理学院有 200 名学生。在上面的描述中，众数是（　　）。

    A. 1200　　　　　　　　　　　　　B. 经济管理学院

    C. 200　　　　　　　　　　　　　　D. 理学院

9. 某大学经济管理学院有 1200 名学生，法学院有 800 名学生，医学院有 320 名学生，理学院有 200 名学生。描述该组数据的集中趋势宜采用（　　）。

    A. 众数　　　　　　　　　　　　　B. 中位数

    C. 四分位数　　　　　　　　　　　D. 均值

10. 某居民小区准备采取一项新的物业管理措施，为此，随机抽取了 100 户居民进行调查，其中表示赞成的有 69 户，表示中立的有 22 户，表示反对的有 9 户，描述该组数据的集中趋势宜采用（　　）。

    A. 众数　　　　　　　　　　　　　B. 中位数

    C. 四分位数　　　　　　　　　　　D. 均值

11. 对于分类数据，测度其离散程度使用的统计量主要是（　　）。

    A. 众数　　　　　　　　　　　　　B. 异众比率

    C. 标准差　　　　　　　　　　　　D. 均值

12. 甲、乙两组工人的平均日产量分别为 18 件和 15 件。若甲、乙两组工人的平均日产量不变，但是甲组工人数占两组工人总数的比重下降，则两组工人总平均日产量（　　）。

    A. 上升　　　　　　　　　　　　　B. 下降

    C. 不变　　　　　　　　　　　　　D. 可能上升，也可能下降

13. 权数对平均数的影响作用取决于（　　）。

A. 各组标志值的大小　　　　　　　B. 各组的次数多少

C. 各组次数在总体单位总量中的比重　D. 总体单位总量

14. 当各个变量值的频数相等时，该变量的（　　）。

A. 众数不存在　　　　　　　　　　B 众数等于均值

C. 众数等于中位数　　　　　　　　D. 众数等于最大的数据值

15. 有 8 名研究生的年龄分别为 21、24、28、22、26、24、22、20 岁，则他们的年龄中位数为（　　）。

A. 24　　　　　　B. 23　　　　　　C. 22　　　　　　D. 21

16. 下列数组平均数都是 50，在平均数附近散布程度最小的数组是（　　）。

A. 0　20　40　50　60　80　100

B. 0　48　49　50　51　52　100

C. 0　1　2　50　98　99　100

D. 0　47　49　50　51　53　100

17. 下列各项中，应采用加权算术平均法计算的有（　　）。

A. 已知计划完成百分比和实际产值，求平均计划完成百分比

B. 已知计划完成百分比和计划产值，求平均计划完成百分比

C. 已知各企业劳动生产率和各企业产值，求平均劳动生产率

D. 已知生产同一产品的各企业产品单位成本和总成本，求平均单位成本

18. 如果你的业务是提供足球运动鞋的号码，那么，哪一种平均指标对你更有用？（　　）

A. 算术平均数　　　　　　　　　　B. 几何平均数

C. 中位数　　　　　　　　　　　　D. 众数

19. 假定某人 5 个月的收入分别是 1800 元、1840 元、1840 元、1840 元、1840 元、8800 元，反映其月收入一般水平应该采用（　　）。

A. 算术平均数　　　　　　　　　　B. 几何平均数

C. 众数　　　　　　　　　　　　　D. 调和平均数

20. 某组数据分布的偏度系数为正时，该数据的众数、中位数、均值的大小关系是（　　）。

A. 众数＞中位数＞均值　　　　　　B. 均值＞中位数＞众数

C. 中位数＞众数＞均值　　　　　　D. 中位数＞均值＞众数

三、多项选择题

1. 在变量数列中，各组变量值与频数的关系是（　　）。

A. 各组变量值作用的大小由各组频数的多少反映

B. 各组变量值作用的大小由各组变量值的大小反映

C. 频数越大的变量值对总体一般水平的影响也越大

D. 频数越大的变量值对总体一般水平的影响越小

E. 频数越大，变量值也越大

2. 应该用加权算术平均法计算平均数的有（　　）。

A. 已知各组职工工资水平和各组职工人数，求平均工资

B. 已知各组职工工资水平和各组工资总额，求平均工资

C. 已知各组计划完成百分数和各组计划产值，求平均计划完成百分数

D. 已知各组计划完成百分数和各组实际产值，求平均计划完成百分数

E. 已知各组职工的劳动生产率和各组职工人数，求平均劳动生产率

3. 下列应该用几何平均法计算的有（　　）。

A. 生产同种产品的三个车间的平均合格率

B. 平均发展速度

C. 前后工序的三个车间的平均合格率

D. 平均劳动生产率

E. 以复利支付利息的年平均利率

4. 下列说法哪些是正确的？（　　）

A. 应该用均值来分析和描述地区间工资水平

B. 宜用众数来描述流行的服装颜色

C. 考试成绩中位数的含义是有一半考生的成绩超过此数

D. 在数据组高度偏态时，宜用中位数而不是众数来作为平均数

E. 一般常用算术平均法来计算年平均增长率

四、计算（分析）题

1. 求数据集 3，9，0，7，4 的平均数和中位数。

2. 对以下四个样本分别计算它们的平均值、中位数和众数。

(1) 3，4，4，5，5，5，6，6，7

(2) 3，4，4，5，5，5，6，6，70

(3) −50，−49，0，0，49，50

(4) −50，−49，0，9，9，81

3. 决策者一旦信奉某种无效的行动方针，便常会使自己所犯错误逐步升级。组织行为学家和社会心理学家们对这一逐步升级过程产生强烈兴趣，诸如"沉没成本"效应，"陷进沼泽"效应，以及"投入过多　难以自拔"效应，均属这种现象。不过大多数人则把这种现象看做是"落入陷阱"。今有 52 名初学心理学的大学生参加一项实验室实验，旨在探究那些将先出现的结果视作自我同一性（主观与客观的一致性）体现的个人倾向，是否会加强上述"落入陷阱"效应。整个实验由 30 项试验组成，试验中根据学生判断不同形状几何图形的准确性打分，每项试验的总得分见下表。

5	5	4	7	24	6
10	12	11	15	11	10
3	23	4	20	5	4
7	5	6	6	15	5
15	10	13	9	4	6

(1) 对这些数据构造相对频数分布。

(2) 计算这个数据集的平均值、中位数和众数，并在相对频数分布图上标明它们的位置。这几个集中趋势测度量是否出现在数据分布的中心？

4. 像商标名或商店名这样的特征究竟对购买者认知某种产品的质量有多大影响？对这种现象已进行了许多研究工作，但研究结果似乎依赖于分析数据的方法、产品类型和价格等因素。1989 年 8 月号的《营销研究杂志》刊载过一篇文章，该文章总结了调查商标名对产品质量影响方面的 15 项研究工作的成果，以及考察商店名对产品质量影响方面的 17 项研究工作的成果。在所有这些研究工作(实验单元)中都要计算一个所谓的影响力指数。这个指数在 0 与 1 之间取值，指数值接近 0 时表示影响很小，接近 1 时表示影响很大。下表列出这两组研究工作的影响力指数的茎叶图。

(1) 对 15 项商标名研究计算影响力的平均值、中位数和众数。用哪一种集中趋势量度描述数据集最好？

(2) 对 17 项商店名研究计算影响力的平均值、中位数和众数。用哪一种集中趋势量度描述数据集最好？

(3) 将两种研究的数据合成一个数据集，再计算其平均数、中位数及众数。合成数据用哪一种集中趋势量度描述最好？

商标名(15 项研究)

茎	叶
0.6	0
0.5	7
0.4	
0.3	4
0.2	5 5
0.1	0 1 1 2 4
0.0	3 3 5 5 7

商店名(17 项研究)

茎	叶
0.6	
0.5	
0.4	3 4
0.3	
0.2	
0.1	2 2
0.0	0 0 0 1 1 2 2 3 3 6 7 8 8

5. 试对下列几种情况分别计算样本的方差和标准差：

(1) $n = 10$，$\sum x^2 = 331$，$\sum x = 50$；

(2) $n = 25$，$\sum x^2 = 163\ 456$，$\sum x = 2000$；

(3) $n = 5$，$\sum x^2 = 26.46$，$\sum x = 11.5$。

6. 求下列 25 个测量值的全距、方差和标准差。

2	1	7	6	5	3	8	5	2
4	5	6	3	4	4	6	9	4
3	4	5	5	7	3	5		

7. 假定数据集具有大体对称的土堆状分布。分别指出以下三个区间所包含的观察值的百分率。

(1) $\bar{x} \pm S$　　(2) $\bar{x} \pm 2S$　　(3) $\bar{x} \pm 3S$

8. 调查了某市最大的 25 家注册会计事务所的规模，下表列出了每一家会计事务所雇用的会计师人数。

110	60	102	86	106
63	24	29	16	16
20	28	25	25	20
18	14	8	6	16
12	11	10	11	6

(1) 对这个数据集计算 $\bar{x}$、x^2 和 S。

(2) 落在区间 $\bar{x} \pm 2S$ 内的测量值占多大百分比?

(3) 数一数实际落在区间 $\bar{x} \pm 2S$ 之间的测量值数,并算出这些测量值在测量总数中所占的百分比,再将计算结果与(2)的结果作比较。

9. 美国内华达州在黄金生产方面依旧领先于美国其他各州。按美国矿务局的说法,它的排名可进入世界四大产金地区之列(仅次于南非、俄罗斯和澳大利亚)。下表内的数据代表该州 30 个大金矿的黄金年产量(以千盎司为单位)。

(1) 用图形方法整理这些数据。

(2) 计算这组数据的平均值、中位数和标准差。

(3) 产量落在平均值附近 2 个标准差范围内的内华达金矿占多大比率?

(4) 注意:表中第一个金矿的产量极大,为 1467.8。将这个数据剔除后重新计算产量测量值的平均值、中位数和标准差。

(5) 解释被删除的数据 1467.8 是如何影响这三个描述性量度的。

1467.8	228.0	111.3	76.0	55.1	40.0
318.0	222.6	89.1	72.5	54.1	32.4
296.9	214.6	82.0	66.0	50.0	30.9
256.0	207.3	81.5	60.4	50.0	30.3
254.5	120.7	78.8	60.0	44.5	30.0

10. 计算以下三种 x 值的 Z 值,假定 $\bar{x} = 20$,$S = 5$

(1) $x = 12$ (2) $x = 23$ (3) $x = 28$

11. 有些预定了旅馆客房而没有去住宿的旅客,往往未能及时取消预定。在客气的商业用语中,这样的旅客被称为"未露面者"。为了防止未露面者和取消预定太晚给旅馆造成的损失,旅馆一律采用超员预定客房的办法。《旅游研究杂志》最近报道过一项考察旅馆业中超员预定客房问题的研究。下表中的数据取自此项研究,代表一个人从一家大型旅馆(拥有 500 个客房)抽取的 30 天的随机样本,每个数据为一天内过晚取消预订者和未露面者的人数。

18	16	16	16	14	18	16	18	14	19
15	19	9	20	10	10	12	14	18	12
14	14	17	12	18	13	15	13	15	19

(1) 绘制这些数据的箱线图。

（2）对位于箱线图箱体之内的观察值如何分类？

（3）对位于箱线图箱体之外的观察值如何分类？

（4）用 Z 值法识别这个数据集中的可疑离群数据。

12．众所周知，工人旷工代价高昂，且会导致多数企业的生产效率下降。曾有一项研究工作对一家中等规模的装配和包装工厂作了调查。在两年时间内，调查人员对该厂装配、包装和维修三个部门的工人进行了监测，记录下每周因病发生的事先无法预料的旷工天数。下表给出了每个部门每 1000 名雇员的旷工天数的平均值和标准差。

	包装部门	装配部门	维修部门
每 1000 名雇员旷工天数的平均值	39.24	17.38	14.56
标准差	9.88	5.16	6.88

（1）利用表中提供的信息勾勒出三幅相对频数分布的图像。将这三个分布画在同一个图上，以便能看出它们是如何出现在不同的相对位置上的。

（2）估计包装部门每 1000 名工人旷工天数在 19.84 和 59 之间的周数所占的百分比。

（3）在典型的一周内，你预期装配部门每 1000 人旷工多少天？

（4）在典型的一周内，你预期维修部门每 1000 人旷工多少天？

13．债券回报率的变异性常被用来预测购买债券的风险水平（变异性越大，风险越高）。为了比较无息债券（息票已被扣除因而不付利息的债券）与附息票债券的绩效，进行了一项仿真研究，结果见下表。无息债券的回报率仅由债券价格的变动决定，而附息票债券的回报率则除了取决于债券价格的变动外，还取决于市场利率。此项仿真研究产生出无息票债券与利息率固定的附息票债券的平均值和标准差，相应的市场利率为 14%。

	无息票债券	附息票债券
平均值	12.48%	12.48%
标准差	20.80%	14.56%

（1）试用经验规则勾勒出两种债券回报率的相对频数分布。

（2）对回报率为 -20% 的无息票债券计算 Z 值，并对此作出解释。

（2）对回报率为 -20% 的附息票债券计算 Z 值，并对此作出解释。

14．有人对一种确定公司普通股资本成本的独特方法做过研究。这种方法依赖于股东们对下面三种增长率的直觉认识：① 公司普通股票价格的增长率；② 每股现金股利的增长率；③ 每股收益的增长率。（增长率以 10 到 15 年的时间长度进行计算，它被定义为公司普通股股票价格、每股现金股利和每股收益每年平均的增长百分率。）下表中的数据是某公司 229 名股东对上述三种增长率（百分率）所给估计值的汇总结果。

增长率项目	平均值	标准差
普通股票股价	16.82	13.64
每股现金股利	16.17	20.76
每股收益	28.29	23.46

（1）对三个股票项目分别构造区间 $\bar{x}\pm 2S$。（负增长率意味着该项目当年不是增长而是减少。）

（2）假定对每个项目来说增长率估计值的相对频数分布呈土堆状。求每个数据集里落在区间 $\bar{x}\pm 2S$ 范围内的测量值所占近似比率。

（3）考虑到在（1）中算出的三个区间都很宽，你对用反映样本特点的平均增长率来估计相应股票项目的增长率真值是否感到放心？来自样本的平均增长率是否有可能导致不准确的资本成本估计值？

复习题参考答案

一、简答题

1. 测量数据集的集中趋势；测量数据集的变异性
2. 平均值、中位数及众数
3. 全距、标准差（切比雪夫定理）
4. 百分位数、四分位数及 Z 值
5. 略

二、单项选择题

1. C	2. B	3. A	4. C	5. C	6. A
7. A	8. B	9. A	10. B	11. B	12. B
13. C	14. A	15. B	16. B	17. B	18. D
19. C	20. B				

三、多项选择题

1. AC   2. ACE   3. BCE   4. ABCD

四、计算（分析）题

1. 平均数＝4.6；中位数＝4

2. （1）平均数＝5；中位数＝5；众数＝5。

  （2）平均数＝12；中位数＝5；众数＝5。

  （3）平均数＝0；中位数＝0；众数＝0。

  （4）平均数＝0；中位数＝4.5；众数＝9。

3. （1）略

  （2）平均数＝9.33；中位数＝7；众数＝5；是

4. （1）平均数＝0.188；中位数＝0.11；众数＝0.25,0.11,0.03 及 0.05；

    平均值或中位数

  （2）平均数＝0.085；中位数＝0.03；众数＝0；中位数

  （3）平均数＝0.133；中位数＝0.07；众数＝0.03；平均值或中位数

5. （1）方差＝9；标准差＝3

  （2）方差＝144；标准差＝12

  （3）方差＝0.0025；标准差＝0.05

6. 全距＝8；方差＝3.66；标准差＝1.91

7. （1）约 70％　　　（2）约 95％　　　（3）约 100％

8. （1）$\bar{x}=33.68$，$S^2=1104.48$，$S=33.23$

（2）至少 75％（若非土堆状分布）；约 95％（若为土堆状分布）

（3）88％

9. （1）略

（2）平均值＝159.38；中位数＝77.4；标准差＝262.5

（3）0.967

（4）平均值＝114.26；中位数＝76.0；标准差＝90.0

（5）略

10. （1）－1.6　　　（2）0.6　　　（3）1.6

11. 略

12. （1）略　　（2）0.95　　　（3）在 7.06 与 27.70 之间（$\bar{x}\pm 2S$）

（4）在 0.80 与 28.32 之间（$\bar{x}\pm 2S$）

13. （1）略　　（2）－1.56　　　（3）－2.23

14. （1）普通股票价格：（－10.46，44.10）；

每股现金股利：（－25.35，57.69）；每股收益：（－18.63，75.21）

（2）约 95％

（3）不；是

第5章 概率与概率分布

概率论是从研究赌博开始的。在概率论中有一个经典的案例，被称作"缪尔达尔"错误。赌博的规则是这样的：假如让你从 1~6 六个数字中随意选择一个数，根据我们的经验，在一次投掷中能够得到所选数字的概率是 1/6，现在一局给你三次机会，能够在一局中出现所选数字为赢，否则为输，那么你能够赢取赌局的概率是多少？缪尔达尔认为是 1/2，在我们直觉看来似乎是正确的，然而这就是概率史上一个著名的"缪尔达尔"错误。另外一个例子是在我们身边的一群人（n 个）中，会出现有同一天生日的人的概率是多少？直觉告诉我们一年有 365 天，当一群人只有四五十人的时候，这个概率不会很大，然而科学的计算告诉我们，当 $n=50$ 时，会出现有同一天生日的概率为 97%，也就是说出现同一生日几乎是肯定的。这两个例子告诉我们，仅凭直觉判断某些事情发生的概率是极不严谨的，我们有必要学习科学的概率知识，而现代自然科学、社会科学、经济活动中概率已经被普遍应用。

5.1 随机事件及其概率

5.1.1 随机事件及其描述

1. 随机事件的相关概念

概率通常是指机会或可能行，即某个事件发生的可能性或机会。那么，某个事件有可能出现，亦有可能不出现，我们把此类在同一条件下出现结果不确定的事件称做随机事件，也叫做不确定性事件。例如，投掷一次硬币出现正面就是一个随机事件，因为它有可能出现，亦有可能不出现；又例如随机从一批产品中抽取一个产品为次品、投篮一次投中等。在概率研究中，与随机事件相关的还有以下几个概念。

（1）随机试验。我们将在同一条件下观察随机事件实验结果的过程称做随机试验，如投掷一枚硬币、投掷一次骰子、抽取一张扑克牌等。

（2）基本事件。一次随机试验的某个最基本的结果，也称做基本事件。即这种事件是不可再拆分的。例如，投掷一次骰子出现的点数为 3 就是一个基本事件，而点数大于 3 就不是一个基本事件，因为它可以由三个基本事件组成，即点数为 4、点数为 5、点数为 6。

（3）样本空间。随机试验出现的所有可能结果称做样本空间。通常在研究中可以用集合的形式表示。

（4）必然事件。在一次观察中必然发生的事件称为必然事件，如投掷一次骰子出现的点数小于 7。必然事件发生的概率为 1。

（5）不可能事件。在一次观察中必然不发生的事件称为不可能事件，例如，投掷一次骰子出现的点数大于 7。不可能事件发生的概率为 0。

2. 随机事件的描述

在概率研究中，为了使事件的表达更加直观和可视化，通常用两种方法来表示：交叉表和事件树。

（1）交叉表。例如，我们可以将在一副扑克牌中抽取一张的随机试验结果表示成如表 5-1 所示的交叉表的形式。

表 5-1　事件的交叉表

	花色为红色	花色为黑色	合计
点数为 A	2	2	4
点数不是 A	24	24	48
合计	26	26	52

抽到红色的基本事件个数为 26，抽到红色且为 A 的基本事件个数为 2，样本空间中包含 52 个基本事件。

（2）事件树。我们也可以将上述随机试验的结果表示成如图 5-1 所示的事件树的形式。

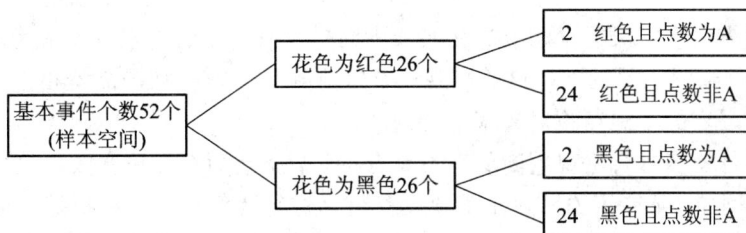

图 5-1　概率事件树

5.1.2　概率的定义

根据所研究的随机事件的特点，在概率研究过程和研究历史中，出现过三种不同的概率定义方法。

1. 古典概率定义

随机事件 E 的概率为 $P(E)=m/n$，n 为随机试验的样本空间所包含的基本事件的个数，m 为事件 E 所包含的基本事件的个数。

根据这一方法在定义概率时，其潜在的假设是样本空间中每一个基本事件是等可能出现的。当然，根据常识或公理，所有基本事件出现的概率和必然等于 1，事件 E 包含的基本事件也必然是互斥的，则每一个基本事件出现的概率必然是 $1/n$。

根据古典概率来定义，其局限性就是随机事件的样本空间中包含有限个基本事件，这必然限制了概率在现实问题中的应用。随着生产实践和相关科学的发展，人们在研究过程中提出了不同的概率定义方法。

2. 频率定义(试验概率)

根据统计实践,在条件相同的情况下,事件 E 在 n 次试验中出现的频数为 m,则频率为 m/n,那么,根据合理的抽象,随着试验次数的增加,事件出现的频率波动会越来越小,并趋近于事件 E 出现的概率,这一思想通常叫做统计规律或大数法则。

这一用频率极限趋近概率的思想最早是由雅各布·贝努利(Jacob Bernoulli)提出来的,称为大数法则。雅各布·贝努利在著作《猜度术》中提出了概率论中的"贝努利定理",该定理是"大数法则"的最早形式。雅各布假设了一个装满 3000 枚白色石子和 2000 枚黑色石子的罐子,但外人不知道每个颜色的石子的数目。我们从罐子中,按不断增加数目的方式取出石子,并在将它们放回罐子之前,记录每枚石子的颜色。如果我们取出越来越多的石子,最终我们会得到"接受必然的可能性",也就是说,在实际事件上是必然的,但又不是绝对的必然,两种颜色石子个数的比率是 3:2。雅各布的计算显示,从罐子中取出 2555 枚石子后,则有大于 1000/1001 的概率使其结果与真实结果(3:2)间的差异在 2% 之内,也就是所谓的"接受必然的可能性"。雅各布宣称,我们可以对任何不确定的数量进行科学的预测了。《猜度术》是概率论的第一部奠基性著作,所含概率思想具有划时代的重大意义,可谓对概率论做出了决定性的贡献,推进了概率论的进一步发展,因而其出版是概率论成为独立数学分支的标志。

3. 主观概率

通过统计方法来定义概率的方法在实践中同样具有一定的局限性,尤其是在社会经济研究中,不可能通过大量的随机试验来观察,如预测下个季度某产品价格上升的概率,这时就需要根据一定的主观经验对概率进行判断。

当然对事件概率进行主观判断似乎不具有科学性,然而在经济实践决策中却具有非常现实的意义,例如,某专家团队对于某项投资组合进行决策前,需要根据经验对投资组合中 A 投资品价格上涨的概率、下跌的概率进行判断。概率主观判断必须具备充分的专业知识、实践经验和比较充分的信息。既然是主观判断,自然不同的专家判断的结果可能不同,这就必然影响到决策质量。

5.2 概率的运算法则

通常,可以通过古典概率的定义来计算随机事件的概率,但更多的时候需要通过概率运算来计算概率,这之前我们需要了解概率的性质和事件的独立与互斥。

1. 概率的性质

(1) $0 \leqslant P \leqslant 1$;

(2) $P(\Omega) = 1$, $P(\varnothing) = 0$;

(3) $P(\bar{E}) = 1 - P(E)$。

其中,Ω 表示必然事件,$\varnothing$ 表示不可能事件,$\bar{E}$ 表示事件 E 不发生,称为事件 E 的补事件。

2. 互斥事件

如果事件 A 和事件 B 不可能同时发生,则 A、B 为互斥事件,事件 $A \cup B$ 表示事件 A 发生或事件 B 发生,其概率

$$P(A \bigcup B) = P(A) + P(B) \tag{5.1}$$

例如，要计算在 52 张扑克牌中抽到花色为红色的概率，红色包含方块 13 张（事件 A）和红桃 13 张（事件 B），且花色为方块和花色为红桃是互斥事件，则

$$P(A \bigcup B) = P(A) + P(B) = \frac{13}{52} + \frac{13}{52} = \frac{1}{2}$$

但是一般意义上，如果 A、B 事件并不属于互斥事件，此时事件 $A \bigcup B$ 的概率应该表示为

$$P(A \bigcup B) = P(A) + P(B) - P(AB) \tag{5.2}$$

$P(AB)$ 表示事件 A、B 同时出现的概率，例如，事件 A 表示在 52 张牌中抽到 A，事件 B 表示花色为红色，则：

$$P(A \bigcup B) = P(A) + P(B) - P(AB) = \frac{4}{52} + \frac{26}{52} - \frac{2}{52} = \frac{28}{52} = \frac{7}{13}$$

3. 独立事件

如果用 $A \bigcap B$ 表示事件 A 和 B 同时发生，我们可以定义 $A \bigcap B$ 表示 A 发生并且在 A 发生的条件下 B 发生，用以下公式表式：

$$P(A \bigcap B) = P(A)P(B \mid A) \tag{5.3}$$

如果 A 事件的发生不影响 B 事件的发生，反之，B 事件的发生也不影响 A 事件的发生，我们称 A、B 为独立事件，此时必然有 $P(B \mid A) = P(B)$，那么独立事件 A、B 同时发生的概率：

$$P(A \bigcap B) = P(A)P(B \mid A) = P(A)P(B) \tag{5.4}$$

例如，投掷两次硬币均出现正面的概率，第一次出现正面（事件 A）与第二次出现正面（事件 B）是独立事件，

$$P(A \bigcap B) = P(A)P(B) = \frac{1}{4}$$

互斥事件和独立事件是两类特殊的事件，在运算概率时区分互斥事件和独立事件非常有必要。因为这两类运算简单，在实际运算中也常把概率问题转换为独立事件或者互斥事件，通过转化使问题简化。

例 5.1　如前面所提到的，在 $1 \sim 6$ 六个点数中随机选择一个点数，能够掷出所选点数即为赢得赌局。投掷三次骰子为一局，三次中只要有一次出现所选数字，赢得该局，则赢取赌局的概率是多少？

缪尔达尔所犯错误就是将每次出现所选数字的概率 1/6 相加得到 1/2，然而，一局中的三次随机试验并不互斥，即第一次出现所选数字后，第二、第三次也有可能出现。解决这个问题的办法是运用补事件公式 $P(\bar{E}) = 1 - P(E)$，先计算三次都不出现所选数字（事件 E）的概率，而三次试验中每一次出现所选数字为独立事件，即第一、二、三次互不影响，因此：

$$P(\bar{E}) = 1 - P(E) = 1 - \left(\frac{5}{6}\right)^3 = \frac{91}{215}$$

显然，赢得赌局的概率要小于 0.5，根据大数法则，如果一直下去则必然输掉赌局。

例 5.2 在随机的 n 个人中，出现同一天生日的概率是多少？

在 n 个人中，出现同一天生日有可能 2 人、3 人、……，实际情形比较复杂，同样我们利用补事件公式进行转换，用 1 减去没有同一天生日的概率：

$$p = 1 - P(E) = 1 - \left[\frac{365}{365} \times \frac{364}{365} \times \cdots \times \frac{365-n+1}{365} \right]$$

当 $n=23$ 时，$p=0.51$；当 $n=50$ 时，$p=0.97$；当 $n=56$ 时，$p=0.99$。

5.3 随机变量及其分布

5.3.1 随机变量

用随机事件的方法来研究概率虽然直观，但是为了使概率研究更具有一般性，我们引入随机变量的概念。随机变量是指其表现值不确定的变量，例如，随机变量表现值为 1 和 0，在这里 1 和 0 可以分别表示投掷硬币出现正面和反面，也可以分别表示抽取的产品为合格品和次品等。随机变量更具一般意义，使得用数学方法研究概率更为方便。

随机变量根据其取值特性，可以分为离散型随机变量和连续型随机变量。离散型随机变量顾名思义其可能取值是间断的、离散的或者不连续的，例如，从一批产品中抽取的次品个数、布匹单位面积上出现的疵点数等。离散型随机变量取值可以是有限的，如二项分布，也可以是无限的，如泊松分布。连续型随机变量是指变量的可能取值是连续出现的，例如，随机抽取一个灯泡，其使用寿命就是一个连续型随机变量。连续型随机变量的取值是无限的。

由于离散型随机变量与连续型随机变量的特点不同，两类变量的概率分布表示方法是有差异的，在以后的研究中我们将分类介绍。

5.3.2 随机变量概率的表示方法

为了用更加直观的方法表示随机变量的概率，一般采取图示、表示或类似函数的表示方法。

1. 概率分布图

例如，某班级英语考试及格率为 90%，随机抽取某个学生观察其成绩，用随机变量 X 表示结果，1 表示及格，0 表示不及格，则 X 的概率分布如图 5-2 所示。

2. 概率分布表

针对以上这个例子，我们用表 5-2 表示其概率分布。

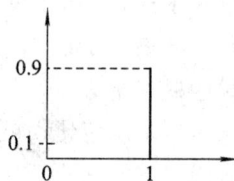

图 5-2 概率分布

表 5-2 概 率 分 布

X	0	1
P	0.1	0.9

3. 概率分布的函数表示方法

针对此例，我们还可以用概率分布的函数表示如下：

$$P(X) = \begin{cases} 0.1 & (X = 0) \\ 0.9 & (X = 1) \end{cases}$$

这里列示的三种表示方法均是针对离散型变量，连续型变量稍微复杂一些，后续章节继续讨论。

5.4 离散型随机变量的分布

在 5.3 节中我们介绍了离散型随机变量的概率分布表示方法，本节要讨论与离散型随机变量相关的两个特征值：期望与方差。另外，本节要讨论常用的离散型随机变量的概率分布。

5.4.1 离散型随机变量的期望与方差

1. 离散型随机变量的期望

离散型随机变量 X 的期望值定义为 X 所有的可能取值 x_i 与其对应的概率 p_i 的乘积之和，通常表示为 $E(X)$ 或者 μ，即

$$E(X) = \sum_{i=1}^{n} p_i x_i \tag{5.5}$$

随机变量的期望值也称做平均值，回忆第 4 章给出的加权算数平均值计算公式，则有

$$\overline{X} = \frac{\sum x_i f_i}{\sum f_i} = \sum x_i \frac{f_i}{\sum f_i} = \sum x_i w_i \tag{5.6}$$

在此，变量的权重 w_i 即变量的频率，从统计意义上讲频率极限就是概率 p_i，因此期望值本质上就是变量的均值。

2. 离散型随机变量的方差

离散型随机变量 X 的方差值用来衡量随机变量的离散程度，定义为随机变量与期望值的平均偏离程度，通常表示为 $D(X)$ 或者 σ^2，其计算公式为

$$D(X) = E[X - E(X)]^2 \tag{5.7}$$

按照期望的计算方法，

$$D(X) = \sum [X - E(X)]^2 p_i \tag{5.8}$$

根据第 3 章所给出的方差计算方法：

$$\sigma^2 = \sum (x_i - \overline{x})^2 \frac{f_i}{\sum f_i} = \sum (x_i - \overline{x})^2 w_i \tag{5.9}$$

同理，从统计意义上讲 w_i 极限就是概率 p_i，所以两者是一致的。方差的本质是衡量随机变量的离散程度，类似第 4 章标准差的计算方法：

$$\sigma = \sqrt{D(X)} \tag{5.10}$$

5.4.2 常见的离散型随机变量的分布

在统计实践中，离散型随机变量有着广泛的用途，最常见的就是二项分布和泊松分布。

1. 二项分布

二项分布也被称为贝努利分布（Bernoulli Distribution）。贝努利分布是一个离散型随机变量的概率分布，为纪念瑞士科学家詹姆斯·贝努利而命名。若随机变量 X 的可能出现值只有 0 和 1，0 表示失败，1 表示成功，二项分布是根据贝努利试验计算在 n 次重复试验中，成功次数为 x_i 的概率 $P(X=x_i)$。

贝努利试验具有以下特点：

(1) 试验可以重复进行，每次试验只有两个结果，即成功或失败。

(2) 每次成功的概率为 p，则失败的概率必然为 $q=1-p$。

(3) 每次试验相互独立。

那么，在 n 次重复试验中，成功的次数 x_i 一定在 $[0, n]$ 之间，且是随机的。运用独立事件和互斥事件概率的运算法则可以得到

$$P(X=x_i) = C_n^x p^x q^{n-x} \quad (x=1, 2, 3, \cdots, n) \tag{5.11}$$

C_n^x 为 n 中取 x 的组合数，显然 $C_n^x p^x q^{n-x}$ 为 $(p+q)^n$ 的二项展开式的第 $x+1$ 项，因此我们称这一分布为二项分布。同时，由于 $p+q=1$，必然有 $\sum_{x=0}^{n} C_n^x p^x q^{n-x} = (p+q)^n = 1$。二项分布的期望值 $E(X)=np$，方差 $D(X)=npq$。当 $p=0.5$ 时为对称分布；$p<0.5$ 时为左偏分布；$p>0.5$ 时为右偏分布。

图 5-3 给出了 $n=20$，p 分别为 0.2、0.5 和 0.8 时的分布。

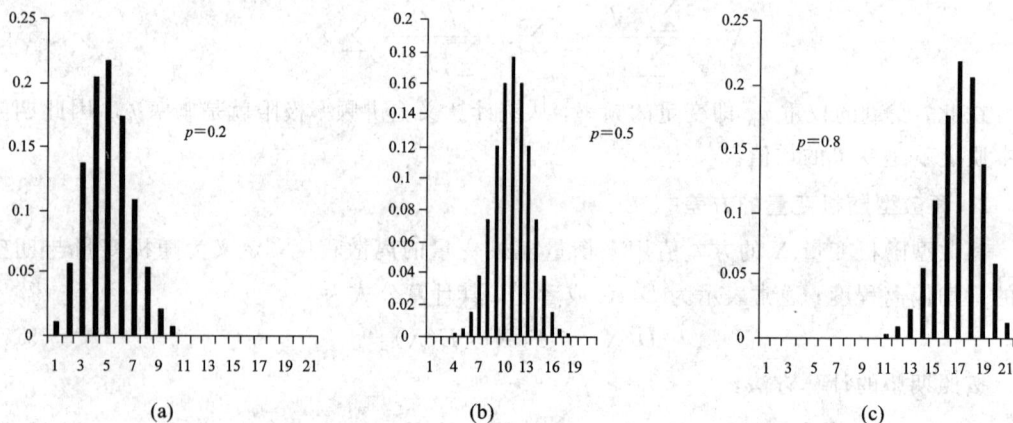

图 5-3 二项分布图

在统计实践中，不仅会用到成功次数恰好等于 x_i 时的概率，也会用到累计概率，即概率分布，例如成功次数 $a \leqslant X \leqslant b (a<b)$ 的概率

$$P(a \leqslant X \leqslant b) = \sum_{x=a}^{b} C_n^x p^x q^{n-x} \quad (a<b) \tag{5.12}$$

例 5.3 二项分布在质量统计中具有广泛的用途，假设某产品声称其合格率不低于 0.95，如果这一说法是正确的，那么，根据随机抽样抽取 $n=20$ 个产品，试计算抽取到：

（1）次品数为 1 的概率；

（2）次品数为 2 的概率；

（3）次品数为 3 的概率；

（4）次品数为 3 个或以上的概率。

解　（1）$P(X=1)=C_{20}^1 0.05^1 0.95^{19}=0.3774$

（2）$P(X=2)=C_{20}^2 0.05^2 0.95^{18}=0.1887$

（3）$P(X=3)=C_{20}^3 0.05^3 0.95^{17}=0.0696$

（4）$P(X\geqslant3)=1-\sum_{x=0}^{2}C_{20}^x 0.05^x 0.95^{20-x}=0.075\ 48$

根据计算结果，由于 $p=0.05<0.5$，二项分布是左偏的。也就是说，如果次品率小于 5%（合格率不低于 95%），则次品数大于等于 3 的概率不会超过 0.075 48。在质量统计中，往往可以根据次品率编制次品数出现的概率分布表，检验产品合格率是否达到质量指标的要求。

2. 泊松分布

泊松分布是另一类与二项分布有联系的离散型概率分布。在统计实践中，有一类二项分布每次成功的概率 p 值很小，或者难以确定，给根据二项分布计算概率带来一定困难，这时采用泊松分布是一个比较好的选择。这类例子有：

（1）某布匹单位面积上的疵点数。

（2）单位时间（例如每周）内发生交通事故的次数。

（3）单位时间内到达柜台接受服务的人数（银行、诊所等）。

泊松分布的计算公式为

$$P(X=x)=\frac{\lambda^x e^{-\lambda}}{x!}\quad(x=0,1,2,\cdots)\tag{5.13}$$

式中，λ 为单位时间或单位面积上事件发生的平均次数，通常根据统计观察得到。例如，根据某银行服务台的长期观察（假设为一个月），每小时去柜台接受服务的平均人数为 10 人，则 $\lambda=10$。假如按照二项分布，服务区内单位时间到银行接受服务的每个人接受服务的概率为 p，但实际上 p 很难估计，同时 n 也很大，甚至理论可以认为 $n\to\infty$，根据二项分布公式计算很困难。但是，二项分布期望值 $E(X)=np=\lambda$ 可以通过统计观察近似得到。因此，根据二项分布公式：

$$P(X=x)=C_n^x p^x q^{n-x}$$

$$=\frac{n!}{x!(n-x)!}\times\frac{\lambda^x}{n^x}\times\frac{\left(1-\dfrac{x}{n}\right)^n}{\left(1-\dfrac{x}{n}\right)^x}$$

$$=\frac{n(n-1)\cdots(n-x+1)}{x!}\times\frac{\lambda^x}{n!}\times\frac{\left(1-\dfrac{x}{n}\right)^n}{\left(1-\dfrac{x}{n}\right)^x}$$

$$\xrightarrow[n\to\infty]{}\frac{\lambda^x e^{-\lambda}}{x!}$$

由此，我们可以看出泊松分布是在二项分布满足 n 较大、p 较小时的极限分布，实际上泊松分布有着更为广泛的用途,在 $p < 0.25$,$n > 20$,$np < 5$ 时,用泊松分布趋近二项分布的效果很好,表 5-3 列示了 $n = 20$,$p = 0.2$,$np = 4$ 时二项分布与泊松分布计算的概率差异(保留四位小数)。对于其他情形,同学们可以利用 Excel 中的函数去观察两者之间的差异。

表 5-3　二项分布和泊松分布的差异($n = 20$,$p = 0.2$,$np = 4$)

x	$p = 0.2$	$np = 4$	差异
0.0000	0.0115	0.0183	0.0068
1.0000	0.0576	0.0733	0.0156
2.0000	0.1369	0.1465	0.0096
3.0000	0.2054	0.1954	−0.0100
4.0000	0.2182	0.1954	−0.0228
5.0000	0.1746	0.1563	−0.0183
6.0000	0.1091	0.1042	−0.0049
7.0000	0.0545	0.0595	0.0050
8.0000	0.0222	0.0298	0.0076
9.0000	0.0074	0.0132	0.0058
10.0000	0.0020	0.0053	0.0033
11.0000	0.0005	0.0019	0.0015
12.0000	0.0001	0.0006	0.0006
13.0000	0.0000	0.0002	0.0002
14.0000	0.0000	0.0001	0.0001
15.0000	0.0000	0.0000	0.0000
16.0000	0.0000	0.0000	0.0000
17.0000	0.0000	0.0000	0.0000
18.0000	0.0000	0.0000	0.0000
19.0000	0.0000	0.0000	0.0000
20.0000	0.0000	0.0000	0.0000

泊松分布与二项分布一样,在实践中有时也用到累计概率,例如 X 小于等于 t 的概率为

$$P(X \leqslant t) = \sum_{x=0}^{t} \frac{\lambda^x \mathrm{e}^{-\lambda}}{x!} \quad (t = 0, 1, 2, \cdots) \tag{5.14}$$

例 5.4　根据产品质量统计,某布匹每米发生的疵点数平均为 3 个,现在为检验生产线是否正常,随机观察 30 个单位为一米的样品,试问平均每米出现次品数:

(1) 等于 4 的概率;

(2) 等于 5 的概率;

(3) 等于 6 的概率;

(4) 超过 6 的概率。

解　(1) $P(X = 4) = \dfrac{3^4 \times 2.718^{-3}}{4!} = 0.1680$

(2) $P(X=5)=\dfrac{3^5\times2.718^{-3}}{5!}=0.1008$

(3) $P(X=6)=\dfrac{3^6\times2.718^{-3}}{6!}=0.0504$

(4) $P(X>6)=1-P(X\leqslant6)=0.0335$

由此可见，每米布疵点数超过 6 的概率只有 3.35％，也就是说，在生产线正常的情况下，此类情形是几乎不会出现的。

无论是二项分布还是泊松分布，手工计算量都比较大，实践应用中我们可以运用Excel中的函数功能计算，此内容将在本章第 6 节讨论。

5.5　连续型随机变量的分布

5.5.1　概率密度与分布函数

对于连续型变量而言，由于连续变量是不可数的，变量表现值不能够一一列举，因此完全按照离散变量的概率表示方法是不能够实现的，故需要采取另外一种表示方法。

比如身高变量 X 理论上为连续型随机变量，假如我们观察 150 个人的身高（例 3.5），如何表示变量的分布呢？我们回忆第 3 章所讲的分组以及直方图，假设分组结果如图 5-4 所示。

身高/cm	比例
150～155	0.007
155～160	0.107
160～165	0.280
165～170	0.380
170～175	0.180
175～180	0.040
180～185	0.007
合计	1.000

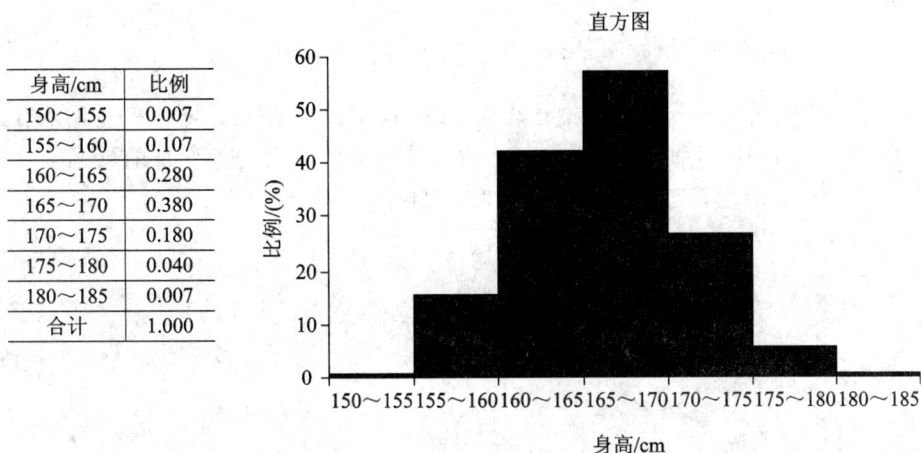

图 5-4　150 名学生身高分布直方图

在图 5-4 中，分组的组距为 5 cm，直方图的高之和为 1。设想只要统计的人数足够多，分组组距缩小到 1 cm、0.1 cm、…，直方图的高之和仍为 1。理论上连续变量的分组组距可以无穷小，此时，直方图近似为一条平滑的曲线 $f(x)$，曲线与横坐标围成的面积仍为 1，此时必有

$$f(x)\geqslant0 \tag{5.15}$$

$$\int_{-\infty}^{+\infty}f(x)\mathrm{d}x=1 \tag{5.16}$$

函数 $f(x)$ 被称为概率密度函数，而 $F(x) = P(X \leqslant x) = \int_{-\infty}^{x} f(t)\mathrm{d}t$ 被称为概率分布函数。$P(a \leqslant X \leqslant b) = F(b) - F(a)$，概率分布图如图 5-5 所示。

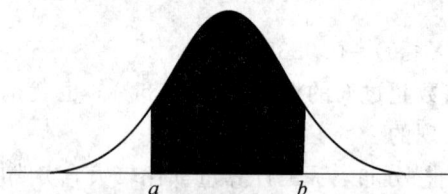

图 5-5 变量处于 a 与 b 之间的概率

5.5.2 正态分布

在连续型随机变量中，正态随机变量是一种非常常见和重要的随机变量，正态随机变量的分布形态是一种中间集中、两端稀疏的对称钟形分布，如图 5-5 所示。正态分布（Normal Distribution）也叫做高斯分布（Gaussian Distribution）。

在自然现象、社会经济现象等分析中，有许多变量服从或者近似服从正态分布。例如，某地区年降雨量，某原始森林中树木的直径，同龄人的身高、体重，实验者对某种零件直径的多次测量数据等。

1. 正态分布的概率密度函数

若随机变量的概率密度函数为

$$f(x) = \frac{1}{\sqrt{2\pi}\sigma}e^{\frac{-1}{2\sigma^2}(x-\mu)^2} \quad (-\infty < x < +\infty) \tag{5.17}$$

则称随机变量 X 服从正态分布，通常记做 $X \sim N(\mu, \sigma^2)$。μ 是正态随机变量的均值，σ 是正态随机变量的标准差。因此正态分布密度函数是一个含有两个参变量的族函数，μ 决定正态分布的中心，σ 决定正态分布的集中程度，见图 5-6。

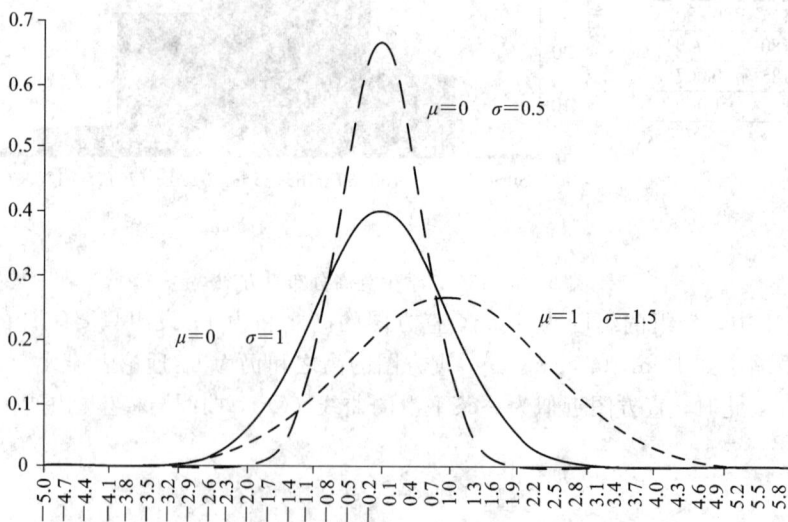

图 5-6 不同 μ 和 σ 对正态分布的位置和形状的影响

理论上，只需要知道正态分布的两个参数值，就可以对既定的概率密度函数进行积分，得到随机变量 X 在任意一个区间的概率。然而正态分布概率密度函数积分对于非专业人员仍然是比较困难的，因此可以将一般的正态分布转换为标准正态分布，因为一般正态分布变量在某一区间的概率一定对应着标准正态分布变量在某个区间的概率。

2. 标准正态分布

在众多正态随机变量中，有一个均值 $\mu=0$，$\sigma=1$ 的钟形分布，其概率密度函数为

$$f(x) = \frac{1}{\sqrt{2\pi}} e^{-\frac{1}{2}x^2}, \quad -\infty < x < +\infty \tag{5.18}$$

则称变量服从标准正态分布，记做 $Z \sim N(0,1)$。标准正态随机变量 Z 的概率密度函数和概率分布如图 5-7 所示。

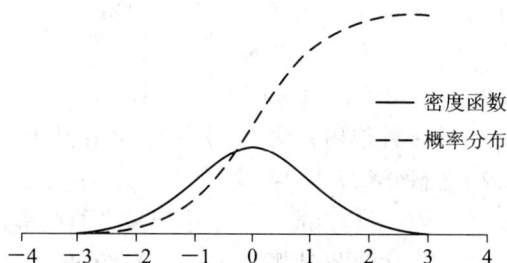

图 5-7 标准正态随机变量的密度函数和分布函数

3. 标准正态分布表的使用

由于标准正态分布是以 0 为中心的对称分布，所以常见的统计学教材只编写标准正态分布表中 $z \geqslant 0$ 的部分。表 5-4 所示是一张标准正态分布表的一部分。

表 5-4 部分标准正态分布

z	0.00	0.01	0.02	0.03	0.04	0.05	0.06	0.07	0.08	0.09
0.0	0.5000	0.5040	0.5080	0.5120	0.5160	0.5199	0.5239	0.5279	0.5319	0.5359
0.1	0.5398	0.5438	0.5478	0.5517	0.5557	0.5596	0.5636	0.5675	0.5714	0.5753
0.2	0.5793	0.5832	0.5871	0.5910	0.5948	0.5987	0.6026	0.6064	0.6103	0.6141
0.3	0.6179	0.6217	0.6255	0.6293	0.6331	0.6368	0.6406	0.6443	0.6480	0.6517
0.4	0.6554	0.6591	0.6628	0.6664	0.6700	0.6736	0.6772	0.6808	0.6844	0.6879
0.5	0.6915	0.6950	0.6985	0.7019	0.7054	0.7088	0.7123	0.7157	0.7190	0.7224
0.6	0.7257	0.7291	0.7324	0.7357	0.7389	0.7422	0.7454	0.7486	0.7517	0.7549
0.7	0.7580	0.7611	0.7642	0.7673	0.7704	0.7734	0.7764	0.7794	0.7823	0.7852
0.8	0.7881	0.7910	0.7939	0.7967	0.7995	0.8023	0.8051	0.8078	0.8106	0.8133
0.9	0.8159	0.8186	0.8212	0.8238	0.8264	0.8289	0.8315	0.8340	0.8365	0.8389
1	0.8413	0.8438	0.8461	0.8485	0.8508	0.8531	0.8554	0.8577	0.8599	0.8621
1.1	0.8643	0.8665	0.8686	0.8708	0.8729	0.8749	0.8770	0.8790	0.8810	0.8830
1.2	0.8849	0.8869	0.8888	0.8907	0.8925	0.8944	0.8962	0.8980	0.8997	0.9015
1.3	0.9032	0.9049	0.9066	0.9082	0.9099	0.9115	0.9131	0.9147	0.9162	0.9177

例 5.5 设随机变量 $Z \sim N(0,1)$，试计算：

(1) $P(Z < 1.05)$；

(2) $P(Z > 1.05)$；

(3) $P(-1.05 < Z < 1.05)$；

(4) $P(0.50 < Z < 1.05)$。

解 (1) 先在表中找到 $Z = 1.05$，整数位和第一位小数在第一列，第二位小数在第一行找，如表 5-4 所示，交叉位置数值为 0.8531，即表示 $P(Z < 1.05) = 0.8531$。

(2) 由于标准正态分布表上反映的是累计概率，因此：
$$P(Z > 1.05) = 1 - P(Z < 1.05) = 1 - 0.8531 = 0.1469$$

(3) 根据标准正态分布以 $Z = 0$ 为中心左右对称：
$$P(-1.05 < Z < 1.05) = 2P(0 < Z < 1.05) = 2 \times 0.8531 - 1$$
$$= 0.7062$$

(4) $P(0.50 < Z < 1.05) = 0.8531 - 0.6915 = 0.1616$

标准正态分布表还有另外一种使用方法，已知变量 Z 在某个区间的概率，根据要求查出随机变量值，即反查标准正态分布表。

例 5.6 设随机变量 $Z \sim N(0,1)$，试计算 Z 小于多少的概率是 80%？

根据正态分布表（表 5-4），由于累计概率 $P = 0.8$，在表内找到概率值与 0.8 最为接近的数字 0.7995，由 0.7995 对应到第一列和第一行，得到 $Z = 0.84$。因此，如果 Z 服从标准正态分布，那么 Z 小于 0.84 的概率为 0.8。

在 Excel 中，查标准正态分布表的函数是 NORMSDIST()，已知概率反查 Z 值的函数是 NORMSINV()。也有统计参考书为了方便反查 Z 值，按照概率值编写了直接查到 Z 的表格，通常称为标准正态分布分位数表。表 5-5 列示了标准正态分布分位数表的一部分。

表 5-5 标准正态分布分位数表部分内容

p	0.000	0.001	0.002	0.003	0.004	0.005	0.006	0.007	0.008	0.009
0.50	(0.00)	0.00	0.01	0.01	0.01	0.01	0.02	0.02	0.02	0.02
0.51	0.03	0.03	0.03	0.03	0.04	0.04	0.04	0.04	0.05	0.05
0.52	0.05	0.05	0.06	0.06	0.06	0.06	0.07	0.07	0.07	0.07
0.53	0.08	0.08	0.08	0.08	0.09	0.09	0.09	0.09	0.10	0.10
0.54	0.10	0.10	0.11	0.11	0.11	0.11	0.12	0.12	0.12	0.12
0.55	0.13	0.13	0.13	0.13	0.14	0.14	0.14	0.14	0.15	0.15
0.56	0.15	0.15	0.16	0.16	0.16	0.16	0.17	0.17	0.17	0.17
0.57	0.18	0.18	0.18	0.18	0.19	0.19	0.19	0.19	0.20	0.20
0.58	0.20	0.20	0.21	0.21	0.21	0.21	0.22	0.22	0.22	0.22
0.59	0.23	0.23	0.23	0.24	0.24	0.24	0.24	0.25	0.25	0.25
0.60	0.25	0.25	0.26	0.26	0.26	0.27	0.27	0.27	0.27	0.28
0.61	0.28	0.28	0.28	0.29	0.29	0.29	0.29	0.30	0.30	0.30
0.62	0.31	0.31	0.31	0.31	0.32	0.32	0.32	0.32	0.33	0.33

4. 一般正态分布转换成标准正态分布

如果随机变量 $X \sim N(\mu, \sigma^2)$，构造新随机变量 $Z = \dfrac{x-\mu}{\sigma}$，那么 $Z \sim N(0,1)$。由于一般正态分布与标准正态分布具有对应关系，因此可以通过查表找出一般正态随机变量在某一个区间的概率，而不需要通过积分，这大大减少了计算工作量。

例 5.7　假设大学男生身高（单位 cm）$X \sim N(172, 3^2)$，试计算：

（1）$P(X < 175)$；

（2）$P(X > 175)$；

（3）$P(165 < X < 175)$。

解　（1）$P(X < 175) = P\left(Z < \dfrac{175-172}{3}\right) = P(Z < 1) = 0.8413$

（2）$P(X > 175) = P\left(Z > \dfrac{175-172}{3}\right)$

$\qquad\qquad\qquad = P(Z > 1)$

$\qquad\qquad\qquad = 1 - P(Z < 1)$

$\qquad\qquad\qquad = 1 - 0.8413 = 0.1587$

（3）$P(165 < X < 175) = \left(\dfrac{165-172}{3} < Z < \dfrac{175-172}{3}\right)$

$\qquad\qquad\qquad = P(-2.33 < Z < 1)$

$\qquad\qquad\qquad = (0.9901 - 0.5) + (0.8413 - 0.5) = 0.8314$

如果我们想知道 90% 的男大学生身高不高于多少，该如何计算？这是已知概率，反查变量值的例子。在这里先查出标准正态分布中概率为 90% 时的 Z 值。在标准正态分布表中找到与 0.9 最为接近的概率值 $P = 0.8997$。对应的 Z 值是 $Z = 1.28$。因此可知身高：

$$Z = \frac{X - 172}{3} = 1.28$$

$$X = 172 + 1.28 \times 3 = 175.84$$

即身高在 175.84 cm 以下的概率是 90%，或者说 90% 的男大学生身高低于 175.84 cm。

5. 正态分布的经验规则及应用

如果变量服从正态分布，根据统计规律，变量处于均值 $\mu \pm \sigma$、$\mu \pm 2\sigma$、$\mu \pm 3\sigma$ 之间的概率分别为 68.27%、95.45% 和 99.73%，如图 5-8 所示。

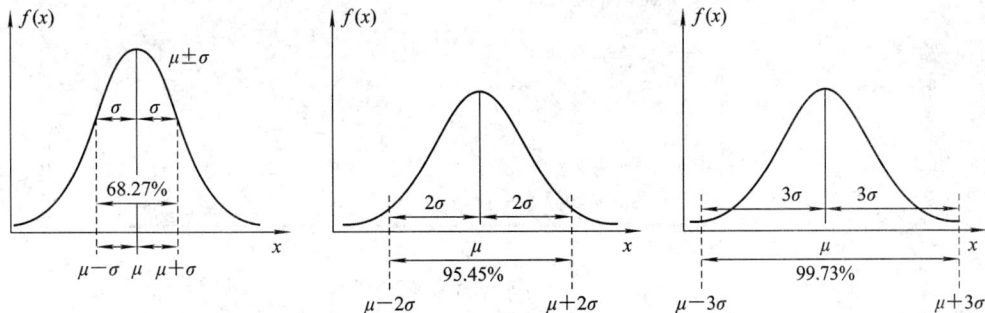

图 5-8　正态分布的经验规则

正态分布的经验规则在统计实践中有诸多用途。在质量过程控制中，根据经验规则，如果某质量特性 $X \sim N(\mu, \sigma^2)$，那么其质量特性指标的观察值落在区间 $\mu \pm 3\sigma$ 之外的概率仅为 0.27%。这是一个小概率事件，通常不会在观察中出现，如果一旦出现小概率事件，则可以认为生产过程控制出现问题。这也就是将在假设检验中讲到的小概率原理。

目前，一种改善企业质量流程管理的技术——六西格玛(6σ)质量管理体系已经风靡全球，其理论基础就是正态分布理论，其核心目标是以"零缺陷"为完美的商业追求。

若根据产品设计要求，某质量特性的均值为 μ，标准差为 σ，质量特性在 $\mu \pm d$ 范围之内均为合格品，d 称为公差。如果 $d/\sigma=3$，则根据正态分布规律，产品合格率为 99.73%；如果 $d/\sigma=6$，根据正态分布规律，产品质量特性数值落入 $\mu \pm 6\sigma$ 区间的概率 $P(x \in \mu \pm 6\sigma)=0.999\,999\,998$，即落在此区间之外的概率仅为十亿分之二，那么次品率也就是十亿分之二。但是由于控制环节各种因素的干扰，产品质量特性的均值可能产生"漂移"，在漂移不超过 1.5σ 的情况下，产品的不合格率为百万分之三点四。

5.6　Excel 概率分布函数的运用

在前面的章节中，我们运用过 Excel 函数，在这一节中主要分析几个分布函数的应用以及如何用 Excel 制作正态概率分布表。

5.6.1　Excel 计算二项分布

对例 5.3 运用 Excel 来计算在 20 次抽样中次品数分别为 1、2、3 的概率，如图 5-9 所示。

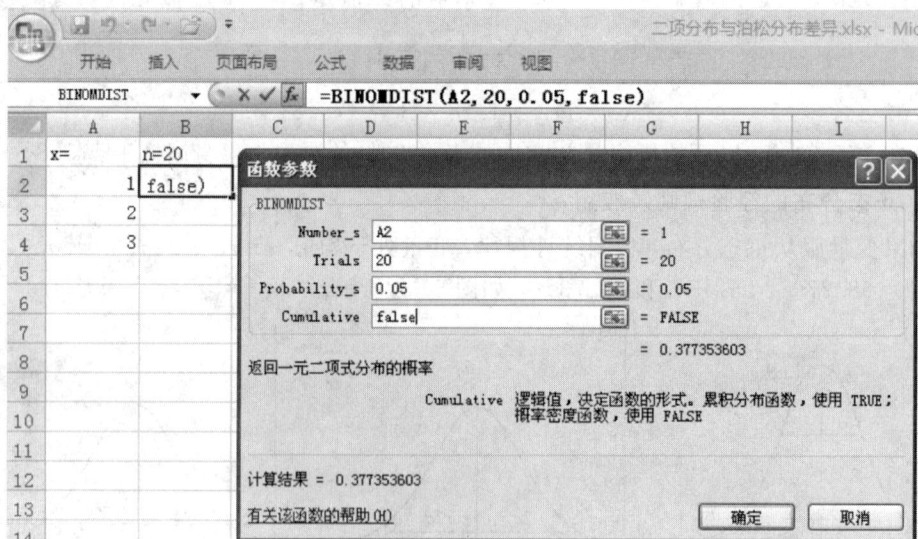

图 5-9　用 Excel 计算二项分布

在 B2 单元格中插入二项分布公式 BINOMDIST()。公式中的参数含义如下：
Number_s 为试验成功的次数，在此我们用单元格相对引用 A2。

Trials 为独立试验的次数，在此我们输入 20。

Probability_s 为每次独立试验成功的概率，在此我们输入 0.05。

Cumulative 为逻辑值，决定函数输出的形式：True 为累计分布，即小于或等于 x 的概率；false 为概率密度，即恰好等于 x 的概率。在此我们输入 false。

然后将光标置于公式复制位置下拉，得到 $X=2$，$X=3$ 的概率。

计算 X 大于 3 的概率时，由于 $P(X \geqslant 3)=1-P(X \leqslant 2)$，只需计算出 $X=2$ 的累计概率，在 Number_s 处输入 2，Cumulative 处输入 True，就会得到 $P(X \leqslant 2)=0.9245$，因此出现次品数大于或等于 3 的概率为 0.0755。

在质量管理生产实践中，可以运用 Excel 列出在一定产品合格率（如 99%、99.5% 等）的要求下，抽取 n 个（如 100、200 等）产品出现次品数为 $X > M(M=0, 1, 2, \cdots)$ 的概率，然后只需要查表就可以清晰判断产品生产线是否工作正常，有兴趣的同学可参考质量管理相关教科书。

5.6.2　Excel 计算泊松分布

针对例 5.4，$\lambda=3$，用 Excel 计算 $X=4, 5, 6$ 时的概率，如图 5-10 所示。

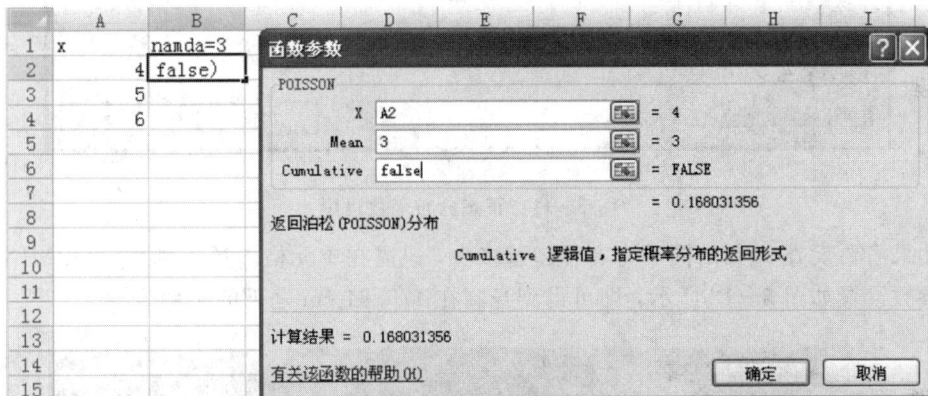

图 5-10　用 Excel 计算泊松分布

在 B2 单元格插入函数 POISSON()。各参数含义如下：

X 为事件出现的次数，在此运用单元格引用 A2。

Mean 为期望值，即平均出现的次数 λ，在此输入 3。

Cumulative 为逻辑判断值，与二项分布用法相同，在此输入 false。

按确定键后，返回 0.1680。同样，将光标放置于公式复制按钮位置，下拉得到 $X=5$，$X=6$ 时的概率。

如果要计算出现疵点数大于 6 的概率，只需用 1 减去 $X=6$ 时的累计概率（Cumulative 为 True）即可。

5.6.3　Excel 计算正态分布概率

在 Excel 中，正态分布及标准正态分布各有两个函数。

正态分布：NORMDIST()和 NORMINV()。前者是根据正态分布变量值查正态分布的密度函数或者累计概率；后者是根据累计概率反查正态分布变量值。

标准正态分布：NORMSDIST()和 NORMSINV()。前者是根据标准正态变量值查标准正态分布的累计概率；后者是根据累计概率反查标准正态分布变量值。

例如例 5.7 中，假设大学男生身高(单位 cm)$X \sim N(172,3^2)$，试计算 $P(X<175)$，只需在单元格内插入函数 NORMDIST()，相关参数设置如图 5-11 所示，即可得到 $P=0.8413$。

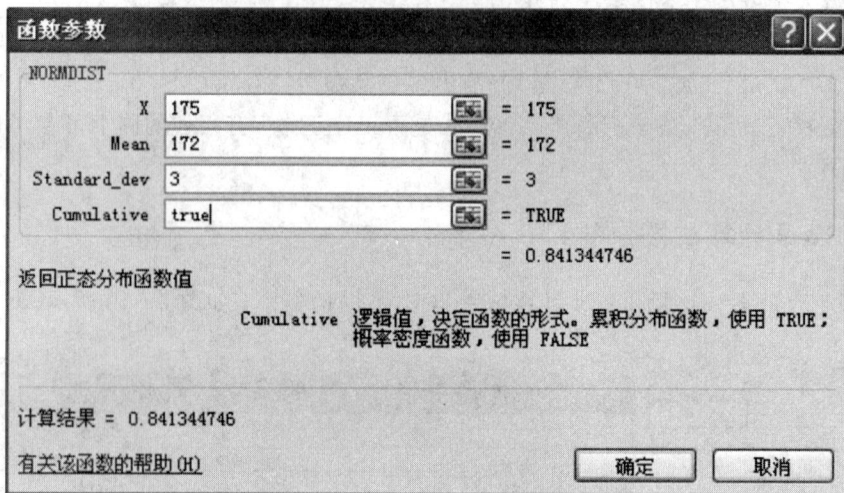

图 5-11　正态分布函数运用

如果需要反查 90% 的同学身高不超过多少，只需在单元格内插入函数 NORMINV()，相关参数设置如图 5-12 所示，即可得到身高在 175.84 cm 之下的概率为 90%。

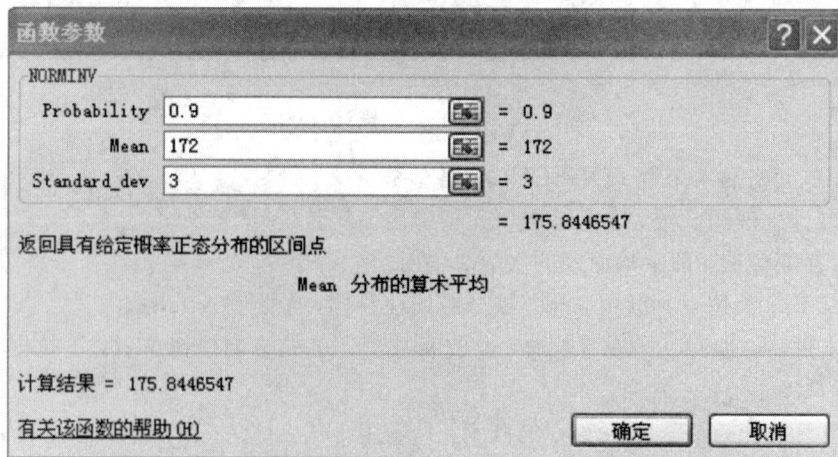

图 5-12　正态分布反函数(分位数函数)运用

标准正态分布函数的运用也基本类似，同学们可以自己练习，不再赘述。

本 章 小 结

一、本章主要概念

本章主要概念包括：概率，古典概率，试验概率，主观概率，随机事件，独立事件，互斥事件，概率加法和乘法，随机变量，离散型随机变量，连续型随机变量，二项分布，泊松分布，正态分布，标准正态分布，标准正态分布表。

二、本章主要方法

（1）用 Excel 中的函数计算二项分布、泊松分布、正态分布概率。

（2）用 Excel 制作正态分布表。

本 章 复 习 题

一、简答题

1. 简述随机变量的类型及各类型的特点。

2. 二项分布试验需要哪些条件？

3. 泊松分布随机变量有哪些特性？

4. 正态分布曲线有哪些性质？

5. 确定数据是否来自某个近似正态总体有哪几种描述性评估法？

二、单项选择题

1. 根据概率的统计定义，可用以近似代替某一事件的概率的是（　　）。

A. 大量重复试验中该随机事件出现的次数占试验总次数的比重

B. 该随机事件包含的基本事件数占样本空间中基本事件总数的比重

C. 大量重复随机试验中该随机事件出现的次数

D. 专家估计该随机事件出现的可能性大小

2. 下列事件中不属于严格意义上的随机事件的是（　　）。

A. 从一大批合格率为 90% 的产品中任意抽出的一件产品是不合格品

B. 从一大批合格率为 90% 的产品中任意抽出的 20 件产品都是不合格品

C. 从一大批优质品率为 15% 的产品中任意抽出的 20 件产品都是优质品

D. 从一大批合格率为 100% 的产品中任意抽出的一件产品是合格品

3. 假设 A、B 为两个互斥事件，则下列关系中，不一定正确的是（　　）。

A. $P(A+B)=P(A)+P(B)$　　　　B. $P(A)=1-P(B)$

C. $P(AB)=0$　　　　　　　　　D. $P(A|B)=0$

4. 同时抛 3 枚质地均匀的硬币，恰巧有 2 枚正面向上的概率为（　　）。

A. 0.125　　　　　　　　　　　B. 0.25

C. 0.375　　　　　　　　　　　D. 0.5

5. 下列由中心极限定理得到的有关结论中，正确的是（　　）。

A. 只有当总体服从正态分布时，样本均值才会趋于正态分布

B. 只要样本容量 n 充分大，随机事件出现的频率就等于其概率

C. 无论样本容量 n 如何，二项分布概率都可以用正态分布近似计算

D. 不论总体服从何种分布，只要样本容量 n 充分大，样本均值趋于正态分布

三、多项选择题

1. 下列关于随机变量的数学期望的表述中正确的是（   ）。

A. 它又称为随机变量的均值

B. 它表示该随机变量所有可能取值的平均水平

C. 它度量的是随机变量的离中趋势

D. 任一随机变量都存在一个有限的数学期望

E. 它与加权算术平均数的不同之一是它以概率或分布密度为权数

2. 下列关于几种概率分布之间的关系的陈述中，正确的有（   ）。

A. 两点分布（0－1 分布）是二项分布的特例

B. 当 n 很大而 p 又很小时，二项分布可用参数 $\lambda = np$ 的泊松分布近似

C. 当 N 很大而 M/N 很小时，超几何分布趋于二项分布

D. 当 $n > 30$ 时，不管 p 大小如何，二项分布的概率都可用正态分布来近似计算

E. 当 n 无限增大时，二项分布趋近于正态分布

四、计算（分析）题

1. 考虑如下的试验：投掷一枚骰子，并观察朝上那一面的点数。

（1）如果这一试验一次又一次地重复，形成一个很长的试验序列，你认为出现点数 5 这种结果的比率有多大？

（2）"出现点数 5 的概率为 1/6"这种说法意味着什么？

（3）试多次重复这个试验，并计算出点数为 5 这种结果的比率。

2. 美国劳动部的估计表明，1994 年 8 月的劳动大军中有 7.6％失业。这就是说，在 1994 年 8 月份，所有合格工人中有 7.6％曾处于失业状态。假定我们在 1994 年 8 月从劳动大军中选出一名合格工人，并了解其就业状况。根据劳动部的估计，此人处于失业状态的概率是多大？

3. 假定某项试验的内容包括掷两枚硬币和观察其结果。试求下列事件的概率：

（1）A：恰好出现两个正面。

（2）B：恰好出现两个反面。

（3）C：至少出现一个正面。

（4）描述 A 的补事件并求其概率。

4. 考虑某个包含两个试验且有 9 种可能结果的试验。9 种结果（简单事件）列于下表：

AA	BA	CA
AB	BB	CB
AC	BC	CC

表中的 AC 表示第一次试验出现 A，第二次试验出现 C，依此类推。定义如下事件：

D：第一次试验观察到 A；

E：第二次试验观察到 B。

(1) 列出与事件 D 相联系的所有可能结果，并求出 $P(D)$。

(2) 列出与事件 E 相联系的所有可能结果，并求出 $P(E)$。

(3) 求 $P(E|D)$。

(4) D 与 E 是否独立？

(5) 求 $P(E \cap D)$。

5. 做大学生时代考试的噩梦对大学毕业生来说是常有的事。在最近一次对特兰西尼亚大学 30 岁至 45 岁的毕业生所作的调查中，188 名应答者有 50 人承认大学考试的情景曾在他们梦中重现。这 50 人中有 47 人在梦中感到烦恼、痛苦、忧虑或恐惧。（例如：有些人在梦中找不到考场，或者走进考场后，却发现所有的同学都不认识；另一些人在梦中要么睡过头，要么想不起自己究竟编在哪一个班。）

(1) 计算特兰西尼亚大学年龄在 30 岁至 45 岁之间的毕业生梦见大学考试的概率近似值。为什么这个概率是近似的？

(2) 已知这个毕业生经常做梦。试问这些梦令人不愉快（即让他感到烦恼、痛苦、忧虑或恐惧）的概率近似值有多大？

(3) 事件｛毕业生常做梦｝与事件｛梦是不愉快的｝是否独立？

6. 据 IEEE《计算机在动力方面的应用》上一篇文章的描述，"一个无人操作监视系统利用摄像机与微处理器便可在户内和户外对闯入者进行检测，且无误测之虑。"在日本东京的各种气候条件下曾对这个系统进行户外测试，每种条件下测得和漏测的闯入者数目均列于下表：

天气条件	晴天	阴天	雨天	雪天	大风天
闯入者被测到	21	228	226	7	185
闯入者被漏测	0	6	6	3	10
合计	21	234	232	10	195

(1) 在阴天时，无人操作系统检测到一名闯入者的概率有多大？

(2) 已知无人操作系统漏测了一名闯入者。此时天气为下雪天的概率有多大？

7. 一家大型高保真立体声唱针零售店自夸说，该店销售的唱针连续使用 5 年之后只有 1‰ 需要返修。从目前正在该店购买立体声唱针的顾客中随机抽选 4 人。

(1) 如果这家零售店的说法不假，这四位顾客所购唱针连续使用 5 年后都需要更换的概率有多大？

(2) 假定(1)中所描述的事件实际上已经发生。你对零售商的说法作何推断？

8. 玩掷骰子赌博时需用两枚骰子。一名玩家掷出两枚骰子，要是这两枚骰子的总点数为 7 或者 11，按规矩他便无条件地赢；要是这名玩家掷出 2 点、3 点或 12 点，按规定他便无条件地输。

(1) 求玩家掷出无条件赢局的概率。

(2) 求玩家掷出无条件输局的概率。

(3) 假定一个"走运"的玩家一连掷出 5 个无条件赢局，试问他下一次又掷出一个无条件赢局的概率有多大?

（4）假定一个"倒霉"的玩家一连掷出 5 个无条件输局，试问他下一次又掷出一个无条件输局的概率有多大?

9. 研究者调查了汽车拥有者使用安全带的频繁程度。在由 387 名司机构成的样本中，对每一名司机都根据使用的频繁程度（总是用，经常用，不常用和从不用）及所在州（已有强制使用安全带法律的州，强制性法律尚未实施的州和无强制性法律的州）分类，其结果见下表：

使用安全带情况					
居住的州	总是用	经常用	不常用	从不用	合计
有强制使用安全带法律	67	24	18	19	128
强制使用安全带法律未定	27	20	23	8	78
无强制使用安全带法律	63	42	38	38	181
合计	157	86	79	65	387

假定我们在研究中从 387 名司机中任选一名。

（1）求这名司机居住在无强制使用安全带法的州的概率。

（2）求这名司机不经常使用安全带的概率。

（3）求这名司机居住在强制使用安全带法未定的州且从不用安全带的概率。

（4）求这名司机或居住在有强制使用安全带法的州或总是使用安全带的概率。

（5）已知该司机从不用安全带，他居住在无强制使用安全带法的州的概率有多大?

（6）已知该名司机居住在强制使用安全带法未定的州，他经常用安全带的概率有多大?

10. 据州会计委员会全国协会调查，考生第一次就通过注册会计师统一考试全部科目的概率为 0.20。已知一位考生要是第一次考试未通过，则再考时通过所有科目的概率增加到 0.30。试利用这些信息，求考生在第二次考试中通过的概率。

11. 考虑一个 $n=4$，成功概率 $p=0.5$ 的二项分布实验。

（1）利用二项概率分布公式求 $X=0, 1, 2, 3, 4$ 的概率，并画出概率分布图。

（2）求 X 小于 2 的概率。

（3）求 X 小于或等于 2 的概率。

（4）将问题（2）与（3）中得出的概率值标在（1）中所画的概率分布图上。

（5）验证 $x=0, 1, 2, 3, 4$ 的概率之和等于 1（允许有四舍五入的误差）。

12. 一项关于各行业物流信息系统的五年趋势研究表明，运输行业在电脑化方面取得的优势最大。目前，有 90% 的行业在各自的计算机数据库中存有延期交货订单文件。在一个由 10 个行业组成的随机样本中，令 X 等于在计算机数据库中存有延期交货订单文件的行业数。

（1）试证明 X 服从二项分布。

（2）求 $P(X=7)$。

（3）求 $P(X>5)$。

（4）计算 x 的平均值与方差，对所得结果做出解释。

13. 关于监测闯入者的户外无人操作监视系统的研究表明，在下雪天气这个系统从 10 个闯入者中能检测到 7 个。于是研究人员估计：在下雪天，这个系统监测到闯入者的概率为 0.7。

(1) 假定下雪天系统监测到闯入者的概率仅为 0.5，求无人操作系统对 10 个闯入者至少监测到 7 个的概率。

(2) 根据(1)的结果，试评价研究人员对下雪天系统监测到闯入者的概率估计值的可靠性。

14. 对以色列一条主要高速公路加速道上车流特征所作的研究表明：每 6 辆汽车中就有 1 辆在并入快速道之前只使用不到三分之一的加速道。假定我们对随后进入加速道的 5 辆汽车的并线位置进行监测。

(1) 使用不到三分之一的加速道的汽车 1 辆都没有的概率有多大？

(2) 恰有两辆汽车使用不到三分之一加速道的概率有多大？

15. 一家罐头公司报道说该公司的机械装配线每 8 小时一班中出现故障的次数服从平均值为 1.5 的泊松分布。

(1) 晚班期间恰好发生两次故障的概率有多大？

(2) 下午班期间发生少于两次故障的概率有多大？

(3) 连续三个班无故障的概率有多大？（假设在各班时间内机器是独立工作的）

16. 抽选了一个由 230 人组成的随机样本，并询问样本中的每个人，他们是愿意拥有一台个人电脑(PC)还是电视录像机（VCR）。假定有 3% 的公众偏爱 PC。求样本中有 10 人偏爱 PC 的概率。

17. 根据美国卫生与人力资源部提供的数据，《美国新闻与世界报道》估计：每 5 例肾移植手术中有 1 例在一年内移植失败。现在假定下一批要做的 15 例肾移植手术中恰好在一年内移植失败。考虑一个由 15 名病人中的 3 人组成的随机样本。

(1) 求被抽选出的 3 例肾移植手术均在一年内失败的概率。

(2) 求被抽选出的 3 例肾移植手术中至少有 1 例在一年内失败的概率。

18. 环境保护署组建了一个特别工作小组，计划调查 20 家工业企业，核查他们是否违反了控制污染条例。然而，预算的缩减使特别工作小组的规模缩小，他们只能调查 20 家企业中的 3 家。假定 20 家企业中实际上有 5 家的生产是在违反环保条例的情况下运作。求下列事件的概率。

(1) 被抽检的 3 家企业无一家被查出违反条例。

(2) 所有被抽检的 3 家企业都被查出违反条例。

(3) 所抽检的 3 家企业中至少有一家被查出违反污染控制条例。

19. 求标准正态分布曲线下的面积：

(1) $Z=0$ 与 $Z=1.2$ 之间的面积；

(2) $Z=0$ 与 $Z=1.49$ 之间的面积；

(3) $Z=-0.48$ 与 $Z=0$ 之间的面积；

(4) $Z=-1.37$ 与 $Z=0$ 之间的面积；

(5) $Z>1.33$ 区域的面积。

对以上每一种情况，将 Z 值及相应的概率值（面积）标在正态曲线图上。

20. 一批行为学家开发出一种用来测量小群体成熟度的方法。假定成熟群体能独立发挥作用而不依赖领导者，积极向上，有组织纪律性，并且有过出色的工作表现，而不成熟群体则相反。根据以上假定提出了包括 10 个问题的问卷。克莱尔（1988)根据对 10 个问题的回答将一个班的在校大学生分成两组：成熟组与不成熟组。最后给这些学生分配了一个项目，并在期末评定学生的表现。下表提供了两组学生的得分情况，假定这些结果代表了总体的平均值与标准差。

组	平均分	标准差
成熟	91.5	8.48
不成熟	84.2	6.98

（1）设成熟组得分的总体近似服从正态分布，求某一成熟学生在项目中得分低于 80 的概率。

（2）对不成熟组重复问题(1)。

（3）为什么问题(1)与(2)中的正态性假设有可能受到质疑？〔提示：问题调查中的最高得分为 100。〕

21. 假设某机床生产的零件直径标准为 10 cm，允许公差 $d=0.02$ cm，若根据长期观察，其生产的零件平均直径 $\overline{X}=9.996$ cm，直径的样本标准差 $S=0.0056$ cm，假设零件直径服从正态分布，估算该机床生产零件的合格率最可能是多少？

复习题参考答案

一、简答题
略。

二、单项选择题
1. A　2. D　3. B　4. C　5. D

三、多项选择题
1. ABE　　2. ABCE

四、计算（分析)题

1.（1）1/6；（2）略；（3）略

2. 0.076

3.（1）1/4；　　（2）1/4；
　（3）3/4；　　（4）至少出现一个反面，3/4

4.（1）(AA，AB，AC)，3/9；
　（2）(AB，BB，CB)，3/9；
　（3）1/3；
　（4）是；
　（5）1/9

5. (1) 50/188＝0.266；

   (2) 47/50＝0.94；

   (3) 不独立

6. (1) 228/234＝0.974；

   (2) 3/25＝0.12

7. (1) 0.000 000 01；

   (2) 这种说法可能是假的

8. (1) 8/36；(2) 4/36；(3) 8/36；(4) 4/36

9. (1) 0.468；(2) 0.204；(3) 0.021；(4) 0.563；(5) 0.585；(6) 0.256

10. 0.24

11. (1) 0.0625，0.25，0.375，0.25，0.0625，图略

    (2) 0.3125；(3) 0.6875；(4) 略；(5) 略

12. (1) 略；(2) 0.0574；(3) 0.9984；(4) $\mu＝9$，$\sigma^2＝0.9$

13. (1) 0.1719；(2) 略

14. (1) 0.402；(2) 0.161

15. (1) 0.2510；(2) 0.5578；(3) $(0.2231)^3＝0.0111$

16. 0.0679

17. (1) 1/455；(2) 235/455

18. (1) 91/228；(2) 1/114；(3) 137/228

19. (1) 0.3849；(2) 0.4319；(3) 0.1844；(4) 0.4147；(5) 0.0918

20. (1) 0.0869；(2) 0.2743；(3) 略

21. $P\left(\dfrac{9.98－9.996}{0.0056}＜Z＜\dfrac{10.02－9.996}{0.0056}\right)＝99.7854\%$

第 6 章 抽 样 分 布

6.1 样 本 统 计 量

6.1.1 统计量的概念

统计量(statistic)是样本观察值的函数,是样本信息的汇总,是作为推断数据总体特征的基础和依据。由于在推断统计中需要对总体的特征值作出估计,而非用个别样本观察值推断总体单位的标志值,那么需要对样本观察值作出汇总,汇总的结果就是样本观察值的函数。

在第 4 章中,样本平均数 $\bar{x} = \dfrac{\sum x}{n}$、样本方差 $s^2 = \dfrac{\sum(x-\bar{x})^2}{n-1}$ [①]都是样本观察值的函数。样本统计量由于抽样的随机性而具有随机性,对于总体而言,其特征值虽未知但是是确定的,抽样推断的本质就是用一个随机的样本统计量去推断确定未知的总体参数。

6.1.2 常用统计量

1. 样本矩统计量

设 x_1,x_2,$\cdots$,x_n 是样本容量为 n 的样本,对自然数 k,定义 $a_k = \dfrac{1}{n}\sum x_i^k$ 为样本的 k 阶原点矩,$m_k = \dfrac{1}{n}\sum(x_i-\bar{x})^k$ 为样本的 k 阶中心矩。

可以看出,样本均值为样本一阶原点矩,方差为样本二阶中心矩。在偏态系数和峰度系数计算中用到样本三阶中心矩和样本四阶中心矩。显然中心矩表示了样本数据不同级次的中心偏离程度,原点矩表示了样本数据不同级次的数据分布中心,因此在数据分布特征的描述中有着重要作用。

---

① 严格意义上讲 $s^2 = \dfrac{\sum(x-\bar{x})^2}{n-1}$ 叫做修正样本方差,$s^2 = \dfrac{\sum(x-\bar{x})^2}{n}$ 叫做样本方差。只是修正样本方差最为常用,一般提到的样本方差针对的自由度为 $n-k$。

在二维数据的相关分析中，构造样本相关系数也同样会用到样本矩，我们将在第11章中看到。

2. 次序统计量

把样本 x_1，x_2，$\cdots$，x_n 由小到大排列，称样本观察值 $x_{(i)}$ 为样本的第 i 次序统计量。其中 $x_{(1)}$ 为最小次序统计量，$x_{(n)}$ 为最大次序统计量。第4章讲到的中位数、四分位数以及在统计实践中用到的十分位数、百分位数等都是根据样本次序统计量计算得来的。

6.2 从正态分布导出的几个主要分布

样本统计量是推断总体参数的基础和依据，但是基于随机抽样的样本统计量是随机的，根据随机变量推断确定未知的总体参数，前提就是把握样本统计量这一随机变量的分布特征。样本统计量的分布规律也被称为抽样分布，将在下一节介绍。在介绍抽样分布之前，我们需先介绍几种重要的随机变量分布，这些分布均是由标准正态分布通过变量转化而来的，他们是认识抽样分布必备的知识储备。

6.2.1 χ^2 分布

χ^2 分布是标准正态随机变量平方和的分布。设随机变量 X_1，X_2，$\cdots$，X_n 相互独立，且服从标准正态分布 $N(0, 1)$，那么这 n 个随机变量的平方和服从自由度为 n 的 χ^2 分布，记做

$$\chi^2 = \sum_{i=1}^{n} X^2 \sim \chi^2(n) \tag{6.1}$$

图 6-1 展示了 χ^2 分布的形态跟自由度 n 的关系：当 n 越大时，χ^2 分布越趋近于对称分布；当 n 较小时，χ^2 分布为存在右尾的分布。

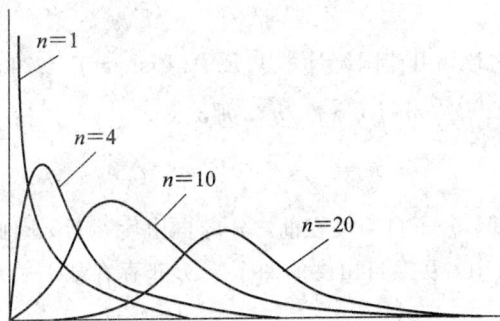

图 6-1 不同自由度的 χ^2 分布

由于 χ^2 分布的概率密度函数比较复杂，在一般的统计教科书中，都会给出 χ^2 分布分位数表，一般是在不同的自由度下，给出右尾概率为 10%、5% 和 1% 的临界值，如表 6-1 所示。在 Excel 中查 χ^2 分布临界值的函数为 CHIINV()。

表 6-1 χ^2 分布右尾临界值

n	0.995	0.990	0.975	0.950	0.100	0.050	0.100	0.025	0.005
1	0.0000	0.0002	0.0010	0.0039	2.7055	3.8415	2.7055	5.0239	7.8794
2	0.0100	0.0201	0.0506	0.1026	4.6052	5.9915	4.6052	7.3778	10.5966
3	0.0717	0.1148	0.2158	0.3518	6.2514	7.8147	6.2514	9.3484	12.8382
4	0.2070	0.2971	0.4844	0.7107	7.7794	9.4877	7.7794	11.1433	14.8603
5	0.4117	0.5543	0.8312	1.1455	9.2364	11.0705	9.2364	12.8325	16.7496
6	0.6757	0.8721	1.2373	1.6354	10.6446	12.5916	10.6446	14.4494	18.5476
7	0.9893	1.2390	1.6899	2.1673	12.0170	14.0671	12.0170	16.0128	20.2777
8	1.3444	1.6465	2.1797	2.7326	13.3616	15.5073	13.3616	17.5345	21.9550
9	1.7349	2.0879	2.7004	3.3251	14.6837	16.9190	14.6837	19.0228	23.5894

6.2.2　t 分布

t 分布是由格赛特(W. S. Gosset)于 1908 年首次提出的，也被称做学生(student)t 分布。如果随机变量 $X \sim N(0, 1)$，$Y \sim \chi^2(n)$，且 X 与 Y 独立，那么

$$t = \frac{X}{\sqrt{Y/n}} \sim t(n) \qquad (6.2)$$

式中，χ^2 分布和 t 分布的自由度均为 n。

t 分布是相对于标准正态分布而言稍微平缓的分布，即双尾概率比标准正态分布稍大。与标准正态分布相同的是，t 分布也是以 0 为中心的对称分布。

一般的统计教材都会给出不同自由度下双尾或单尾概率为 p 的临界值。在 Excel 中查 t 分布临界值的函数为 TINV()。

6.2.3　F 分布

F 分布是卡方均值之比，由英国统计学家 R. A. Fisher 于 1924 年提出。设 Y 与 Z 为相互独立的随机变量，且 $Y \sim \chi^2(m)$，$Z \sim \chi^2(n)$，那么

$$F = \frac{Y/m}{Z/n} \sim F(m, n) \qquad (6.3)$$

F 分布有两个自由度，分子自由度在前，分母自由度在后，因此在查 F 表时要区分清楚。实际上，在统计查表中，互换自由度的两个 F 分布存在如下关系：

$$F_a(m, n) = \frac{1}{F_{(1-a)}(n, m)}$$

6.3　抽样分布和抽样误差

抽样分布是指样本统计量的抽样分布规律。样本统计量是推断总体参数的基础。然而由于抽样的随机性，样本统计量本身具有随机性，样本统计量与总体参数之间的差异称为

抽样误差,如样本平均值与总体平均值之间的差异 $e = \bar{x} - \mu$。因此,抽样误差也是随机的,研究样本统计量这一随机变量的分布是非常有必要的。

6.3.1 样本平均数的分布规律及抽样平均误差

1. 总体分布、样本分布和抽样分布

首先让我们从一个例子来分析样本平均数的分布规律。假设总体中有四个人,即 $N = 4$,年龄分别为 18、20、22、24 岁,那么在总体中,变量值共有 4 个,它们出现的概率都是 1/4,我们可以认为总体分布是均匀分布。

如果我们从中随机抽取两人作为样本,即 $n = 2$,表 6-2a 给出了 16 个可能样本。在这个例子中年龄变量 X 有四个表现值,通常用图或者特征值来反映 X 的分布规律,即总体分布。

总体参数:

$$\mu = \frac{18 + 20 + 22 + 24}{4} = 21$$

$$\sigma^2 = \frac{(18-21)^2 + (20-21)^2 + (22-21)^2 + (24-21)^2}{4} = 5$$

现在抽取 $n = 2$ 的样本,所有可能样本及所有可能样本均值分别列在表 6-2a 和表 6-2b 中。

表 6-2a　16 个可能样本

18, 18	20, 18	22, 18	24, 18
18, 20	20, 20	22, 20	24, 20
18, 22	20, 22	22, 22	24, 22
18, 24	20, 24	24, 24	24, 24

表 6-2b　16 个可能样本均值

18	19	20	21
19	20	21	22
20	21	22	23
21	22	23	24

由于抽样具有随机性,我们有可能抽到 16 个样本中的任意一个,根据所抽到的样本计算的样本平均值也不尽相同。显然,样本平均数是一个随机变量,我们把根据样本数据计算的统计量的分布称为抽样分布。如何反映样本平均数的分布规律呢?我们自然会想到样本平均数的特征值,那么

$$E(\bar{x}) = \bar{\bar{x}}$$

$$= \frac{18 \times 1 + 19 \times 2 + 20 \times 3 + 21 \times 4 + 22 \times 3 + 23 \times 2 + 24 \times 1}{16}$$

$$= 21 = \mu$$

$$D(\bar{x}) = \sigma_{\bar{x}}^2$$

$$= \frac{(18-21)^2 \times 1 + (19-21)^2 \times 2 + \cdots + (24-1)^2 \times 1}{16}$$

$$= \frac{21}{2} = \frac{\sigma^2}{n}$$

图 6 - 2 比较直观地反映出了样本均值和总体变量分布之间的关系。

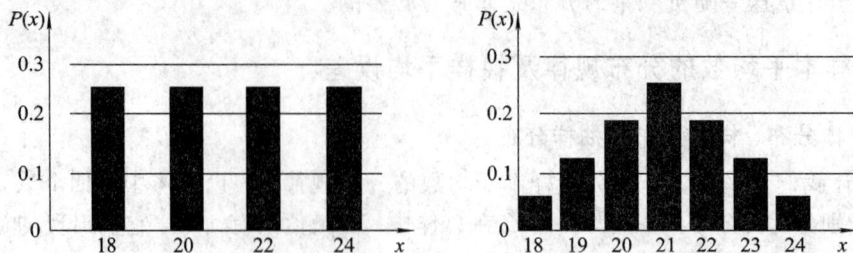

图 6 - 2   年龄的总体分布(左)和 $n=2$ 时样本均值的分布

2. $\bar{x}$ 的抽样分布及中心极限定理

上面的例子可以帮助我们直观地理解样本均值的分布与总体分布之间的关系。样本均值的分布也称为 $\bar{x}$ 的抽样分布。

设 X_1, X_2, $\cdots$, X_n 为取自某一总体的独立随机样本,当总体变量 $X \sim N(\mu, \sigma^2)$ 时,其样本均值 $\bar{x} \sim N(\mu, \sigma^2/n)$。即样本均值之均值为总体均值,样本均值之方差为总体方差的 n 分之一。显然,样本均值以总体均值为中心,其离散程度小于总体变量的离散程度,且随着 n 的增大而减小。

由于抽样具有随机性,而样本均值的标准差

$$\sigma_x = \frac{\sigma}{\sqrt{n}} \tag{6.4}$$

表示了所有可能样本均值平均偏离总体均值 μ 的程度,称为抽样平均误差(Standard Error)。

我们假定总体为正态分布,实际上无论总体的分布形态如何,总有:

$$E(\bar{x}) = E\left(\frac{1}{n}\sum x\right) = \frac{1}{n}E\left(\sum x\right) = \frac{1}{n} \cdot n\mu = \mu$$

$$D(\bar{x}) = D\left(\frac{1}{n}\sum x\right) = \frac{1}{n^2}D\left(\sum x\right) = \frac{1}{n^2} \cdot n\sigma^2 = \frac{\sigma^2}{n}$$

X_1, X_2, $\cdots$, X_n 为取自某一总体的独立随机样本,若 $E(X)=\mu$, $D(X)=\sigma^2$,当样本容量足够大时,样本均值近似服从正态分布,即 $\bar{x} \sim N(\mu, \sigma^2/n)$。这一定理即中心极限定理。在统计实践中,由于样本均值近似正态分布的程度取决于总体分布的形态以及样本容量的大小,但是无论总体分布形态如何,当 $n \geqslant 30$ 时,样本均值近似正态分布的程度已经很高,因此在统计估计中,一般认为 $n \geqslant 30$ 是大样本。反之,若总体分布形态未知或不服从正态分布,为稳健起见,小样本时需考虑 t 分布。

上面给出的式(6.4)是对于重复抽样时抽样标准差的计算方法,采用非重复抽样时,抽样标准差计算需根据式(6.5)计算。

$$\sigma_x = \frac{\sigma}{\sqrt{n}} \sqrt{\frac{N-n}{N-1}} \tag{6.5}$$

式中,N 是总体单位数,n 是样本容量。$\sqrt{\dfrac{N-n}{N-1}}$ 被称为非重置抽样校正系数。显然,当 N 很大或者 $N \gg n$ 时,非重置抽样标准误差趋近于重置抽样标准误差。

6.3.2 样本比例的分布规律

例如，研究某市家庭拥有小轿车的比例，假设某市家庭数为 N，拥有小轿车的家庭数为 M，那么拥有小轿车家庭的比例 $\pi = M/N$。

定义随机变量 X_i。

$$X_i = \begin{cases} 1, & \text{表示拥有小轿车} \\ 0, & \text{表示未拥有小轿车} \end{cases}$$

那么变量 X_i 的均值为

$$E(X_i) = \frac{1 \times M + 0 \times (N-M)}{N} = \frac{M}{N} = \pi$$

变量 X_i 的方差为

$$D(X_i) = \frac{(1-\pi)^2 \times M + (0-\pi)^2 \times (N-M)}{N} = \pi(1-\pi)$$

由此可见，总体比例、样本比例可以看成是 $0-1$ 变量的均值。那么，对照样本平均值的分布规律以及中心极限定理，当 n 较大时，样本比例 p 服从以总体比例为中心，以总体比例方差的 $1/n$ 为方差的正态分布，即

$$p \sim N\left(\pi, \frac{\pi(1-\pi)}{n}\right) \tag{6.6}$$

由于样本比例的分布形态与总体比例有关，所以对于样本容量 n 的大小，只有当 $np \geqslant 5$ 时，同时 $(1-p) \geqslant 5$ 时，样本比例趋近正态分布。

6.3.3 样本方差的分布规律

设 $X_1, X_2, \cdots, X_n$ 为取自正态总体的独立随机样本，即 $X \sim N(\mu, \sigma^2)$，对于样本方差统计量 $s^2 = \frac{1}{n-1} \sum (x - \bar{x})^2$ 而言，它与总体方差之比的 $(n-1)$ 倍这一统计量服从 χ^2 分布，即

$$\frac{(n-1)s^2}{\sigma^2} \sim \chi^2 (n-1)^2 \tag{6.7}[1]$$

6.4 双样本均值之差、比例之差、方差之比的分布

6.4.1 双样本平均值之差的分布规律

设 $\bar{x}_1$ 来自正态总体 $X_1 \sim N(\mu_1, \sigma_1^2)$ 的样本容量为 n_1 的随机样本，$\bar{x}_2$ 来自正态总体 $X_2 \sim N(\mu_2, \sigma_2^2)$ 的样本容量为 n_2 的随机样本，两个样本相互独立，则

---

[1] $(n-1)s^2/\sigma^2 = \sum \left(\dfrac{x-\bar{x}}{\sigma}\right)^2$，可以看出 $(n-1)s^2/\sigma^2$ 这一统计量为标准正态变量的平方和，所以它服从卡方分布。

$$E(\bar{x}_1 - \bar{x}_2) = E(\bar{x}_1) - E(\bar{x}_2) = \mu_1 - \mu_2 \tag{6.8}$$

$$D(\bar{x}_1 - \bar{x}_2) = D(\bar{x}_1) + D(\bar{x}_2) = \frac{\sigma_1^2}{n_1} + \frac{\sigma_2^2}{n_2} \tag{6.9}$$

6.4.2 双样本比例之差的分布规律

设分别从总体比例为 π_1 和 π_2 的总体中取得样本容量分别为 n_1 和 n_2 的样本，其样本比例分别为 p_1 和 p_2，则有

$$E(p_1 - p_2) = E(p_1) - E(p_2) = \pi_1 - \pi_2 \tag{6.10}$$

$$D(p_1 - p_2) = D(p_1) + D(p_2) = \frac{\pi_1(1 - \pi_1)}{n_1} + \frac{\pi_2(1 - \pi_2)}{n_2} \tag{6.11}$$

6.4.3 双样本方差之比的分布规律

设 X_1，X_2，$\cdots$，X_{n1} 是来自正态总体 $X_1 \sim N(\mu_1, \sigma_1^2)$ 的样本容量为 n_1 的随机样本，Y_1，Y_2，$\cdots$，Y_{n2} 是来自正态总体 $Y_2 \sim N(\mu_2, \sigma_2^2)$ 的样本容量为 n_2 的随机样本，两个样本相互独立，则构造统计量

$$F = \frac{s_1^2/s_2^2}{\sigma_1^2/\sigma_2^2} \sim F(n_1 - 1, n_2 - 1) \tag{6.12}[1]$$

本 章 小 结

一、本章主要概念

本章主要概念包括：总体分布，样本分布，抽样分布，中心极限定理，抽样平均误差，样本比例的分布，样本方差的分布，双样本均值之差的抽样分布，双样本比例之差的抽样分布，双样本方差之比的分布。

二、本章主要方法

本章的主要方法是根据总体分布计算样本统计量（均值、比例、方差等）落入某一区间的概率。

本 章 复 习 题

一、简答题

1. 总体和从样本观察值算出的描述性量度分别称做什么？各自有什么特点？

2. 什么是样本统计量的抽样分布？

---

[1] $F = \dfrac{s_1^2/\sigma_1^2}{s_2^2/\sigma_2^2} = \dfrac{\sum\left(\dfrac{x-\bar{x}}{\sigma_1}\right)^2/(n_1-1)}{\sum\left(\dfrac{y-\bar{y}_2}{\sigma_2}\right)^2/(n_2-1)} \sim F(n_1-1, n_2-1)$，分子和分母均为卡方均值，因此该统计量服从 F 分布。

3. 简述中心极限定理。

4. $\bar{x}$ 抽样分布具有哪些性质?

5. 样本比例的抽样分布具有哪些性质?

二、单项选择题

1. 某品牌袋装糖果重量的标准是（500±5）克。为了检验该产品的重量是否符合标准，现从某日生产的这种糖果中随机抽查 10 袋，测得平均每袋重量为 498 克。下列说法中错误的是（　　）。

A. 样本容量为 10　　　　　　　　B. 抽样误差为 2

C. 样本平均每袋重量是估计量　　　D. 498 是估计值

2. 设总体均值为 100，总体方差为 25，在大样本情况下，无论总体的分布形式如何，样本平均数的分布都服从或近似服从于（　　）。

A. $N(100, 25)$　　　　　　　　B. $N(100, 5/\sqrt{n})$

C. $N(100/n, 25)$　　　　　　　D. $N(100, 25/n)$

3. 在其他条件不变的情况下，要使置信区间的宽度缩小一半，样本量应增加（　　）。

A. 一半　　　　　　　　　　　　B. 一倍

C. 三倍　　　　　　　　　　　　D. 四倍

4. 在其他条件不变时，置信度（1−α）越大，则区间估计的（　　）。

A. 误差范围越大　　　　　　　　B. 精确度越高

C. 置信区间越小　　　　　　　　D. 可靠程度越低

5. 其他条件相同时，要使抽样误差减少 1/4，样本量必须增加（　　）。

A. 1/4　　　　　　　　　　　　B. 4 倍

C. 7/9　　　　　　　　　　　　D. 3 倍

6. 在整群抽样中，影响抽样平均误差的一个重要因素是（　　）。

A. 总方差　　　　　　　　　　　B. 群内方差

C. 群间方差　　　　　　　　　　D. 各群方差平均数

7. 在等比例分层抽样中，为了缩小抽样误差，在对总体进行分层时，应使（　　）尽可能小。

A. 总体层数　　　　　　　　　　B. 层内方差

C. 层间方差　　　　　　　　　　D. 总体方差

8. 一般说来，使样本单位在总体中分布最不均匀的抽样组织方式是（　　）。

A. 简单随机抽样　　　　　　　　B. 分层抽样

C. 等距抽样　　　　　　　　　　D. 整群抽样

9. 为了了解某地区职工的劳动强度和收入状况，并对该地区各行业职工的劳动强度和收入情况进行对比分析，有关部门需要进行一次抽样调查，应该采用（　　）。

A. 分层抽样　　　　　　　　　　B. 简单随机抽样

C. 等距抽样　　　　　　　　　　D. 整群抽样

10. 某企业最近几批产品的优质品率分别为 88％、85％、91％，为了对下一批产品的优质品率进行抽样检验，确定必要的抽样数目时，P 应选（　　）。

A. 85%   B. 87.7%

C. 88%   D. 90%

三、多项选择题

1. 影响抽样误差大小的因素有（   ）。

A. 总体各单位标志值的差异程度   B. 调查人员的素质

C. 样本各单位标志值的差异程度   D. 抽样组织方式

E. 样本容量

2. 某批产品共计 4000 件，为了了解这批产品的质量，从中随机抽取 200 件进行质量检验，发现其中有 30 件不合格。根据抽样结果进行推断，下列说法正确的有（   ）。

A. $n=200$

B. $n=30$

C. 总体合格率是一个估计量

D. 样本合格率是一个统计量

E. 合格率的抽样平均误差为 2.52%

3. 用样本成数来推断总体成数时，至少要满足下列哪些条件才能认为样本成数近似于正态分布。（   ）

A. $np \leqslant 5$ B. $np \geqslant 5$ C. $n(1-p) \geqslant 5$

D. $p \geqslant 1\%$ E. $n \geqslant 30$

四、计算（分析）题

1. 设一个由 $n=100$ 个观察值组成的随机样本选自均值为 μ、标准差为 σ 的总体，试根据以下每一组 μ 值和 σ 值给出 $\mu_{\bar{x}}$ 和 $\sigma_{\bar{x}}$ 的值。

（1）$\mu=10$，$\sigma=20$；

（2）$\mu=20$，$\sigma=10$；

（3）$\mu=50$，$\sigma=300$；

（4）$\mu=100$，$\sigma=200$。

2. 一个由 $n=50$ 个观察值组成的随机样本选自 $\mu=21$、$\sigma=6$ 的总体，试计算以下诸概率：

（1）$P(\bar{x}<23.1)$；

（2）$P(\bar{x}>21.7)$；

（3）$P(22.8<\bar{x}<23.6)$。

3. 许多公司都利用研究和开发合伙公司作为技术革新的筹资工具。根据证券交易委员会的政策，通过研究和开发合伙公司筹到的资金应作为债务记入公司资产负债表。然而有很多公司并不执行这一政策。为了对这个问题看得更透彻，《会计评论》对这一研发合伙公司的资产负债对照表进行了调查，结果发现，由全部研究和开发合伙公司的现值组成的总体，其均值和标准差估计为 $\mu=28.5$ 百万美元和 $\sigma=51.8$ 百万美元。考虑从总体中选出 $n=75$ 个研究和开发合伙公司组成一个随机样本。

（1）试描述样本平均现值 $\bar{x}$ 的抽样分布。

（2）$\bar{x}$ 落在 25.2 百万美元和 36.6 百万美元之间的概率有多大？

(3) $\bar{x}$ 小于 30 百万美元的概率有多大？

4. 不久前出现的大量不道德商业策略事件促使一些组织去寻求阻止不道德行为的途径。若一家公司宣称它很关注行为要合乎道德，但实际上这对该公司决策者的行为有几分影响？为了回答这个问题，马奎特大学的一批研究人员向一些工商管理硕士生（这些人被认为是初级管理人员的代表）提供了一些就性质而言明显属于不道德范畴的决策情况，然后按 5 分制（1="肯定不道德"，5="肯定合乎道德标准"）对这些受试验者的决策打分。当不提"公司"所声称的对道德问题的关注时，所打分数的平均值和标准差分别为 3.00 和 1.03。假定这些数值分别代表"不提道德关注"条件下的总体均值和总体标准差。

(1) 假定我们提供了一个由 30 名初级管理人员组成的随机样本，所遇到的决策情况与上相似，并记录下每人所做决策的得分。试求样本平均分 $\bar{x}$ 大于 3.4 的概率。

(2) 30 名初级管理人员在做出决策之前，都阅读过"公司"主席关于商业道德章程的报告书，章程提倡全体雇员在行为上对社会负责。这批研究人员推论说，在这种条件下，管理人员的总体平均分将比"不提道德关注"条件下高。（较高的平均分表示道德水准较高的响应。）如果样本均值 $\bar{x}$ 为 3.55，你在"声称关心"的条件下能对总体的均值作何推断？

5. 根据定义，企业家是"开办和经营一个企业或者商号，实行全面管理并承担全部风险的人"。因此，企业家的突出特点是他们那种甘冒风险的倾向。R. H. 布鲁克豪斯用一份两难选择问卷（choice dilemma questionaire，CDQ）来测量成功企业家的冒险倾向。他发现企业家们的 CDQ 分数的均值为 71，标准差为 12。（较低的分数与较大的冒险倾向相联系。）以 $\bar{x}$ 代表一个由 $n=50$ 名企业家组成的随机样本的平均 CDQ 分数。

(1) 描述 $\bar{x}$ 的抽样分布。

(2) 求 $P(69 \leqslant \bar{x} \leqslant 72)$。

(3) 求 $P(\bar{x} \leqslant 67)$。

(4) 你是否会观察到等于 67 或更低的样本平均 CDQ 分数？对此进行解释。

6. 如下所示的概率分布描述了一个测量值为 0、2、4、6 的总体，每个测量值发生的相对频率是相同的，均为 0.25。

(1) 列出可以从该总体中抽取的包含 $n=2$ 个测量值的所有不同样本。

(2) 计算(1)中每个不同样本的均值。

(3) 如果从该总体中随机抽取一个包含 $n=2$ 个测量值的样本，那么某一个特定样本被选取的概率是多少？

(4) 假设从总体中选取一个包含 $n=2$ 个测量值的样本，列出(2)中得到的每个不同的 $\bar{x}$ 值以及各自的概率，然后在一张表中给出样本均值 $\bar{x}$ 的抽样分布。

(5) 画出 $\bar{x}$ 的抽样分布的概率直方图。

7. 考虑如下概率分布：

X	0	1	4
$P(X)$	1/3	1/3	1/3

(1) 求 μ 和 σ^2。

(2) 对于从该总体中抽取的一个包含 $n=2$ 个测量值的随机样本，求样本均值 $\bar{x}$ 的抽样分布。

（3）证明 $\bar{x}$ 是 μ 的无偏估计。$\left[$提示：可证明 $E(\bar{x}) = \sum \bar{x} P(\bar{x}) = \mu\right]$

（4）对于从该总体中抽取的一个包含 $n=2$ 个测量值的随机样本，求样本方差 S^2 的抽样分布。

8. 考虑一个从 $\mu=100$，$\sigma^2=100$ 的总体中抽取的包含 n 个测量值的随机样本。对下面每一个 n 值，给出样本均值 $\bar{x}$ 的抽样分布的均值和标准差。

（1）$n=4$；

（2）$n=25$；

（3）$n=100$；

（4）$n=50$；

（5）$n=500$；

（6）$n=1000$。

9. 从 $\mu=30$，$\sigma=16$ 的总体中抽取一个包含 $n=100$ 个观察值的随机样本。近似计算如下概率：

（1）$P(\bar{x} \geqslant 28)$；

（2）$P(22.1 \leqslant \bar{x} \leqslant 26.8)$；

（3）$P(\bar{x} \leqslant 28.2)$；

（4）$P(\bar{x} \geqslant 27)$。

10. 从成功概率为 0.85 的二项总体中抽取一个包含 $n=100$ 个测量值的随机样本。

（1）计算样本比例的抽样分布标准差和期望值。

（2）描述样本比例的抽样分布的形状。

（3）求 $P(p<0.9)$

11. 从成功概率为 0.4 的二项总体中抽取一个包含 $n=1500$ 个观测值的随机样本，那么可能得到的 σ_P 是多少？

12. 使用一种统计软件包从 $\mu=50$，$\sigma=10$ 的均匀概率分布中产生 100 个样本量为 $n=2$ 的随机样本。对每个样本计算 $\bar{x}$ 并画出 100 个 $\bar{x}$ 值的频数分布图。对于 $n=5,10,30$，50，重复这一过程。解释你的图形是如何阐明中心极限定理的。

复习题参考答案

一、简答题

略

二、单项选择题

1. B　2. D　3. C　4. A　5. C　6. C　7. B　8. D　9. A　10. A

三、多项选择题

1. ADE　　2. ADE　　3. BCE

四、计算(分析)题

1.（1）$\mu_{\bar{x}}=10$，$\sigma_{\bar{x}}=2$；（2）$\mu_{\bar{x}}=20$，$\sigma_{\bar{x}}=1$；

（3）$\mu_{\bar{x}}=50$，$\sigma_{\bar{x}}=30$；（4）$\mu_{\bar{x}}=100$，$\sigma_{\bar{x}}=20$

2. （1）0.9932；（2）0.2061；（3）0.0159

3. （1）$\mu_{\bar{x}}$＝28.5 和 $\sigma_{\bar{x}}$＝5.98 的近似正态分布；（2）0.6203；（3）0.5987

4. （1）0.0166；（2）有很强的证据说明 μ＞3.00

5. 略

6. 略

7. 略

8. 略

9. 略

10. 略

11. 略

12. 略

第7章 参数估计

参数估计是推断统计的重要内容之一，参数估计就是以样本统计量的分布规律为基础，从样本统计量出发，推断总体参数。本章将看到如何根据一个样本统计量估计相应的总体参数，也会涉及根据两个样本统计量之差、之比来推断两个总体参数之差、之比等。

7.1 参数估计的基本原理

7.1.1 估计量与估计值

样本统计量是样本观察值的函数，汇总了样本的观察信息。参数估计中，首要问题是找到恰当的统计量作为参数的估计量。例如，用样本均值 $\bar{x}$ 作为总体参数 μ 的估计量，此时，样本均值这一统计量被称为总体参数的估计量，那么根据某个具体的随机样本计算的样本均值即可以作为总体参数的估计值。例如，根据某校 150 名中学生身高组成的随机样本得到样本平均值为 169.5 cm，则 169.5 cm 就是总体参数——某校学生平均身高的估计值。一般情况下，总体参数用字母 θ 来表示，那么其估计量就用 $\hat{\theta}$ 来表示。

7.1.2 点估计与区间估计

点估计(point estimate)就是找到合适的估计量，用样本数据计算的样本估计值直接作为总体参数的估计值，如前例以样本平均身高 169.5 cm 作为总体参数的点估计值。点估计无论从理论还是实际操作上来讲均比较简单。

然而，根据样本均值的抽样分布规律，样本均值是一个随机数，那么样本均值 $\bar{x}$ 与总体参数 μ 之间一定存在着误差 $E = \bar{x} - \mu$。然而简单的点估计却未能给出估计误差的大小。同时，由于估计一定存在一定的可靠度或者可信度，但是就点估计而言，这一估计值并没能够说明估计值的可靠程度。

由此，在点估计的基础上发展出了区间估计方法，依据 $\hat{\theta}$ 给出 θ 的一个区间，根据总体参数落入这一区间的概率可以看做区间估计的可靠程度(置信度)，区间的宽度可以看做估计误差的一个参考。例如，以样本均值为中心，给出区间 $\bar{x} \pm \Delta$，只需说明总体参数 μ 落入这一区间的概率就是参数估计的置信度。

区间 $\bar{x} \pm \Delta$ 称做置信区间(confidence interval)，落入这一区间的概率称为置信水平(Confidence level)、置信度(confidence degree)或者置信系数(confidence coefficient)。Δ 可以看做这一区间估计的边际误差(margin error)。通常置信度是研究者事先给出的，用

$1-\alpha$ 来表示,通常取 90%、95% 或者 99%。α 也就是不落入这一区间的概率。

7.1.3 评价估计量的标准

如何评价一个统计量是否是总体参数较好的估计量,统计学家给出了一些评价估计量的标准,最常用到的三个标准是:无偏性、有效性和一致性。

1. 无偏性

无偏性是指估计量抽样分布的均值等于总体参数,即 $E(\hat{\theta})=\theta$。也就是说,尽管统计量是随机的,但是统计量是以总体参数为中心分布的。换言之,如果估计量 V 的均值 $E(V)\neq\theta$,则 V 称为偏误估计。

第 6 章中给出过证明,样本平均值 $\bar{x}$ 的平均值 $E(\bar{x})=\mu$,这时我们称样本平均值 $\bar{x}$ 为总体参数 μ 的无偏估计量(unbiased estimator)。

样本均方差 $MSD=\dfrac{1}{n}\sum(x-\bar{x})^2$,可以证明 MSD 并不是总体方差 σ^2 的无偏估计量,而 $s^2=\dfrac{1}{n-1}\sum(x-\bar{x})^2$ 才是总体方差 σ^2 的无偏估计量[①]。

2. 有效性

一个无偏估计量是以总体参数为中心随机波动的,那么如果估计量分布的方差越小,其估计效果越好。对于同样两个无偏估计量而言,方差较小的统计量更为有效。可以证明,样本均值作为总体均值的无偏估计量,具有方差最小性。

3. 一致性

一致性是指随着样本容量的增大,估计值无限趋近于总体参数,也就是估计量的方差趋近于零。这表明大样本条件下,估计值的效果相当好。对于样本均值而言,抽样标准差 $\sigma_{\bar{x}}=\dfrac{\sigma}{\sqrt{n}}$,显然随着样本容量的增大,$\sigma_{\bar{x}}$ 趋近于零。

---

① 设 x 的方差为 $\text{Var}(x)$,样本方差 $s^2=\dfrac{1}{n-1}\sum(x-\bar{x})^2$,由于

$$\sum(x-\bar{x})^2=\sum(x^2-2x\bar{x}+\bar{x}^2)=\sum x^2-n(\bar{x})^2$$

因此

$$E(s^2)=\frac{1}{n-1}\sum Ex^2-\frac{n}{n-1}E(\bar{x})^2$$

$$=\frac{n}{n-1}[Ex^2-E(\bar{x})^2]$$

$$=\frac{n}{n-1}[\text{Var}(x)+(Ex)^2-\text{Var}(\bar{x})-(E\bar{x})^2]$$

$$=\frac{n}{n-1}[\text{Var}(x)-\text{Var}(\bar{x})]$$

$$=\frac{n}{n-1}\left[\text{Var}(x)-\frac{1}{n}\text{Var}(x)\right]$$

$$=\text{Var}(x)$$

7.2 总体均值、比例和方差的置信区间估计

7.2.1 总体平均数的置信区间：总体服从正态分布且方差已知

根据样本均值的抽样分布，当总体服从正态分布即 $X \sim N(\mu, \sigma^2)$ 时，从总体中抽取样本容量为 n 的随机样本，那么 $\bar{x} \sim N\left(\mu, \dfrac{\sigma^2}{n}\right)$。于是

$$Z = \frac{\bar{x} - \mu}{\sigma / \sqrt{n}} \sim N(0, 1) \tag{7.1}$$

根据标准正态分布的特点可知，必然可以找到 Z 落入标准正态分布的一个对称区间的概率：

$$P(-Z_{\alpha/2} < Z < Z_{\alpha/2}) = 1 - \alpha \tag{7.2}$$

也就是

$$P\left(-Z_{\alpha/2} < \frac{\bar{x} - \mu}{\sigma / \sqrt{n}} < Z_{\alpha/2}\right) = 1 - \alpha \tag{7.3}$$

$$P\left(-Z_{\alpha/2} \times \frac{\sigma}{\sqrt{n}} < \bar{x} - \mu < Z_{\alpha/2} \times \frac{\sigma}{\sqrt{n}}\right) = 1 - \alpha \tag{7.4}$$

令

$$\Delta = Z_{\alpha/2} \times \frac{\sigma}{\sqrt{n}} \tag{7.5}$$

根据式(7.4)可以得知：

$$P\left(\mu - Z_{\alpha/2} \times \frac{\sigma}{\sqrt{n}} < \bar{x} < \mu + Z_{\alpha/2} \times \frac{\sigma}{\sqrt{n}}\right) = 1 - \alpha \tag{7.6}$$

式(7.6)中这一区间表明，如果总体均值已知，那么样本均值 $\bar{x}$ 落入以总体均值为中心的区间 $\mu \pm \Delta$ 的概率为 $1 - \alpha$，或者未落入这一区间的概率为 α。这其实就是样本均值的抽样分布规律所告诉我们的。

然而，总体均值是未知的，但是同样可以由式(7.6)得到总体均值落入式(7.7)中区间的概率为 $1 - \alpha$：

$$P\left(\bar{x} - Z_{\alpha/2} \times \frac{\sigma}{\sqrt{n}} < \mu < \bar{x} + Z_{\alpha/2} \times \frac{\sigma}{\sqrt{n}}\right) = 1 - \alpha \tag{7.7}$$

式(7.6)和式(7.7)的关系可以由图 7-1 清晰地反映出来。式(7.6)表明如果样本均值 $\bar{x}$ 落入区间 $\mu \pm \Delta$，那么根据式(7.7)一定有 μ 落入区间 $\bar{x} \pm \Delta$，其概率为 $1 - \alpha$；如果 $\bar{x}$ 未落入区间 $\mu \pm \Delta$，那么根据式(7.7)一定有 μ 不落入区间 $\bar{x} \pm \Delta$，其概率为 α。即

$$\bar{x} \in (\mu \pm \Delta) \Leftrightarrow \mu \in (\bar{x} \pm \Delta) \tag{7.8}$$

$$\bar{x} \notin (\mu \pm \Delta) \Leftrightarrow \mu \notin (\bar{x} \pm \Delta) \tag{7.9}$$

换言之，如果某研究者抽到的样本均值 $\bar{x}$ 落入区间 $\mu \pm \Delta$，那么根据此均值估计的置信区间 $\bar{x} \pm \Delta$ 中一定包含总体均值 μ 可得出研究者的估计是正确的(如图 7-1 中的 $\bar{x}_1$ 和

$\overline{x}_2$)。反过来，如果样本均值 $\overline{x}_r$ 未落入区间 $\mu\pm\Delta$，那么以 $\overline{x}_r$ 为中心的置信区间 $\overline{x}_r\pm\Delta$ 中就未包含总体均值，从而可知置信区间的估计是错误的。

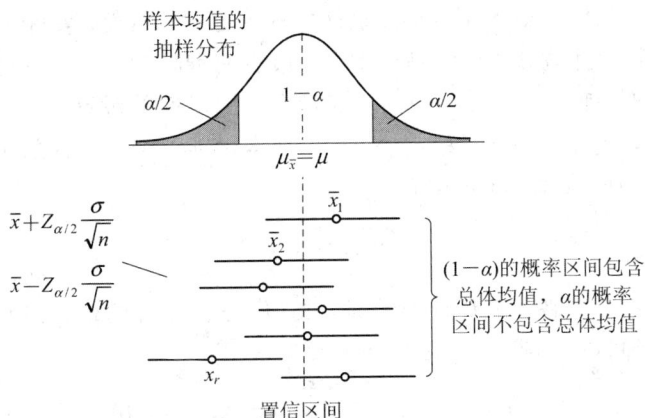

图 7-1 以样本均值为中心的置信区间和总体均值的关系

然而，总体均值是未知的，那么样本均值 $\overline{x}$ 是否落入 $\mu\pm\Delta$ 也是未知的，应该如何保证抽样估计的科学性呢？或者说如何保证我们给出的区间包含总体均值的真实值？尽管就某一次抽样而言，我们不能确定样本均值 $\overline{x}$ 是否落入区间 $\mu\pm\Delta$，但是根据样本均值的抽样分布，样本均值 $\overline{x}$ 落入 $\mu\pm\Delta$ 区间是大概率事件，概率为 $1-\alpha$，因此可以保证总体均值 μ 落入区间 $\overline{x}\pm\Delta$ 是大概率事件，概率同样为 $1-\alpha$。这就是抽样估计的科学依据，这一点也提醒我们，要用概率的思想去思考问题。

那么如何理解置信水平 $1-\alpha$，例如，$1-\alpha=95\%$ 是否说某一次根据样本均值给出的总体均值的置信区间中包含真值的概率为 95%，而不包含真值的概率为 5%？显然这种理解不是很恰当，因为就某一次估计而言，要么包含真值，要么不包含真值。实际上 95% 的置信水平是指，假如我们可以根据多个不同的样本进行多次置信区间估计，那么平均而言在 100 次估计中包含真值有 95 次。

例 7.1 某医院育婴房随机抽取 9 名新生儿，检查他（她）们的体重数据如下（单位：kg）：2.8，3.1，3.6，3.7，3.8，3.2，2.9，3.3，4.1。假设新生儿体重分布服从正态分布，且标准差为 0.4。试估计新生儿体重置信度为 95% 的置信区间。

解 因为 $n=9$，$Z_{0.025}=1.96$，$\overline{x}=\dfrac{\sum x}{n}=3.39$

总体标准差

$$\sigma=0.4$$

抽样标准差

$$\sigma_{\overline{x}}=\frac{\sigma}{\sqrt{n}}=\frac{0.4}{3}$$

边际误差

$$\Delta=Z_{0.025}\times\frac{\sigma}{\sqrt{n}}=1.96\times\frac{0.4}{3}=0.26$$

故新生儿体重 95% 的置信区间 $\overline{x}\pm\Delta=3.39\pm0.26$，即 $(3.13,3.65)$。

7.2.2 总体平均数的置信区间：总体服从正态分布且方差未知

在例 7.1 中，我们假设新生儿体重的总体标准差已知。然而，实际上新生儿体重的方差可能是未知的。在总体方差未知的情形下，一般有两种处理方式：一是用历史数据的标准差，这种方法基于一种假设，即同一性质变量在不同时间的观察值，其方差的变化要比均值的变化小得多，或者方差相对稳定。二是用样本标准差 s 来代替总体标准差 σ，此时，根据第 6 章的样本均值抽样分布规律有

$$t = \frac{\bar{x} - \mu}{s/\sqrt{n}} \sim t(n-1) \tag{7.10}[①]$$

当采用样本标准差来替代总体标准差时，类似于式（7.7）的推导过程，总体均值置信度为 $1-\alpha$ 的置信区间：

$$\bar{x} - t_{\alpha/2}(n-1) \times \frac{s}{\sqrt{n}} < \mu < \bar{x} + t_{\alpha/2}(n-1) \times \frac{s}{\sqrt{n}} \tag{7.11}$$

例 7.2 在例 7.1 中，如果总体标准差未知，试估计新生儿体重总体均值置信度为 95% 的置信区间。

解 因为样本平均值

$$\bar{x} = \frac{\sum x}{n} = 3.39$$

样本标准差

$$s = \sqrt{\frac{\sum (x_i - \bar{x})^2}{n-1}} = 0.437$$

抽样标准差

$$\sigma_x = \frac{s}{\sqrt{n}} = \frac{0.437}{3} = 0.146$$

根据自由度

$$d_f = n-1 = 8, \alpha = 0.05$$

查得 $t_{0.05/2}(8) = 2.306$，则边际误差

$$\Delta = t_{0.025}(8) \times \frac{s}{\sqrt{n}} = 2.3066 \times \frac{0.437}{3} = 0.336$$

故新生儿体重 95% 的置信区间为 3.39 ± 0.336，即 $(3.05, 3.73)$。

由于随着自由度的增加，t 分布趋近于正态分布，所以当样本容量较大时，$t_{\alpha/2}(n-1)$ 可用 $Z_{\alpha/2}$ 近似代替。

---

① $t = \dfrac{\bar{x} - \mu}{s/\sqrt{n}} = \dfrac{(\bar{x} - \mu)/(\sigma/\sqrt{n})}{(s/\sqrt{n})/(\sigma/\sqrt{n})} = \dfrac{(\bar{x} - \mu)/(\sigma/\sqrt{n})}{\sqrt{\dfrac{s^2}{\sigma^2}}} = \dfrac{(\bar{x} - \mu)/(\sigma/\sqrt{n})}{\sqrt{\sum \left(\dfrac{x-\bar{x}}{\sigma}\right)^2/(n-1)}} \sim t(n-1)$

分子服从标准正态分布，分母根号内部分服从卡方均值分布，因此 $\dfrac{\bar{x}-\mu}{s/\sqrt{n}}$ 服从 t 分布。

用 Excel 做区间估计的方法比较多，一种方法是可以充分利用 Excel 中的统计函数，如计算样本平均值的函数 AVERAGE()、计算样本方差的函数 VAR()、查 t 分布临界值的函数 TINV()等。另一种方法则比较简单，就是利用 Excel 中的描述统计功能。在例 7.2 中，对 9 名新生儿体重的样本数据进行描述统计，过程和结果分别见图 7－2 与图 7－3。

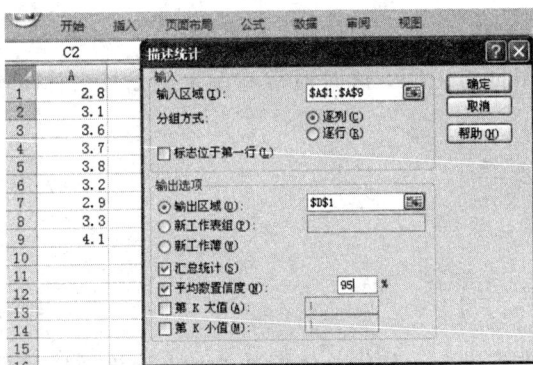

图 7－2 描述统计过程

	A	B	C	D	E
1	2.8			列1	
2	3.1				
3	3.6		1	平均	3.388888889
4	3.7		2	标准误差	0.145720856
5	3.8		3	中位数	3.3
6	3.2		4	众数	#N/A
7	2.9		5	标准差	0.437162568
8	3.3		6	方差	0.191111111
9	4.1		7	峰度	-1.04149202
10			8	偏度	0.223095656
11			9	区域	1.3
12			10	最小值	2.8
13			11	最大值	4.1
14			12	求和	30.5
15			13	观测数	9
16			14	置信度(95	0.336032896

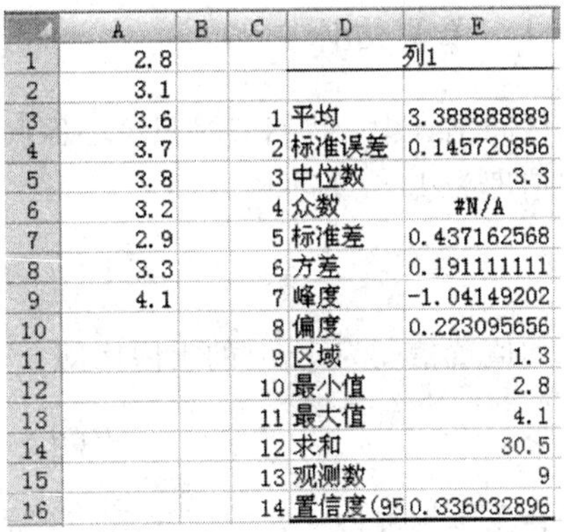

图 7－3 描述统计输出结果

在图 7－2 中，输出选项选择输出“汇总统计”和“平均数置信度”。在“平均数置信度”后的数字框里填上 95。在图 7－3 中，第 1 项为样本平均值；第 2 项为抽样标准误差，即 $s/\sqrt{n}$；第 5 项为样本标准差 s；第 14 项为置信度为 95％时的边际误差 $\Delta=t_{\alpha/2}\dfrac{s}{\sqrt{n}}$。由此可以得出总体均值的 95％的置信区间为 3.3889±0.3360，即(3.0529，3.7249)。

7.2.3 总体比例的区间估计

总体比例、样本比例可以看成是 0－1 变量的均值。根据第 6 章样本比例的抽样分布可知，当样本容量较大时，即当 $np\geqslant5$，且 $(1-p)\geqslant5$ 时，样本比例趋近正态分布。那么，对照样本平均值的分布规律以及中心极限定理，当 n 较大时，样本比例 p 服从以总体比例为中心，以总体比例方差的 $1/n$ 为方差的正态分布，即

$$p\sim N\left(\pi,\frac{\pi(1-\pi)}{n}\right) \tag{7.12}$$

参照总体均值的区间估计，由于 π 本身未知，所以用 $p(1-p)$ 代替 $\pi(1-\pi)$，总体比例置信度为 $1-\alpha$ 的置信区间为

$$\left(p-Z_{\alpha/2}\sqrt{\frac{p(1-p)}{n}},\ p+Z_{\alpha/2}\sqrt{\frac{p(1-p)}{n}}\right) \tag{7.13}$$

例 7.3 根据一个由某品牌 250 个轮胎组成的随机样本，测试其轮胎防爆特性，发现有 8％的轮胎防爆特性不合格，试以 95％的置信度估计该品牌轮胎防爆特性不合格的比例。

解 样本比例

$$p=8\%$$

抽样标准差

$$\sigma_p = \sqrt{\frac{p(1-p)}{n}} = \sqrt{0.08 \times 0.92/250} = 0.017$$

边际误差

$$\Delta = \sigma_p = 0.017$$

7.2.4 单侧估计

区间估计中,我们有时只关心区间的下限或者上限,这时通常称做单侧估计。总体均值置信度为 $1-\alpha$ 的下限区间:

$$P\left(\mu > \bar{x} - Z_\alpha \frac{\sigma}{\sqrt{n}}\right) = 1-\alpha \tag{7.14}$$

总体均值置信度为 $1-\alpha$ 的上限区间:

$$P\left(\mu < \bar{x} + Z_\alpha \frac{\sigma}{\sqrt{n}}\right) = 1-\alpha \tag{7.15}$$

在总体标准差未知的情况下,通常用样本标准差 s 替代总体标准差 σ 来计算抽样标准误差,同时用 t 分布统计量临界值 t_α 代替正态分布统计量临界值 Z_α。

例 7.4 为了解某品牌轮胎的使用寿命,随机抽取 16 个轮胎进行破坏性测试,模拟测试其在标准路面上的行驶里程数,结果数据如下(单位: km):

16805,15550,15890,16870,16822,17875,15630,16324,15880,16931,17211,14550,15730,17820,14060,15995。

假设轮胎使用寿命服从正态分布,试以 95% 的置信度估计该轮胎使用寿命不超过多少公里。

解 因为样本均值

$$\bar{x} = \frac{\sum x}{n} = 16\,246.4$$

样本标准差

$$s = \sqrt{\frac{\sum (x-\bar{x})^2}{n-1}} = 1054.5$$

抽样标准误差

$$\sigma_x = \frac{s}{\sqrt{n}} = 263.6$$

t 分布临界值

$$t_{0.05}(15) = 1.7531$$

所以,置信度为 95% 的置信区间上限为 $\bar{x} + t_{0.05}(15) \times \frac{s}{\sqrt{n}}$,即

$$16\,246.4 + 1.7531 \times 263.6 = 16\,708.6$$

即轮胎使用寿命均值在 95% 置信度下不超过 16 708.6 公里。

请思考:是不是 95% 的轮胎使用寿命不超过 16 708.6 公里?

提示:不是。我们估计的是均值的置信区间,而非总体变量 X 的分布。当然两者之间

存在一定的联系。

对于总体比例的单侧区间估计，类似于式(7.14)和式(7.15)我们可以写出总体比例置信度为 $1-\alpha$ 的下限区间：

$$P\left(\pi > p - Z_\alpha \sqrt{\frac{p(1-p)}{n}}\right) = 1 - \alpha \tag{7.16}$$

总体比例置信度为 $1-\alpha$ 的上限区间：

$$P\left(\pi < p + Z_\alpha \sqrt{\frac{p(1-p)}{n}}\right) = 1 - \alpha \tag{7.17}$$

7.2.5　总体方差的区间估计

回忆样本方差的抽样分布规律式(6.7)，X_1，X_2，$\cdots$，X_n 为取自正态总体的独立随机样本，即 $X \sim N(\mu, \sigma^2)$，对于样本方差统计量 $s^2 = \dfrac{1}{n-1} \sum (x - \bar{x})^2$ 而言：

$$\frac{(n-1)s^2}{\sigma^2} \sim \chi^2(n-1)^2$$

那么，一定有

$$P\left(\chi^2_{1-a/2} < \frac{(n-1)s^2}{\sigma^2} < \chi^2_{a/2}\right) = 1 - \alpha \tag{7.18}$$

式(7.17)中，$\chi^2_{a/2}$ 表示自由度为 $n-1$ 的卡方分布右尾概率为 $\alpha/2$ 的临界值，$\chi^2_{1-a/2}$ 表示自由度为 $n-1$ 的卡方分布左尾概率为 $1-\dfrac{\alpha}{2}$ 的临界值(或者左尾概率为 $\dfrac{\alpha}{2}$)。

根据式(7.18)很容易得到总体方差 σ^2 置信度为 $1-\alpha$ 的置信区间：

$$P\left(\frac{(n-1)s^2}{\chi^2_{a/2}} < \sigma^2 < \frac{(n-1)s^2}{\chi^2_{1-a/2}}\right) = 1 - a \tag{7.19}$$

例 7.5　根据例 7.4 的数据，试估计轮胎使用寿命标准差置信度为 95% 的置信区间。

解　根据例 7.4 的计算结果可得样本方差

$$s^2 = \frac{\sum (x - \bar{x})^2}{n-1} = 1\ 111\ 970$$

查表得

$$\chi^2_{0.025}(15) = 27.4884$$
$$\chi^2_{0.975}(15) = 6.2621$$

所以总体方差置信度为 95% 的置信区间为

$$\frac{15 \times 1\ 111\ 970}{27.4884} < \sigma^2 < \frac{15 \times 1\ 111\ 970}{6.2621}$$

即(606 785.04，2 663 571.3)。

因此标准差置信度为 95% 的置信区间为(779.0，1632.05)。

请思考：如果需要估计方差的下限值或上限值，即单侧估计又如何？

提示：如果关心置信度为 $1-\alpha$ 的方差下限，则

$$P\left(\sigma^2 > \frac{(n-1)s^2}{\chi^2_{a/2}}\right) = 1 - \alpha \tag{7.20}$$

如果关心置信度为 $1-\alpha$ 的方差上限，则

$$P\left(\sigma^2 < \frac{(n-1)s^2}{\chi^2_{1-\alpha/2}}\right) = 1-\alpha \tag{7.21}$$

7.3 双总体均值之差、比例之差和方差之比的置信区间

在经济问题研究中，经常需要估计两个地区平均收入的差距、不同人群的收视率差异等。这些可以看做是根据两个样本对总体均值之差、比例之差等进行估计。

7.3.1 总体均值之差的区间估计

根据两个样本均值之差估计总体均值之差时，可以根据取得样本时两个样本的关系分为独立样本和匹配样本来讨论。

1. 独立样本

如果两个样本相互独立，那么样本均值之差可以看做两个相互独立的随机变量之差，据此推断样本平均值之差的分布规律，参照式(6.8)和式(6.9)可以得到

$$\bar{x}_1 - \bar{x}_2 \sim N\left(\mu_1 - \mu_2, \frac{\sigma_1^2}{n_1} + \frac{\sigma_2^2}{n_2}\right) \tag{7.22}$$

因此，可类似于总体均值置信区间的推导过程得到总体均值之差的置信区间：

$$P\left[(\bar{x}_1 - \bar{x}_2) - Z_{\alpha/2} \times \sqrt{\frac{\sigma_1^2}{n_1} + \frac{\sigma_2^2}{n_2}} < \mu_1 - \mu_2 < (\bar{x}_1 - \bar{x}_2) + Z_{\alpha/2} \times \sqrt{\frac{\sigma_1^2}{n_1} + \frac{\sigma_2^2}{n_2}}\right] = 1-\alpha$$
$$\tag{7.23}$$

当总体方差未知时，通常用样本方差替代总体方差。根据总体方差之间的关系通常假设总体方差相等和总体方差不等两种情形。

如果假设总体方差相等，则可以用两个样本带来的离差信息汇总估计总体的离散程度，即对子总体方差估计值 s_p^2，显然可以得到

$$s_p^2 = \frac{\sum(x_1 - \bar{x}_1)^2 + \sum(x_2 - \bar{x}_2)^2}{n_1 + n_2 - 2} \tag{7.24}$$

式(7.24)也可以看做是两个样本方差的加权平均数，权重是各自的自由度[①]。在估计了总体方差后，用 t 分布统计量临界值代替 Z 统计量临界值，得到总体均值之差的置信区间：

$$P\left[(\bar{x}_1 - \bar{x}_2) - t_{\alpha/2}(n_1 + n_2 - 2) \times s_p \sqrt{\frac{1}{n_1} + \frac{1}{n_2}}\right.$$
$$\left. < \mu_1 - \mu_2 (\bar{x}_1 - \bar{x}_2) + t_{\alpha/2}(n_1 + n_2 - 2) \times s_p \sqrt{\frac{1}{n_1} + \frac{1}{n_2}}\right] = 1-\alpha \tag{7.25}$$

除非有特殊说明，一般情况下，假设同类性质的两个总体方差相等是比较合适的，这时可以采用式(7.23)估计均值之差的区间。总体方差未知且不等的情况要稍微复杂些，本教材不给出相关公式及证明，读者可参考其他教材。

---

① $s_p^2 = \dfrac{(n_1-1)s_1^2 + (n_2-1)s_2^2}{n_1 + n_2 - 2} = \dfrac{\sum(x_1 - \bar{x}_1)^2 + \sum(x_2 - \bar{x}_2)^2}{n_1 + n_2 - 2}$

例 7.6　在 2.1.2 节的母婴关系的例子中，14 名实验组和对照组母婴关系的评价数据见表 7-1，试估计两种照顾方式母婴亲密度的总体均值之差置信度为 95% 的置信区间。

表 7-1　母婴关系评价数据

	控制组	实验组
人数	14	14
样本平均值	3.43	5.36
样本离差平方 $\sum (x-\bar{x})^2$	33.3	11.2

解　根据式(7.24)，有

$$s_p^2 = \frac{\sum (x_1 - \bar{x_1})^2 + \sum (x_2 - \bar{x_2})^2}{n_1 + n_2 - 2} = \frac{33.3 + 11.2}{26} = 1.71$$

查表得

$$t_{0.025}(26) = 2.0555$$

所以置信度为 95% 的置信区间为 $(5.36-3.43) \pm 2.0555 \times \sqrt{\dfrac{1.71}{14} + \dfrac{1.71}{14}}$，即 $(0.91, 2.95)$。

2. 匹配样本

上面讨论的是独立样本均值之差的区间估计。然而在很多时候，匹配样本能够提供更多的信息，使得问题的研究更加科学。例如，在研究比较两种装配工艺流程哪一种更具有效率时，如果采取独立样本，就是 A 工艺和 B 工艺分别取得两个样本，比较两个平均值之间的差异，影响平均值差异的因素除工艺本身差异和随机因素外，势必还有两组工人本身熟练程度或技能方面的差异，因此在不能排除两组工人技能或熟练程度方面的差异时，通过比较两组平均数差异来说明两种工艺流程装配效率的影响并不科学。

那么如何排除两组工人技能方面的差异呢？通常采用的方法是让同样一组工人，先用 A 工艺加工一定数量的产品做记录，而后再用 B 工艺加工一定的产品做记录。更进一步的科学方法是，为了避免工人在加工过程中的学习对结果的影响，某个工人在装配时先选择 A 工艺还是先选择 B 工艺也是随机的。通过观察记录下工人装配时间来对两组平均值进行比较，这种样本产生方法就是匹配样本。假如我们记录下单位时间内两组工艺装配加工的零件数，数据如表 7-2 所示。

表 7-2　单位时间内 A、B 两种工艺法加工的零件数

工人序号	1	2	3	4	5	6	7	8	9
A 工艺	25	29	31	28	26	28	27	30	30
B 工艺	18	22	27	25	27	25	20	25	25
差值	7	7	4	3	-1	3	7	5	5

设样本数据的差值 $d_i = x_{Ai} - x_{Bi}$，实际上总体差值 $D_i = X_{Ai} - X_{Bi}$，现在需要根据样本差值 d_i 的观察值估计总体差值 $\bar{D}$ 的置信区间。显然 d_i 是来自 D_i 的样本，那么此类问题类似于通过一个样本均值估计总体均值的置信区间，参照式(7.11)可得

$$\bar{d} - t_{\alpha/2}(n-1) \times \frac{s_d}{\sqrt{n}} < \bar{D} < \bar{d} + t_{\alpha/2}(n-1) \times \frac{s_d}{\sqrt{n}} \qquad (7.26)$$

其中，$s_d = \sqrt{\dfrac{\sum(d_i - \bar{d})^2}{n-1}}$ 是样本差值的标准差。在这里在用样本差值的标准差来代替总体差值的标准差 σ_D，因此式(7.26)中，我们也可以用 t 分布来替换标准正态分布。计算如下：

$$\bar{d} = \frac{\sum d_i}{n} = 4.44$$

$$s_d = \sqrt{\frac{\sum(d_i - \bar{d})^2}{n-1}} = 2.60$$

抽样误差 $s_{\bar{d}} = \dfrac{s_d}{\sqrt{n}} = 0.87$。

两种工艺单位时间内生产产品的差值平均数置信度为 0.95 的置信区间为 $4.44 \pm 2.3 \times 0.87$，即 (2.44, 6.45)。

7.3.2 比例之差的区间估计

通过第 6 章的学习，我们知道当从二项分布中抽到的样本容量较大时，样本比例服从正态分布（如式(6.5)所描述）。两个样本比例的差也服从正态分布（如式(6.10)和式(6.11)所描述）。两个样本比例之差经过标准化后服从标准正态分布，即

$$Z = \frac{(p_1 - p_2) - (\pi_1 - \pi_2)}{\sqrt{\dfrac{\pi_1(1-\pi_1)}{n_1} + \dfrac{\pi_2(1-\pi_2)}{n_2}}} \sim N(0,1) \qquad (7.27)$$

通常情况下，两个总体比例 π_1 和 π_2 是未知的，因此总体比例的方差未知，在大样本条件下，用样本比例 p_1 和 p_2 分别替代 π_1 和 π_2 计算样本比例的方差，此时我们得到总体比例之差 $\pi_1 - \pi_2$ 置信度为 $1-\alpha$ 的置信区间为

$$(p_1 - p_2) \pm Z_{\alpha/2} \sqrt{\frac{p_1(1-p_1)}{n_1} + \frac{p_2(1-p_2)}{n_2}} \qquad (7.28)$$

例 7.7 1954 年，美国国会曾针对新发明的小儿麻痹疫苗的效果进行大规模测试。在全国 740 000 个儿童中，有 400 000 人自愿接种此疫苗。其中只随机抽取一半的人注射疫苗，而另一半的人则注射生理盐水作为安慰剂，其结果如表 7-3 所示。

表 7-3 不同组儿童小儿麻痹患病情况

全部观察儿童	儿童人数	患小儿麻痹病病例
注射疫苗	200 000	57
注射安慰剂（控制组）	200 000	142
拒绝接受接种	340 000	157

试估计：

(1) 针对三类儿童，分别计算患小儿麻痹的比例。

(2) 注射疫苗和安慰剂的两组患小儿麻痹的比例差异置信度为 0.95 的置信区间。

（3）注射疫苗和拒绝接种组患小儿麻痹的比例差异置信度为 0.95 的置信区间。

解　（1）由已知得

$$p_1 = \frac{57}{200\ 000} = 0.000\ 285$$

$$p_2 = \frac{142}{200\ 000} = 0.000\ 71$$

$$p_3 = \frac{157}{340\ 000} = 0.000\ 461\ 765$$

可参照式（7.13）给出三类儿童总体比例的置信区间。

（2）$\pi_2 - \pi_1$ 置信度为 0.95 的置信区间为

$$(0.000\ 71 - 0.000\ 285) \pm 1.96 \times \sqrt{\frac{0.000\ 285 \times (1 - 0.000\ 285)}{200\ 000} + \frac{0.000\ 71 \times (1 - 0.000\ 71)}{200\ 000}}$$

即（0.000 424 691，0.000 425 309）。

由于样本容量足够大，这里计算的均值之差的抽样误差就非常小，因此区间精度非常高，由上面的数据可以得到，注射疫苗组相对于注射安慰剂组而言，每 10 万人患病病例数减少 42.4691 到 42.5309 例，区间的上下限非常接近，这正是大样本估计的效果。

（3）$\pi_3 - \pi_1$ 置信度为 0.95 的置信区间为

$$(0.000\ 461\ 765 - 0.000\ 285) \pm 1.96 \times \sqrt{\frac{0.000\ 285 \times (1 - 0.000\ 285)}{200\ 000} + \frac{0.000\ 461\ 765 \times (1 - 0.000\ 461\ 765)}{340\ 000}}$$

即（0.000 144 854，0.000 351 617）。

由上面的置信区间可以看出，注射疫苗组相对于拒绝注射组而言，每 10 万儿童患小儿麻痹病例数降低 14.5 到 35.2 例。

7.3.3　方差之比的区间估计

方差衡量总体的稳定性，因此在比较两个总体稳定性或者总体内部的一致性时可以通过比较两个总体方差之比进行，此时需要估计两个总体方差之比的置信区间。

根据式（6.12），设 $X_1, X_2, \cdots, X_{n_1}$ 为来自正态总体 $X_1 \sim N(\mu, \sigma_1^2)$ 的样本容量为 n_1 的随机样本，$Y_1, Y_2, \cdots, Y_{n_2}$ 为来自正态总体 $Y_2 \sim N(\mu_2, \sigma_2^2)$ 的样本容量为 n_2 的随机样本，两个样本相互独立，则有 $\dfrac{s_1^2/s_2^2}{\sigma_1^2/\sigma_2^2} \sim F(n_1 - 1, n_2 - 1)$，因此可以找出 $\dfrac{s_1^2/s_2^2}{\sigma_1^2/\sigma_2^2}$ 置信度为 $1 - \alpha$ 的置信区间：

$$P\left(F_{1-\alpha/2} < \frac{s_1^2/s_2^2}{\sigma_1^2/\sigma_2^2} < F_{\alpha/2}\right) = 1 - \alpha \tag{7.29}$$

$F_{\alpha/2}$ 表示右尾概率为 $\alpha/2$ 时的 F 分布临界值，那么方差之比 σ_1^2/σ_2^2 置信度为 $1 - \alpha$ 的置信区间：

$$P\left(\frac{s_1^2/s_2^2}{F_{\alpha/2}} < \frac{\sigma_1^2}{\sigma_2^2} < \frac{s_1^2/s_2^2}{F_{1-\alpha/2}}\right) = 1 - \alpha \tag{7.30}$$

例 7.8　在工程建筑中，用到两种不同结构的承载构件，为比较两种构件承载力的方差，分别选取两种构件各 8 个，实验测量得到它们破坏扭矩数值如表 7-4 所示，试估计两种构件方差之比置信度为 95％ 的置信区间。

表 7-4 两种不同结构构件的破坏扭矩

A 构件	B 构件
6	6.8
7.2	9.2
10.2	8.8
13.2	13.2
11.4	11.2
13.6	14.9
9.2	10.2
11.2	11.8

手工计算比较繁琐，我们用 Excel 进行简便运算。如图 7-4，插入 Excel 中的函数 VAR，得到 $s_A^2 = 7.23$，复制公式得到 $s_B^2 = 6.66$。$s_A^2 / s_B^2 = 1.085$。

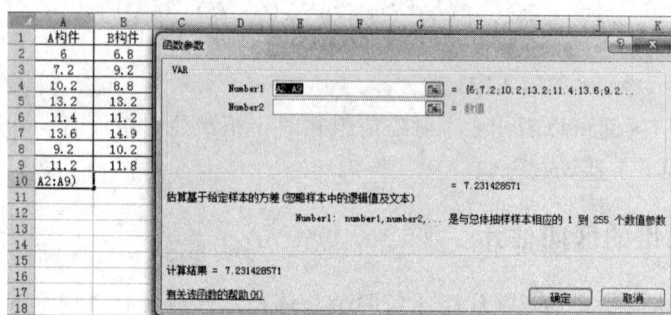

图 7-4 Excel 计算两类构件的样本方差

查表得到 $F_{0.025}(7, 7) = 4.99$，$F_{0.975}(7, 7) = 0.20$。所以，根据 $\dfrac{s_1^2 / s_2^2}{F_{\alpha/2}} < \dfrac{\sigma_1^2}{\sigma_2^2} < \dfrac{s_1^2 / s_2^2}{F_{1-\alpha/2}}$，代入以上数值得：$\dfrac{1.085}{4.99} < \dfrac{\sigma_1^2}{\sigma_2^2} < \dfrac{1.085}{0.20}$，即 $0.22 < \dfrac{\sigma_1^2}{\sigma_2^2} < 5.42$。

在这一过程中查表和计算借助 Excel 会大幅度减小运算量。

本 章 小 结

一、本章主要概念

本章主要概念包括：估计量和估计值，点估计和区间估计，边际误差和抽样平均误差，置信区间和置信水平，无偏估计量，估计量的有效性，估计量的一致性，独立样本和匹配样本。

二、本章主要方法

（1）根据给定的样本数据估计总体均值、总体比例、总体方差的置信区间，掌握在 Excel 中通过函数、描述统计工具等进行总体参数估计。

（2）根据给定的样本数据估计双总体均值之差、比例之差、方差之比的置信区间，掌握在 Excel 中通过函数、描述统计工具等进行双总体参数估计。

本 章 复 习 题

一、简答题

1. 解释置信度为 95％的置信区间的含义。

2. 解释独立样本和匹配样本的关系。

3. 简述样本量与置信水平、总体方差、估计方差的关系。

4. 在对两个总体均值之差的小样本估计中，对两个总体和样本都有哪些假定？

5. 简述统计量成为总体参数的合理估计的三个标准。

6. 简述在参数估计中准确性和可靠性的辨正统一的关系。

二、单项选择题

1. 在其他条件不变的情况下，如果总体均值置信区间半径要缩小成原来的二分之一，则所需的样本容量（　　）。

　　A. 扩大为原来的 4 倍　　　　　　　　B. 扩大为原来的 2 倍

　　C. 缩小为原来的二分之一　　　　　　D. 缩小为原来的四分之一

2. 以下哪个不是用公式 $\bar{x} \pm t \dfrac{s}{\sqrt{n}}$ 构造置信区间所需的条件（　　）。

　　A. 总体均值已知　　　　　　　　　　B. 总体服从正态分布

　　C. 总体标准差未知　　　　　　　　　D. 样本容量小于 30

3. 某地区职工样本的平均工资是 450 元，样本平均数的标准差是 5 元，该地区全部职工平均工资落在 440～460 元之间的估计置信度为（　　）。

　　A. 2　　　　　　　　　　　　　　　　B. 0.9545

　　C. 3　　　　　　　　　　　　　　　　D. 0.9973

4. 假设正态总体方差已知，欲对其均值进行区间估计。从其中抽取较小样本后使用的统计量是（　　）。

　　A. 正态统计量　　　　　　　　　　　B. 卡方统计量

　　C. t 统计量　　　　　　　　　　　　D. F 统计量

5. 根据一个具体的样本求出的总体均值的置信度为 95％的置信区间（　　）。

　　A. 以 95％的概率包含总体均值

　　B. 有 5％的可能性包含总体均值

　　C. 一定包含总体均值

　　D. 要么包含总体均值，要么不包含总体均值

6. 在简单随机重复抽样条件下，当抽样容许误差缩小为原来的 1/2 时，则样本容量是

原来的(   )。

 A. 2 倍   B. 1/2 倍   C. 4 倍   D. 1/4 倍

7. 在抽样推断中，抽样误差是(   )。

 A. 可以避免的   B. 可避免且可控制

 C. 不可避免且无法控制   D. 不可避免但可控制

8. 无偏估计是指(   )。

 A. 本统计量的值恰好等于待估的总体参数

 B. 所有可能样本估计值的数学期望等于待估总体参数

 C. 样本估计值围绕待估参数使其误差最小

 D. 样本量扩大到和总体单元相等时与总体参数一致

9. 当样本容量一定时，置信区间的宽度(   )。

 A. 随着置信水平的增大而减小 B. 随着置信水平的增大而增大

 C. 与置信水平的大小无关   D. 与置信水平的平方成反比

10. 95％ 的置信水平是指(   )。

 A. 总体参数落在置信区间内的概率为 95％

 B. 总体参数落在置信区间内的概率为 5％

 C. 总体参数落在一个特定的样本所构造的区间内的概率为 5％

 D. 在用同样方法构造的总体参数的多个区间中，包含总体参数的比率为 5％

11. 从一个正态总体中随机抽取一个容量为 n 的样本，其均值和标准差分别为 50 和 8。当 $n=25$ 时，构造总体均值 μ 置信度为 95％ 的置信区间为(   )。

 A. 50 ± 3.14 B. 50 ± 3.3

 C. 50 ± 0.63 D. 50 ± 3.29

三、计算(分析)题

1. 假定容量 $n=100$ 的一个随机样本产生均值 $\bar{x}=81$ 和标准差 $s=12$。

 (1) 构造 μ 的置信度为 90％ 的置信区间。

 (2) 构造 μ 的置信度为 95％ 的置信区间。

 (3) 构造 μ 的置信度为 99％ 的置信区间。

2. 假定要在已知下列各种组合的置信系数和样本容量的条件下构造置信区间，确定 $t_{\alpha/2}$ 的值。

 (1) 置信系数为 0.99，$n=18$

 (2) 置信系数为 0.95，$n=10$

 (3) 置信系数为 0.90，$n=15$

3. 一个公司对所有员工病假天数的均值 μ 感兴趣。公司的统计师随机选取了 100 个人的病假记录，记录了每个雇员的病假天数，样本计算得：$\bar{x}=12.2$ 天，$s=10$ 天。使用置信度为 90％ 的置信区间估计 μ，并解释结果。

4. 下面是来自 2009 年 3 月的现时人口调查的美国劳动力数据：劳动力中男性为 34 587 人，女性为 32 427 人。失业但是全职工作过的男性为 415 人，失业但是全职工作过的女性为 479 人。计算并解释在 99％ 的置信水平下，失业但全职工作过的男女比例差异的置信区间。

5. 在传统上,不动产评估人采用成本或收入法评估被租用房地产的价值。目前有一种新的方法,称为贴现现金流量(Discounted Cash Flow,DCF)分析法。《评估杂志》将估计房地产年租金费的 DCF 分析结果与一项可行性研究的结果做了比较。所得的各种年租金费列于下表。试对用 DCF 和可行性研究法得出的年租金费的平均差构造置信度为 99% 的置信区间。

设想的年租金费		
年	DCF 分析(美元)	可行性研究(美元)
1	12.00	17.00
2	12.00	17.68
3	12.36	18.39
4	12.98	19.12
5	14.02	19.89
6	15.42	20.68
7	16.96	21.51
8	18.66	22.37
9	19.59	23.27
10	20.57	24.20
11	21.60	25.16

6. 下表是美国 20 家大型公司总经理某年的总收入。

公司	总经理总收入/千美元
1	203 001
2	52 810
3	32 220
4	22 230
5	15 915
6	15 557
7	14 925
8	14 513
9	14 172
10	13 680
11	13 177
12	12 833
13	12 380
14	12 051
15	11 889
16	11 837
17	11 811
18	11 516
19	11 488
20	11 278

(1) 计算 $\bar{x}$ 和 s。

(2) 计算这些高收入公司总经理该年平均总收入的置信度为 95% 的置信区间。

(3) 为使(2)中的置信区间方法有效，需要什么假定？

(4) 为什么(2)中的区间可能能右偏？

7. 已知某苗圃中树苗高度服从正态分布，现工作人员从苗圃中随机抽取 64 株，测得苗高并求得其均值为 62 厘米，标准差为 8.2 厘米。请确定该苗圃中树苗平均高度的置信区间，置信水平为 95%。

8. 从水平锻造机的一大批产品中随机抽取 20 件，测得其直径尺寸(单位：mm)平均值为 32.58，样本方差为 0.0966。假定该产品的尺寸 μ 和 σ 均未知。试求 σ^2 的置信度为 95% 的置信区间。

9. 现要调查某中学的语文教学水平，从该校 2009 届的毕业生中随机抽样 10 个学生，统计他们毕业统考的语文成绩(单位：分)，统计数据如下：

    90，82，57，68，75，84，71，62，73，93

已知毕业生的语文成绩 X 服从正态分布。

(1) 用点估计法估计该校毕业统考的语文平均成绩和语文成绩标准差；

(2) 求该校毕业统考语文平均成绩的置信水平为 95% 的置信区间。

10. 如果认为该市农民工参保率是 35%，若要求在 95% 的置信水平上保证这一比例的估计误差不超过 6%，试问调查的样本容量应该有多大？

11. 针对下列 $\bar{x}$，s 和 n 的各种组合，计算 σ^2 的置信度为 90% 的置信区间。

(1) $\bar{x}=21$，$s=3$，$n=50$；

(2) $\bar{x}=1.5$，$s=0.05$，$n=15$；

(3) $\bar{x}=155$，$s=31$，$n=22$。

12. 制造大型变压器和电容所需的聚氯联苯(PCB)是一种剧毒物质，一旦释放到环境中将对环境造成极大污染。研究人员制造了一种新的测量仪器，测量环境中的 PCB 含量。研究者运用这种仪器对某流域中的鱼体内 PCB 进行测量得到数据如下表，试以 95% 的置信度估计这些测量数据的方差，以衡量这种仪器的精度(单位：1 ppm)。

| 6.5 | 5.9 | 5.7 | 6.3 | 5.9 | 5.8 | 6.0 | 6.1 | 5.9 |

13. 在上一题目中，研究者为了比较这种新的测量 PCB 仪器的精度，对于同一样品采用原来的测量工具进行测量，得到数据如下，试估计原来的仪器和新发明的仪器测量数据的方差之比置信度为 95% 的置信区间。

| 6.9 | 6.3 | 5.2 | 5.3 | 6.9 | 4.8 | 6.0 | 5.1 | 6.2 |

复习题参考答案

一、简答题

略

二、单项选择题

1. A　2. A　3. B　4. A　5. D　6. C　7. D　8. B　9. B　10. A　11. B

三、计算(分析)题

1. (1) 81 ± 1.97；(2) 81 ± 2.35；(3) 81 ± 3.10

2. (1) 2.898；(2) 2.262；(3) 1.761

3. 略

4. 略

5. -4.83 ± 0.997

6. (1) $\bar{x}=25\ 964.7$，$s=42\ 807.8$；(2) $25\ 964.7\pm20\ 034.4$；

   (3) 薪金近似服从正态分布；(4) 总经理总收入样本不是随机样本。

7. 95% 的置信区间为 (59.99, 64.01)。

8. 置信区间：(0.0559, 0.2061)

9. (1) $\bar{x}=75.5$，$s=11.73$；(2) (72.11, 83.89)

10. 971

11. 略

12. 略

13. 略

第8章 假设检验

假设检验是利用随机样本数据来检验关于总体参数的某个假设，参数假设检验与第7章的参数估计具有相同的理论基础，即样本分布规律。

8.1 假设检验的基本思想

8.1.1 假设检验的数理逻辑与反证法

让我们从中学数学中的反证法开始认识假设检验的思想。在数学中第一个发现$\sqrt{2}$是一个无理数的数学家是希帕索斯。公元前5世纪，毕达哥拉斯学派的成员希帕索斯(470B.C.前后)发现：等腰直角三角形斜边与一直角边是不可公度的，它们的比不能归结为整数或整数之比。毕达哥拉斯学派认为万物皆"数"，这一发现不仅严重触犯了毕达哥拉斯学派的信条，同时也冲击了当时希腊人的普遍见解，因此在当时它直接导致了认识上的"危机"。希帕索斯的这一发现，史称"希帕索斯悖论"，触发了数学史上的第一次危机，因而推动了亚里士多德的逻辑体系和欧几里德几何体系的建立。那么如何证明$\sqrt{2}$不是整数或整数之比，基本上就是用反证法。

假设$\sqrt{2}=a/b$，其中a和b只有公约数1，即$(a,b)=1$，且a和b都是正整数。则$2b^2=a^2$，可知a是偶数，设$a=2c$，则$4c^2=2b^2$，$b^2=2c^2$，可知b也是偶数，因此a和b都是偶数，这与$(a,b)=1$矛盾，也就是说推论出一个不可能的结论，则a和b的公约数不可能仅有1，因此$\sqrt{2}$是无理数。

这一证明过程就是反证法的逻辑，在概率统计中，不可能事件就是概率为0的事件。假设检验就是根据关于总体参数的某种假设，依据样本分布规律如果能推论出几乎不可能的事件，即小概率事件，这时我们可以认为关于总体参数的某个假设几乎不成立。我们以下面的例子来阐述统计意义上的反证法——假设检验的基本思想。

例8.1 在例7.1的数据中，从某医院育婴房随机抽取9名新生儿，检查他(她)们的体重数据如下(单位：kg)：2.8，3.1，3.6，3.7，3.8，3.2，2.9，3.3，4.1。假设新生儿体重分布服从正态分布，且标准差为0.4。根据样本数据，能否判断新生儿平均体重为4.0 kg？

解 假设新生儿体重为4.0 kg(原假设H_0)，如果这一说法不正确，则新生儿体重不等于4.0 kg(备择假设H_1)。

第一步：构造原假设和备择假设。

$$H_0: \mu = 4.0, \; H_1: \mu \neq 4.0$$

根据原假设，如果总体均值等于 4.0 kg，那么由抽样分布规律可知，样本均值服从正态分布，则可以构造样本统计量。

第二步：构造样本统计量。

$$Z = \frac{\bar{x} - \mu}{\sigma / \sqrt{n}} \sim N(0, 1)$$

第三步：根据抽样所得样本数据计算样本统计量数值。

$$Z = \frac{\bar{x} - \mu}{\sigma / \sqrt{n}} = \frac{3.39 - 4}{0.4 / \sqrt{9}} = -4.58$$

第四步：将样本统计量值与临界值比较，做决策。

根据标准正态分布规律，标准正态变量在 95% 的概率下落入 $(-1.96, +1.96)$ 之间，而根据第三步的计算，显然 -4.58 没有落入这一区间，因此拒绝原假设。此时，我们的结论认为新生儿体重总体均值不是 4.0 kg。

但是，细心的读者还是会发现，这个过程与数学中的反证法还是有区别的。第一是样本统计量没有落入 $(-1.96, +1.96)$ 区间，或者说落入这一区间之外并不是没有可能（概率为 0），而是概率很小（几乎为 0），那么也就是说，我们拒绝原假设可能会犯错误，只是说犯错误的概率很小（几乎为 0），这本身就是用概率的思想来思考问题；第二，如果样本统计量的值落入区间 $(-1.96, +1.96)$，我们又如何处理呢？是不是说总体均值就是 4.0？其实，按照反证法的数理逻辑，我们只能说没有理由证明原假设错而已。也就是说我们没有理由否定 $\mu = 4.0$，但这与肯定 $\mu = 4.0$ 在逻辑上是有差别的，这一点要牢记，在假设检验中接受原假设实际上只能是"不拒绝原假设"，只是我们习惯上有时说成"接受原假设"而已。

8.1.2　假设检验中的基本概念

1. 原假设(Null Hypothesis)**与备择假设**(Alternative Hypothesis)

在我们进行假设检验时，我们要先构造一个原假设(H_0)和备择假设(H_1)。原假设是对总体参数所做的陈述，也叫做零假设、虚无假设等，在实际问题研究中，原假设是研究者想予以否定的假设。而研究者通过搜集样本数据想予以证明或支持的假设称为备择假设，在经济问题分析中，备择假设也是我们的研究假设。我们只需要根据样本统计量来判断是否拒绝原假设，如果能够得出与原假设相违背的结论，则拒绝原假设（接受备选假设），否则不能拒绝原假设。

例 8.2　在企业持续生产的生产线上，质量控制人员定期对某个金属零件的孔径进行检查，以确定金属零件的孔径是否为 3.0 cm。如果孔径大于或小于 3.0 cm 表示生产线失去控制，试表述在这一检验过程中，检验人员的原假设和备择假设。

解　根据上面的陈述，在正常生产条件下，金属零件孔径 $\mu = 3.0$ cm，此时生产线处于控制状态。研究者最关心或者最想证明的是金属零件孔径大于或小于 3.0 cm，即 $\mu \neq 3.0$

cm，因为一旦 $\mu \neq 3.0$ cm 就表示生产线失控，需要对生产线进行排查或检修，因此：

$$H_0: \mu = 3.0 \quad \text{（生产过程处于控制之下）}$$

$$H_1: \mu \neq 3.0 \quad \text{（生产过程失控）}$$

例 8.3 某厂家生产一种新型轮胎，厂家广告声称其平均使用里程超过 25 000 公里。对一个由 16 个轮胎组成的随机样本做了实验，得到其样本平均值和标准差分别为 27 000 公里和 4000 公里。假定轮胎寿命服从正态分布，试表述在这一检验过程中的原假设和备择假设。

解 根据上面的陈述，要能够证明轮胎平均使用里程大于 25 000 公里，则 $\mu > 25\,000$ 应该处于备择假设的位置，那么与之相反的 $\mu \leqslant 25\,000$ 应该处于原假设的位置，所以：

$$H_0: \mu \leqslant 25\,000 \quad \text{（厂家广告不真实）}$$

$$H_1: \mu > 25\,000 \quad \text{（厂家广告真实）}$$

例 8.4 根据统计，某个工作岗位上平均每周的事故次数为 5.5 次，研究者为了降低事故发生率，重新设定了工作流程和新的安全计划，为了检验新的方案是否降低了事故发生率，试表述在这一检验过程中的原假设和备择假设。

解 根据上面的陈述，要能够降低事故发生率，即 $H_1: \mu < 5.5$，这也是研究者最关心的，因此处于备择假设位置。与之相对应的 $H_0: \mu \geqslant 5.5$ 处于原假设位置，所以：

$$H_0: \mu \geqslant 5.5 \quad \text{（事故发生率没有降低）}$$

$$H_1: \mu < 5.5 \quad \text{（事故发生率得到有效降低）}$$

例 8.2 中，备择假设并未指定偏离 H_0 的方向，即大于 3 或者小于 3 均表示原假设不成立，备择假设中含有"$\neq$"，称之为双侧检验（或双尾检验）；例 8.3 和例 8.4 中，备择假设给定了方向性，含有"$>$"或"$<$"，称之为单侧检验（或单尾检验）。观察原假设无论是"$=$"、"$\leqslant$"或"$\geqslant$"，哪种形式都含有等号，这是因为假设检验中的样本统计量的构造是从原假设出发，原假设给定了总体分布中的参数，则比较容易构造样本统计量的分布，推导和计算出样本统计量数值；原假设也称为虚无假设，它往往表示"没有变化（例 8.2 中过程处于控制状态）"、"不真实（例 8.3 中广告不真实）"、"没有改善（例 8.4 中事故次数没有下降）"、"没有关系（相关分析中的相关系数检验，见本书相关回归分析部分）"等。表 8-1 展示了原假设和备择假设的构造方法。

表 8-1 原假设和备择假设的构造

假　　设	双侧检验	单侧检验	
		左侧检验	右侧检验
原假设	$H_0: \mu = \mu_0$	$H_0: \mu \geqslant \mu_0$	$H_0: \mu \leqslant \mu_0$
备择假设	$H_1: \mu \neq \mu_0$	$H_1: \mu < \mu_0$	$H_1: \mu > \mu_0$

2. 显著性水平(level of significance)和临界值

在例 8.1 中，由于统计量 Z 值在 95% 的概率条件下落入 $(-1.96, +1.96)$ 之间，因此仍有 5% 的概率不落入这一区间，而此时我们拒绝原假设。但是根据抽样分布的原理，在原假设正确的前提下，样本统计量仍有 5% 的概率落入区间 $(-1.96, +1.96)$ 之外，拒绝原假设则意味着可能犯错误，也就是说我们最多还有 5% 的概率犯拒绝一个正确原假设的错误，我们把犯这类错误的概率称为显著性水平（Level of Significance）。通常在假设检验中，显著性水平是根据研究需要事先给定的，一般取 1%，5% 或者 10%。

在例 8.1 中，由于正态分布双尾概率为 5% 时对应的值是 ±1.96，即落在（-1.96，+1.96）区间之外的概率为 5%。由于是双尾检验，只要当 $|Z|>1.96$ 时即可拒绝原假设，因此 $Z_{a/2}=1.96$ 称做临界值，当 $|Z|>Z_{a/2}$ 时我们称落入拒绝域，也就是说当根据样本观察值计算的统计量数值落入区间 $|Z|>Z_{a/2}$ 时，拒绝原假设，同时接受备择假设；$|Z|<Z_{a/2}$ 我们称落入非拒绝域，也就是说当根据样本观察值计算的统计量数值落入区间 $|Z|<Z_{a/2}$ 时，没有理由拒绝原假设。

3. 假设检验中的两类错误

结合例 8.1，观察图 8-1，如果原假设 $\mu=\mu_0$ 成立，那么样本应落入 $|Z|<Z_{a/2}$ 这一区间的概率为 $1-\alpha$，而在这一区间之外的概率 α 即是犯错误的概率，我们称这类错误为**第一类错误**，或**弃真错误**，即在原假设正确的前提下，犯拒绝正确原假设的概率；然而如果原假设不正确，即 $\mu\neq\mu_0$ 时，由于抽样的随机性，样本统计量值也有可能落入区间 $|Z|<Z_{a/2}$，根据决策原则，我们此时不拒绝原假设（$\mu=\mu_0$），显然，我们犯了**第二类错误**，也叫做**取伪错误**，即我们没有拒绝错误的原假设，在图中这部分概率为 β。

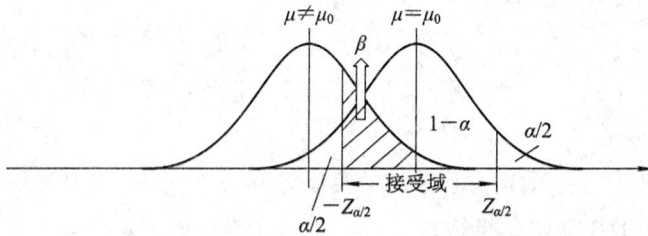

图 8-1 假设检验中两类错误的关系

当原假设正确时，犯第一类错误的概率 α 很容易确定，但是如果原假设不正确，犯第二类错误的概率 β 就很难确定。因此在假设检验中一般给定犯第一类错误的概率 α，也就是显著性水平。

如果我们要降低犯第一类错误的概率，则可以降低显著性水平，此时临界值 $Z_{a/2}$ 会进一步增大，即接受域增大，使得样本统计量落入 $|Z|>Z_{a/2}$ 之外的概率降低，但与此我们会发现如果原假设 $\mu=\mu_0$ 不正确，即在一个 $\mu\neq\mu_0$ 的总体中所取的样本统计量值落入区间 $(-Z_{a/2}, Z_{a/2})$ 的概率增加了。也就是说在不改变样本容量的条件下，犯第一类错误的概率降低，犯第二类错误的概率则必然增大。在实际的假设检验中，客观上原假设是否为真是不可能知道的，我们只能根据样本数据主观判断，通俗地讲，只能是我们"认为真"或者"不能认为真"，因此在假设检验中两类错误都有可能犯，但是在某一次假设检验中只能犯其中一种错误。这就如同法官判案一样，嫌疑人客观上有没有犯罪也许是不可能知道的，法官只是根据证据来判断嫌疑人是否犯罪，在原假设为"无罪"的情况下，判案的结果有可能犯两种错误，接受原假设有可能让罪犯漏网，拒绝原假设有可能"冤枉好人"，但是两种错误不可能出现在同一次判决中。

表 8 - 2　假设检验中两类错误的对比

法官审判(原假设无罪)			假设检验(原假设 H₀)		
裁决结果	实际情况		决策结果	实际情况	
	无罪	有罪		H_0 为真	H_0 为假
无罪	正确	错误	未拒绝	正确决策$(1-\alpha)$	第Ⅱ类错误 β
有罪	错误	正确	拒绝	第Ⅰ类错误 α	正确决策$1-\beta$

4. p 值(p - value)

在例 8.1 中，由于 $|Z|=4.58>Z_{0.025}=1.96$ 拒绝原假设，此时犯第一类错误的概率不超过 5%，但是到底犯第一类错的真实概率是多少呢？观察图 8 - 2，当原假设正确时，$|Z|$ 仍有可能大于 4.58，因此 p 值即 $P(|Z|>4.58)$，所以 p 值是一个概率值，可以认为是犯第一类错误(弃真错误)的概率，可以通俗地理解为，按照所取得的样本计算的统计量值判断，原假设为真的概率为 p。

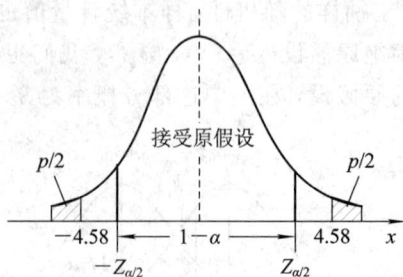

图 8 - 2　假设检验中的 p 值

5. 单尾检验中的接受域和拒绝域

双侧检验中，拒绝域和接受域很容易判断和记忆，对于单尾检验而言则不容易记忆，但是结合图则很容易看清楚。

左尾检验的接受域和拒绝域如图 8 - 3，此时，原假设为 $H_0: \mu \geqslant \mu_0$，犯第一类错误的概率在左侧。如果原假设正确，则样本统计量数值以大概率$(1-\alpha)$落入 $-Z_\alpha$ 右侧，因此 $-Z_\alpha$ 左侧为拒绝域。

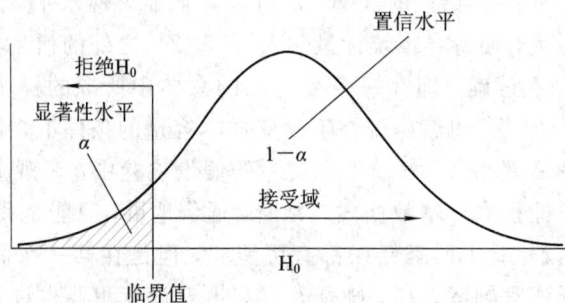

图 8 - 3　左尾检验的接受域和拒绝域

右尾检验的接受域和拒绝域如图 8 - 4，此时，原假设为 $H_0: \mu \leqslant \mu_0$，犯第一类错误的概率在右侧。如果原假设正确，则样本统计量数值以大概率$(1-\alpha)$落入 Z_α 左侧，因此 Z_α

右侧为拒绝域。

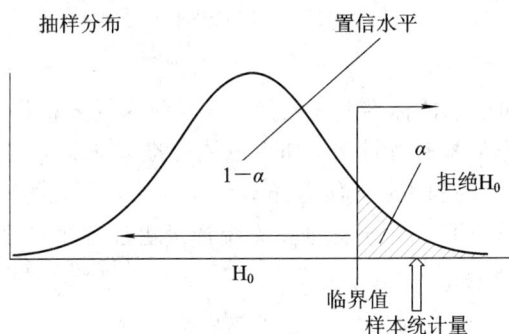

图 8 - 4　右尾检验的接受域和拒绝域

6. 假设检验决策规则

根据前面的分析，对于假设检验总结出以下决策规则：

（1）根据显著性水平 α 查表取得临界值。

给定显著性水平 α，查表得出相应的临界值 Z_α（单尾检验）或 $Z_{\alpha/2}$（双尾检验），根据总体分布的情况、样本容量的大小等也会用到 t_α（单尾检验）或 $t_{\alpha/2}$（双尾检验）。

（2）比较，观察统计量值落入接受域还是拒绝域。

将检验统计量的值与 α 水平的临界值进行比较，作出决策（注意单尾检验临界值的正负号）。

双侧检验：|统计量|＞临界值，拒绝 H_0；

左侧检验：统计量＜－临界值，拒绝 H_0；

右侧检验：统计量＞临界值，拒绝 H_0。

8.2　总体平均数的假设检验

8.2.1　检验统计量的确定

根据第 6 章的样本均值的抽样分布规律，影响样本均值抽样分布的因素有总体的分布形态、样本容量的大小。因此，确定检验统计量时也要考虑样本量的大小和总体方差的情况。

1. 样本量

当总体服从正态分布即 $X \sim N(\mu, \sigma^2)$ 时，样本均值 $\bar{x} \sim N(\mu, \sigma^2/n)$。当总体不服从正态分布时，若样本容量足够大，样本均值仍然近似服从正态分布。因此，无论样本容量大小，当总体标准差已知时，Z 统计量的计算公式如下：

$$Z = \frac{\bar{x} - \mu_0}{\sigma/\sqrt{n}} \tag{8.1}$$

当总体标准差未知时，由于样本容量足够大（大于 30），可以用样本标准差 s 代替总体标准差 σ，统计量仍采用 Z 统计量，即

$$Z = \frac{\overline{x} - \mu_0}{s/\sqrt{n}} \tag{8.2}$$

2. 样本标准差是否已知

在小样本情况下，如果总体标准差 σ 已知，根据前面的分析样本统计量仍然服从正态分布，可采用 Z 统计量作为检验统计量。如果总体标准差未知，需要用 s 来替代总体标准差 σ，这时由于样本标准差的随机性，使得样本统计量具有更大的随机性，根据第 6 章的证明，需采用 t 统计量，t 统计量相对于标准正态统计量更加扁平，具有更加分散的双尾，计算公式为

$$t = \frac{\overline{x} - \mu_0}{s/\sqrt{n}} \tag{8.3}$$

8.2.2 均值的双尾检验

例 8.5 有一台生产金属零件的加工机床，零件的直径平均值为 0.5 cm，假设从一段时间内生产的零件中取得 $n=50$ 的样本，测量得到样本平均值为 0.46 cm 和标准差 $s=0.075$ cm。试以 5% 的显著性水平检验机床生产状态是否正常。

解 第一步：构造假设。

$H_0: \mu = 0.5$ （机床生产状态正常）

$H_1: \mu \neq 0.5$ （机床生产状态不正常）

第二步：构造样本统计量，用 s 替代总体标准差 σ，由于 $n>30$，可以采用 Z 统计量

$$Z = \frac{\overline{x} - \mu}{s/\sqrt{n}} = \frac{0.46 - 0.5}{0.075/\sqrt{50}} = -3.77$$

第三步：根据抽样所得样本数据计算样本统计量数值，由于是双尾检验，故根据显著性水平 $\alpha = 0.05$ 查得

$$Z_{\alpha/2} = Z_{0.025} = 1.96$$

第四步：将样本统计量值与临界值比较，做决策。

$$|Z| = |-3.77| = 3.77 < Z_{0.025} = 1.96$$

因此，检验统计量落入拒绝域，故拒绝原假设，接受备择假设，有充足理由说明机床生产状态不正常。

在本例中，由于用 s 替代总体标准差 σ，用 Z 统计量的原因是当 n 较大时正态统计量与 t 统计量的近似程度较高。如果我们用 t 统计量，则更加准确一些，只是 t 统计量本身有自由度，需要查表，但是在有计算机的条件下，查表并不困难。因此，上面的例子如若用 t 统计量，t 值仍然是 -3.77，只是第三步查表时需要借助 Excel 中的函数。用 Excel 查 t 分布临界值的函数是 TINV，参数输入见图 8-5，注意在这里参数"Probability"要求输入双尾概率，因此输入 0.05。可表得

$$t_{\alpha/2}(n-1) = t_{0.025}(49) = 2.010$$

将 t 统计量值与临界值作比较，由于

$$|t| = 3.77 > t_{\alpha/2}(n-1) = t_{0.025}(49) = 2.010$$

所以拒绝原假设，与运用 Z 统计量得到相同的结论，但是我们知道运用 t 统计量更加准确一些。在有软件帮助的条件下，如果总体标准差未知，我们尽量使用 t 统计量。

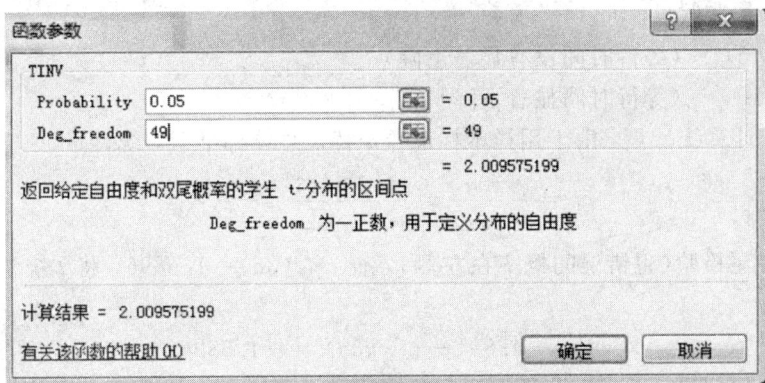

图 8-5 查 t 分布临界值的 Excel 函数

那么，如果用 p 值来做决策，p 就是统计量值落入 $(-\infty,-3.77)$ 和 $(3.77,+\infty)$ 区间的概率，我们可以通过 Excel 函数返回这一概率，具体的函数是 TDIST，参数输入如图 8-6，返回的结果是 0.000 439 6，即在抽到"$n=50$，$\bar{x}=0.46$，$s=0.075$"这样的样本时，原假设 H_0：$\mu=0.5$ 正确的概率只有 0.000 439 6，显然 $p=0.000\ 439\ 6<\alpha=0.05$，因此拒绝原假设，结论是机床生产状态不正常。

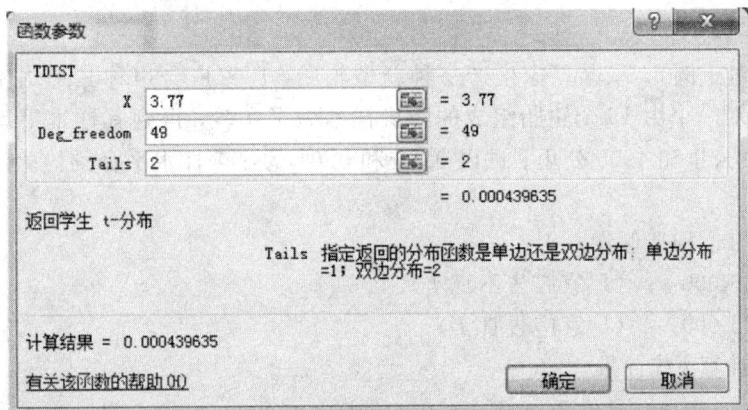

图 8-6 t 值落在 $|t|>3.77$ 之外的概率

8.2.3 均值的单尾检验

1. 左尾检验

例 8.6 一位餐厅总经理为了减少顾客点单后等候的时间，采用了一种新的电子菜单点单流程。在传统点单情况下，顾客的平均等待时间为 16 分钟，采用新的流程后，对随机 36 名顾客等待时间做了记录，得到平均等待时间为 11.2 分钟，标准差 s 为 6 分钟，试以 0.05 的显著性水平检验顾客等待时间是否有显著下降。

解 由于餐厅经理最关心等待时间下降，即 $\mu<16$，因此想要验证的结论出于备择假设，所以

第一步：构造假设。

H$_0$：$\mu \geqslant 16$ 　　（等待时间没有显著下降）

H$_1$：$\mu < 16$ 　　（等待时间显著下降）

第二步：计算统计量。由于用样本标准差 s 替代总体标准差，统计量

$$t = \frac{\bar{x} - \mu_0}{s/\sqrt{n}} = \frac{11.2 - 16}{6/\sqrt{36}} = -4.8$$

由于是左尾检验（犯错误的概率在左侧），查 $t_{0.05}(35) = 1.6896$，将 t 统计量值和临界值作比较：

$$t = -4.8 < -t_{0.05}(35) = -1.6896$$

因此拒绝原假设，即有充分证据说明改变后的电子下单方式使顾客平均等待时间显著下降。在这里统计上所谓的"显著"与经济意义上的"显著"并不能划等号。统计上的显著是指从概率角度来讲，有充分证据证明改变点单方式后的等待时间平均值下降，至于下降的幅度（在这里可用 $11.2 - 16 = -4.8$ 分钟替代）是否在经济上有意义，那需要通过经济成本或采用相对幅度作比较，例如，在这里可以认为下降了 30%（4.8/16＝30%）在经济意义上是显著的。

在本例左尾检验中，p 值就是 t 分布落入区间 $(-\infty, -4.8)$ 的概率，用 Excel 函数 TDIST 查得 $p = 1.4655 \times 10^{-5}$，几乎是 0，显然小于给定的显著性水平 5%。

2. 右尾检验

例 8.7　对于例 8.3，某厂家生产一种新型轮胎，厂家广告声称其平均使用里程超过 25 000 公里。对一个由 16 个轮胎组成的随机样本做了实验，得到其样本平均值和标准差分别为 27 000 公里和 4000 公里。试以 0.05 和 0.01 的显著性水平分别检验厂家的广告是否真实。

解　第一步：构造假设。

H$_0$：$\mu \leqslant 25\,000$ 　　（厂家广告不真实）

H$_1$：$\mu > 25\,000$ 　　（厂家广告真实）

第二步：计算 t 统计量。

$$t = \frac{\bar{x} - \mu_0}{s/\sqrt{n}} = \frac{27\,000 - 25\,000}{4000/\sqrt{16}} = 2$$

第三步：根据给定的显著性水平 0.05 和 0.01 查 t 临界值。

$$t_{0.05}(15) = 1.7531, \quad t_{0.01}(15) = 2.6025$$

当显著性水平取 0.05 时，$t = 2 > t_{0.05}(15) = 1.7531$，故拒绝原假设，接受备择假设，说明厂家广告为真。

当显著性水平取 0.01 时，$t = 2 < t_{0.01}(15) = 2.6025$，故不能拒绝原假设，不能说明厂家广告为真。

在这里，显著性水平不同会影响到假设检验决策的结果。观察图 8-7，样本统计量值恰好落在 $t_{0.05}(15) = 1.7531$ 和 $t_{0.01}(15) = 2.6025$ 之间。取 5% 的显著性水平时落入拒绝域，取 1% 的显著性水平时落入非拒绝域。如果根据 TDIST 函数查得 p 值是 0.031 97，也就是拒绝原假设犯错误的真实概率为 3.197%，因此允许犯错误的概率是 5% 时自然可以拒绝原假设，但是如果允许犯错误的概率是 1% 时则不能拒绝原假设。

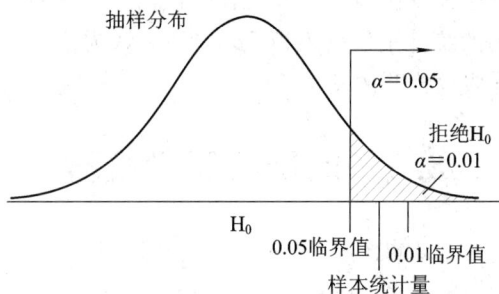

图 8-7 不同显著性水平对假设检验决策结果的影响

3. 单侧检验中原假设不等号方向对假设检验结果的影响

通常情况下，双侧检验的原假设和备择假设很容易确定，而对于单尾检验属于右尾还是左尾需要根据经济问题的性质和研究者的目的作出选择，有时由于假设的不同，同一个问题可能会有不同的结论，研究者需要仔细分析。

例 8.8 某电子元器件批量生产的质量标准为平均使用寿命 1200 小时，标准差为 150 小时。某厂宣称他们采取了新的生产工艺后元器件的使用寿命显著提高。为了检验，随机抽取 20 件，得到样本平均使用寿命为 1245 小时，该数据是否能够说明该厂的元器件质量显著地高于规定标准（$\alpha=0.05$）。

解 按照分析，如果想要证明该厂的元器件使用寿命高于 1200 小时，则 $\mu>1200$ 应该在备择假设位置，所以

$H_0: \mu \leqslant 1200$

$H_1: \mu > 1200$

$$Z = \frac{\bar{x}-\mu_0}{\sigma/\sqrt{n}} = \frac{1245-1200}{150/\sqrt{20}} = 1.31$$

由于 $Z=1.31 < Z_{0.05}=1.645$，故接受原假设，没有理由认为该厂元器件使用寿命超过标准。但是，如果原假设的设定方式不同，而是按照下面的方式来设定：

$H_0: \mu \geqslant 1200$

$H_1: \mu < 1200$

$$Z = \frac{\bar{x}-\mu_0}{\sigma/\sqrt{n}} = \frac{1245-1200}{150/\sqrt{20}} = 1.31$$

由于 $Z=1.31 > -Z_{0.05}=-1.645$，仍然是接受原假设，那么是否说明该厂家的元器件使用寿命超过标准呢？显然不是，这也正是我们在介绍假设检验的思想时一再强调的，假设检验中接受原假设的逻辑可信度不强。在这个例子中，由于始终是接受 H_0，相当于我们没有充分的理由说明该厂家的元器件使用寿命高于 1200 小时，也没有充分的理由说明其低于 1200 小时。如果再仔细观察，由于 $-Z_{0.05} < Z=1.31 < Z_{0.05}$，那么一定有 $-Z_{0.05/2} < Z=1.31 < Z_{0.05/2}$，这恰恰是双侧检验时的接受域 $|Z| < Z_{0.05/2}$，这时很可能使总体均值 $\mu=1200$。样本均值距离 1200 很接近，要进一步判断总体均值大于 1200 还是小于 1200，还需要更大的样本容量以获得更多的信息，因为随着样本容量的增加，抽样误差 $\sigma/\sqrt{n}$ 会越来越小。

这里要再强调一下，在假设检验中，研究者往往需要将欲证明的论断作为备择假设。这时，如果根据样本得到的统计量值落入拒绝域，那么认为这一论断正确从逻辑上是非常可信的，这也是运用统计假设检验的基本逻辑。

8.3 比例的假设检验

根据第 6 章比例的抽样分布规律式(6.6)，我们知道当 $np>5$ 和 $n(1-p)>5$ 时，样本比例 $p \sim N\left(\pi, \dfrac{\pi(1-\pi)}{n}\right)$，也就是说，当总体比例为 π_0 时，检验统计量可以采用：

$$Z = \frac{p-\pi_0}{\sqrt{\dfrac{\pi_0(1-\pi_0)}{n}}} \tag{8.4}$$

1. 双尾检验

例 8.9 一个市场调研公司声称他们通过邮件回访了 8% 的产品用户。为了检验这一说法是否正确。现随机取得了该产品用户中的 500 人作为样本，其中有 25 人表示接受了市场调研公司的回访，试以 5% 的显著性水平检验这一说法的正确性。

解 首先需要判断 $np=500\times0.08=40$，$n(1-p)=500\times0.92=460$ 均大于 5，因此检验过程可以采用 Z 统计量。

$H_0 : \pi=0.08$

$H_1 : \pi\neq0.08$

$$Z = \frac{p-\pi_0}{\sqrt{\dfrac{\pi_0(1-\pi_0)}{n}}} = \frac{0.05-0.08}{\sqrt{0.08\times0.92/500}} = -2.47$$

由于 $|Z|=2.47>Z_{0.025}=1.96$，故落入拒绝域，拒绝原假设，接受备择假设，说明该市场调研公司的回访比例不是 8%。根据 Excel 中的标准正态分布函数 NORMSDIST 查得 p 值是 0.0135。

2. 单尾检验

例 8.10 2009 年的一项调查数据表明，周末看电视的家庭主妇中，有 40% 收看综艺娱乐节目。而在 2010 年周末收看电视的家庭主妇中随机抽取了 120 名，其中有 57 人收看综艺娱乐节目。此数据是否表明 2010 年家庭主妇收看综艺娱乐节目的比例高于 2009 年？显著性水平 α 取 0.05。

解 $p=\dfrac{57}{120}=0.475$

$H_0 : \pi\leqslant0.4$ （2010 年比例没有提高）

$H_1 : \pi>0.4$ （2010 年比例有提高）

$$Z = \frac{p-\pi_0}{\sqrt{\dfrac{\pi_0(1-\pi_0)}{n}}} = \frac{0.475-0.4}{\sqrt{0.4\times0.6/120}} = 1.68$$

由于 $Z=1.68>Z_{0.05}=1.645$，故拒绝原假设，说明 2010 年周末看电视的家庭主妇收看综合娱乐节目的比例高于 2009 年。

p 值可以通过查正态分布表，得 $p(Z>1.68)=0.0465$。

8.4 方差的假设检验

根据第 6 章样本方差的分布规律式(6.7)，若总体方差为 σ_0^2，则方差的检验统计量可以采用：

$$\chi^2 = \frac{(n-1)s^2}{\sigma_0^2} \tag{8.5}$$

其中，样本方差 $s^2 = \dfrac{\sum(x-\bar{x})^2}{n-1}$。

对于总体方差的假设检验，检验的接受域和拒绝域如表 8-3 所示。

表 8-3 对方差 σ^2 的假设检验的接受域和拒绝域

	右尾检验	左尾检验	双尾检验
假设的构造	$H_0: \sigma^2 \leqslant \sigma_0^2$ $H_1: \sigma^2 > \sigma_0^2$	$H_0: \sigma^2 \geqslant \sigma_0^2$ $H_1: \sigma^2 < \sigma_0^2$	$H_0: \sigma^2 = \sigma_0^2$ $H_1: \sigma^2 \neq \sigma_0^2$
统计量的构造	$\chi^2 = \dfrac{(n-1)s^2}{\sigma_0^2}$		
拒绝域	$\chi^2 > \chi_\alpha^2$	$\chi^2 < \chi_{1-\alpha}^2$	$\chi^2 > \chi_{\alpha/2}^2$ $\chi^2 < \chi_{1-\alpha/2}^2$

注：(1) χ_α^2 表示右尾概率为 α 时的卡方分布临界值，自由度为 $n-1$。

(2) $\chi_{1-\alpha}^2$ 表示右尾概率为 $1-\alpha$(左尾概率为 α)时的卡方分布临界值，自由度为 $n-1$。

(3) 假定样本来自正态总体，σ_0^2 为检验的总体方差假设。

例 8.11 在罐头食品包装过程中，不仅每罐的平均装填量很重要，而且装填量的方差同样需得到控制。如果装填量的方差过大，就会出现尽管平均值满足需要，但是有些罐头装填量太多，而又有些罐头装填量太少。假定根据企业的产品质量标准，规定平均值为 8 盎司的罐头装填量的标准差应小于 0.1 盎司，质检人员在生产线上随机抽样得到 10 个罐头，并测得样本数据如下：7.96，7.90，7.98，8.01，7.97，7.96，8.03，8.02，8.04，8.02。试以显著性水平 $\alpha=0.05$ 检验装填量的方差是否满足要求。

解 装填量的方差要满足要求，需 $\sigma^2 < 0.1$，因此 $\sigma^2 < 0.1$ 应该在备择假设的位置。

$H_0: \sigma^2 \geqslant 0.1$ （装填量方差不符合要求）

$H_1: \sigma^2 < 0.1$ （装填量方差符合要求）

计算卡方统计量，首先需要计算样本方差

$$s^2 = \frac{\sum(x-\bar{x})^2}{n-1}$$

手工计算量比较大，回忆 Excel 里计算样本标准差的函数 STDEV，我们借助函数计算得到 $s=0.0431$，因此

$$\chi^2 = \frac{(n-1)s^2}{\sigma_0^2} = \frac{(10-1) \times 0.0431^2}{0.1^2} = 1.66$$

根据假设的构造，本例为左尾检验，查表得$\chi_{0.95}^2(9) = 3.3251$，根据表 8 - 3 中的拒绝域，由于$\chi^2 = 1.66 < \chi_{0.95}^2(9) = 3.3251$，因此拒绝原假设，接受备择假设，质检人员有理由认为装填量的方差小于 0.1，见图 8 - 8。

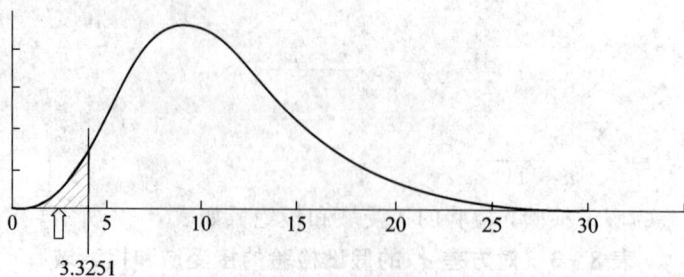

图 8 - 8　例 8.11 中的拒绝域

8.5　两个总体参数的假设检验

8.5.1　两个总体均值之差的假设检验：独立双样本

根据第 6 章样本均值之差的分布规律，式(6.8)和式(6.9)描述了独立样本的样本均值之差的均值和方差。为了对两个总体均值之差进行检验，在两个总体方差已知时构造统计量，计算公式为

$$Z = \frac{(\bar{x}_1 - \bar{x}_2) - (\mu_1 - \mu_2)}{\sqrt{\dfrac{\sigma_1^2}{n_1} + \dfrac{\sigma_2^2}{n_2}}} \tag{8.6}$$

式中，$\bar{x}_1$、$\bar{x}_2$ 分别是来自两个总体的样本平均值，$\Delta = \mu_1 - \mu_2$ 是关于两个总体均值之差的假设，σ_1^2、σ_2^2 分别是两个独立总体的方差。

在实践中，两个总体的方差 σ_1^2、σ_2^2 往往是未知的，因此需要根据样本方差 s_1^2、s_2^2 来估计，当样本容量很大时，仍然可以采用标准正态统计量，计算公式为

$$Z = \frac{(\bar{x}_1 - \bar{x}_2) - (\mu_1 - \mu_2)}{\sqrt{\dfrac{s_1^2}{n_1} + \dfrac{s_2^2}{n_2}}} \tag{8.7}$$

在小样本条件下，需要根据两个总体方差是否相等分别构造不同的检验统计量，如果有理由认为两个独立样本的方差相等，即 $\sigma_1^2 = \sigma_2^2$，那么可以通过样本方差的加权平均 s_p^2（也称为合并方差）来估计总体方差，s_p^2 在第 7 章时用到过，即

$$s_p^2 = \frac{(n_1 - 1)s_1^2 + (n_2 - 1)s_2^2}{n_1 + n_2 - 2}$$

此时，检验统计量的计算公式为

$$t = \frac{(\bar{x}_1 - \bar{x}_2) - (\mu_1 - \mu_2)}{\sqrt{s_p^2 \left(\frac{1}{n_1} + \frac{1}{n_2} \right)}} \tag{8.8}$$

在小样本条件下，如果没有理由认为两个独立样本的方差相等，即 $\sigma_1^2 \neq \sigma_2^2$，那么检验统计量仍然采用：

$$t = \frac{(\bar{x}_1 - \bar{x}_2) - (\mu_1 - \mu_2)}{\sqrt{\frac{s_1^2}{n_1} + \frac{s_2^2}{n_2}}} \tag{8.9}$$

此时，t 统计量临界值的自由度由式(8.10)给出：

$$v = \frac{(s_1^2/n_1 + s_2^2/n_2)}{\frac{(s_1^2/n_1)^2}{n_1 - 1} + \frac{(s_2^2/n_2)^2}{n_2 - 1}} \tag{8.10}$$

独立样本均值之差的假设检验需要根据样本容量的大小、总体方差是否已知以及总体方差未知条件下是否有理由认为两者相等分不同类别构造不同的检验统计量，但是拒绝域的确定与根据单个样本检验总体均值时确定拒绝域的方法一致，表 8-4 汇总了不同情况下统计量的构造以及拒绝域的确定。

表 8-4 独立样本均值之差的假设检验

	双尾检验	左尾检验	右尾检验
假设构造	$H_0: \mu_1 - \mu_2 = 0$ $H_1: \mu_1 - \mu_2 \neq 0$	$H_0: \mu_1 - \mu_2 \geq 0$ $H_1: \mu_1 - \mu_2 < 0$	$H_0: \mu_1 - \mu_2 \leq 0$ $H_1: \mu_1 - \mu_2 > 0$
检验统计量构造	$Z = \dfrac{(\bar{x}_1 - \bar{x}_2) - (\mu_1 - \mu_2)}{\sqrt{\frac{\sigma_1^2}{n_1} + \frac{\sigma_2^2}{n_2}}}$ （两个总体方差均一致） $Z = \dfrac{(\bar{x}_1 - \bar{x}_2) - (\mu_1 - \mu_2)}{\sqrt{\frac{s_1^2}{n_1} + \frac{s_2^2}{n_2}}}$ （总体方差未知，大样本） $t = \dfrac{(\bar{x}_1 - \bar{x}_2) - (\mu_1 - \mu_2)}{\sqrt{s_p^2 \left(\frac{1}{n_1} + \frac{1}{n_2} \right)}}$ （总体方差未知，但相等） $t = \dfrac{(\bar{x}_1 - \bar{x}_2) - (\mu_1 - \mu_2)}{\sqrt{\frac{s_1^2}{n_1} + \frac{s_2^2}{n_2}}}$ （总体方差未知，但相等，需要计算自由度 v）		
拒绝域	$\|Z\| > Z_{a/2}$ 或 $\|t\| > t_{a/2}$	$Z < -Z_a$ 或 $t < -t_a$	$Z > Z_a$ 或 $t > -t_a$

例 8.12 计算机焦虑指数(The Computer Anxiety Rating Scale，CARS)是衡量人们面对计算机信息时代产生焦虑情绪的一种指数，指数的计算取值在 20(没有焦虑情绪)到

100（焦虑情绪最高）之间，研究者为了了解某大学工商管理硕士（MBA）的焦虑情绪是否在男女不同性别之间存在差异，随机抽取了 172 名 MBA 学员，通过问卷测评汇总得到表 8-5 的数据，试以 5% 的显著性水平检验焦虑情绪是否在性别之间存在差异。

表 8-5　172 名学员焦虑指数汇总

	男性	女性
$\bar{x}$	40.26	36.25
s	13.35	9.42
N	100	72

解　根据题意构造假设

H_0：$\mu_1 = \mu_2$　（焦虑程度不存在差异）

H_1：$\mu_1 \neq \mu_2$　（焦虑程度存在差异）

由于总体方差未知，但是样本容量足够大，因此我们可以考虑构造 Z 统计量，

$$Z = \frac{(\bar{x}_1 - \bar{x}_2) - (\mu_1 - \mu_2)}{\sqrt{\left(\frac{s_1^2}{n_1} + \frac{s_2^2}{n_2}\right)}} = \frac{40.26 - 36.25}{\sqrt{\left(\frac{13.35^2}{100} + \frac{9.42^2}{72}\right)}} = 2.3095$$

由于 $|Z| = 2.3095 > Z_{0.025} = 1.96$，所以拒绝原假设，接受备择假设，证据表明计算机焦虑程度在不同性别之间存在显著差异。

本例中，p 值的计算留给同学们自己完成。

例 8.13　某银行在市中心 CBD 的营业网点上，观察每天中午饭时间（12:00~13:00）顾客的等待时间，记录下顾客从快进大厅直到到柜台接受服务的时间，随机取得 15 个样本数据（单位：分钟）：4.21，5.55，3.02，5.13，4.77，2.34，3.54，3.20，4.50，6.10，0.38，5.12，6.46，6.19，3.79。假定这家银行在郊区某营业网点按照同样的方法取得 15 个样本数据：9.66，5.90，8.02，5.79，8.73，3.82，8.01，8.35，10.49，6.68，5.64，4.08，6.17，9.91，5.47。假定等待时间服从正态分布，且两个营业网点等待时间的方差相等，试以 0.05 的显著性水平检验两个网点顾客的平均等待时间是否相等？

解　根据题意，我们需计算合并方差，构造 t 统计量。手工计算的步骤留给同学们自己完成，在这里我们利用 Excel 中的假设检验工具完成"独立样本-等方差"均值的假设检验。

第一步：选择数据分析中的"t-检验：双样本等方差假设"（见图 8-9（a））。

第二步：选择数据区域，输入"变量 1 的区域（1）"、"变量 2 的区域（2）"、显著性水平、输出区域后点击确定（见图 8-9（b））。

表 8-6 表示了双样本等方差假设检验的结果，从表中可以得到：CBD 区网点的平均等待时间 $\bar{x}_1 = 4.2867$，方差 $s_1^2 = 2.6830$。市郊区网点的平均等待时间 $\bar{x}_2 = 7.1147$，方差 $s_2^2 = 4.3355$，合并方差 $s_p^2 = 3.5093$。据此计算的检验统计量 $t = -4.1343$，根据题意，我们要考察两个网点的等待时间是否相等，因而属于双侧检验，将 $|t| = 4.1343$ 与双尾 t 临界值 2.0484 作比较，落入拒绝域，因此拒绝原假设，说明两个网点顾客等待时间存在显著差异。或者直接通过双尾 p 值 = 0.0003 和显著性水平作比较，结论一致。

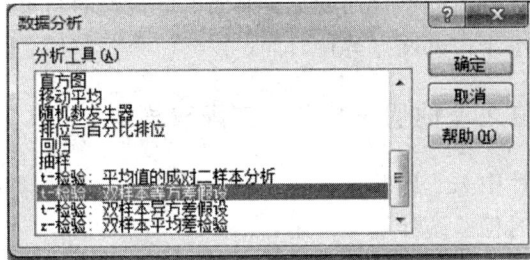

(a)

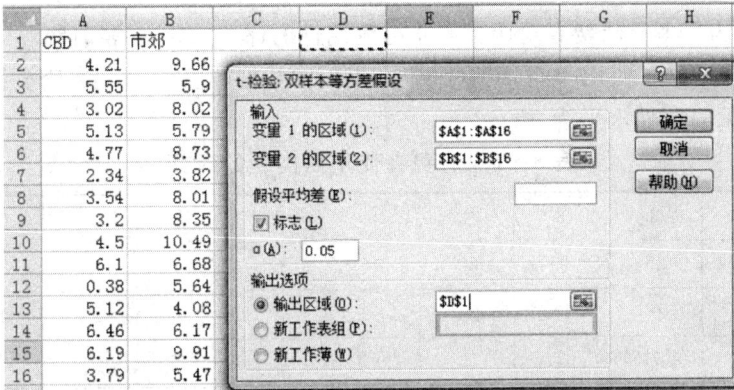

(b)

图 8-9 数据分析工具中的 t-检验：双样本等方差假设

表 8-6 双样本等方差假设检验

	CBD	市郊
平均值	4.286 666 667	7.114 666 667
方差	2.682 995 238	4.335 512 381
观测值	15	15
合并方差	3.509 253 81	
假设平均差	0	
d_f	28	
t Stat	-4.134 306 277	
$P(T \leqslant t)$ 单尾	0.000 146 42	
t 单尾临界	1.701 130 908	
$P(T \leqslant t)$ 双尾	0.000 292 839	
t 双尾临界	2.048 407 115	

针对表 8-6，由于这个表中也输出了单尾 t 临界值和单尾 p 值，如果要做单尾检验，即样本所表现的 CBD 区网点的等待时间小于市郊网点等待时间，能否说明 CBD 区网点的

等待时间小于市郊网点等待时间？显而易见，根据单尾检验的结果，有充分证据说明 CBD 区网点的等待时间显著小于市郊网点等待时间。

8.5.2　两个总体均值之差的假设检验：匹配双样本

根据第 7 章区间估计中关于匹配样本均值之差的抽样分布规律的介绍，根据匹配样本进行均值之差假设检验时检验统计量可采用：

$$t = \frac{\bar{d} - \bar{D}}{s_d / \sqrt{n}} \tag{8.11}$$

例 8.14　为了考察消费者对两类跑步鞋耐用性的评价，有 10 名消费者分别使用了 A、B 两种跑步鞋并记录下使用时间（单位：周），下面的数据（见表 8-7）是否支持 A 类鞋的使用寿命更长？取显著性水平为 0.05。

表 8-7　消费者使用两类鞋的时间　　　　　　　　　周

	1	2	3	4	5	6	7	8	9	10
A	27	35	19	39	34	32	15	26	18	17
B	23	28	16	31	38	30	17	22	15	16
d_i	4	7	3	8	−4	2	−2	4	3	1

解　根据已知条件，我们可以计算 $\bar{d} = \dfrac{\sum d_i}{n}$，$s_d = \sqrt{\dfrac{\sum (d_i - \bar{d})^2}{n-1}}$，并据此计算检验统计量，参考式(8.11)。分析题意可知，本题意在检验 A 类跑步鞋的使用寿命比 B 类长，即 $\bar{D} = \mu_1 - \mu_2 > 0$，应该是单尾检验，且 $\bar{D} = \mu_1 - \mu_2 > 0$ 应该在备择假设的位置。t 统计量的计算结果应该与 $+t_{0.05}$ 作比较。手工计算留给同学们自己计算，在这里展示运用 Excel 计算的结果。选择数据分析工具中的"t 检验-平均值成对二样本检验"，输入各类参数后，计算的输出结果见表 8-8。

表 8-8　成对样本(匹配样本)检验结果

	A	B
平均值	26.2	23.6
方差	73.955 555 56	62.044 444 44
观测值	10	10
泊松相关系数	0.905 112 025	
假设平均差	0	
d_f	9	
t Stat	2.247 922 629	
$P(T \leqslant t)$ 单尾	0.025 588 328	
t 单尾临界	1.833 112 923	
$P(T \leqslant t)$ 双尾	0.051 176 655	
t 双尾临界	2.262 157 158	

观察表 8-8，样本均值 $\overline{x}_A = 26.2$，$\overline{x}_B = 23.6$，t Stat 值为 2.2479，而单尾临界值为 1.8331，故拒绝原假设，有充分证据说明 A 类跑鞋使用寿命显著高于 B 类跑鞋，或者直接观察单尾 p 值 0.02559，显然也应该拒绝原假设。

匹配样本与独立样本的比较

根据统计学的知识，$D(X-Y) = D(X) + D(Y) - 2\mathrm{cov}(X, Y)$。因此当两个样本完全独立时，$D(X-Y) = D(X) + D(Y)$，而往往对于匹配样本而言，若总体变量 X、Y 表现为正相关，从总体中取得的两个样本一般也表现为正相关，此时 $D(X-Y) \leqslant D(X) + D(Y)$，因此，抽样随机误差也会相应的小。这样，对应的 t 统计量值或相应变大。针对例 8.14 中两类跑鞋的使用寿命数据，如果把这一数据运用独立样本 t 检验，得到的结果如表 8-9，同学们可以发现合并方差为 68，而此时统计量 t 值为 0.7050，则在 5% 显著性水平下不能通过 t 检验，说明两种跑鞋的耐用性没有显著差异。显然，从数据取得的方式来讲，如果采用独立样本，影响跑鞋使用寿命的原因还和使用者本身的使用习惯有关，而对于匹配样本而言，使用寿命的差异已经排除了使用者不同而产生的影响。因此在对于总体差值的假设检验中，如能取得匹配样本则研究面临的随机误差会小一些，相应结果也会准确一些。

表 8-9 t-检验：双样本等方差假设

	A	B
平均	26.2	23.6
方差	73.955 555 56	62.044 444 44
观测值	10	10
合并方差	68	
假设平均差	0	
d_f	18	
t Stat	0.705 023 988	
$P(T \leqslant t)$ 单尾	0.244 909 302	
t 单尾临界	1.734 063 592	
$P(T \leqslant t)$ 双尾	0.489 818 604	
t 双尾临界	2.100 922 037	

8.5.3 两个总体比例之差的假设检验

1. 总体比例差值为 0 时，即 $\pi_1 = \pi_2$

当我们需要比较两个总体比例是否存在差异时，我们的检验对象是 $(\pi_1 - \pi_2)$，根据样本比例之差的分布规律，当假定两个总体比例之差为 0，即 $\pi_1 = \pi_2$ 时，在大样本条件下，构造检验统计量：

$$Z = \frac{p_1 - p_2}{\sqrt{p(1-p)\left(\dfrac{1}{n_1} + \dfrac{1}{n_2}\right)}} \tag{8.12}$$

式中，p_1、p_2 分别是两个样本比例，由于假定两个总体比例相等，因此式(8.12)中的 p 由两个样本比例加权而来，可以理解为将两个样本合二为一得到的样本比例，即

$$p = \frac{n_1 p_1 + n_2 p_2}{n_1 + n_2} \tag{8.13}$$

例 8.15 一项研究表明，家庭中女户主比男户主更容易感受到家庭经济支出的压力。为检验这一说法是否可靠，调查得到 100 个家庭，询问男户主和女户主是否感受到较大的家庭支出压力，数据如表 8－10，试问调查数据是否支持研究者的结论，显著性水平为 0.05。

表 8－10　男、女户主对家庭财经支出感到较大压力的人数

	男户主	女户主
样本容量 n	100	100
感受到较大财经支出压力的人数	27	56

解
$$p_1 = \frac{27}{100} = 0.27,\ p_2 = \frac{56}{100} = 0.56$$

$$p = \frac{27 + 56}{100 + 100} = 0.415$$

$H_0 : \pi_1 \geqslant \pi_2$　　（或 $\pi_1 - \pi_2 \geqslant 0$）（女户主没有比男户主更容易感受到支出压力）

$H_1 : \pi_1 < \pi_2$　　（或 $\pi_1 - \pi_2 < 0$）（女户主比男户主更容易感受到支出压力）

$$Z = \frac{0.27 - 0.56}{\sqrt{0.415 \times 0.585 \times (0.01 + 0.01)}} = -4.16$$

由于 $Z = -4.16 < -Z_{0.05} = -1.645$，故拒绝原假设，接受备择假设。证据支持家庭中女户主更容易感受到经济支出的压力。

2. 总体比例差值不为 0 时，即 $\pi_1 \neq \pi_2$

如果需要检验的两个总体比例的差值不等于 0，这时构造检验统计量时，$p_1 - p_2$ 的抽样方差用式(8.14)来估计：

$$\hat{\sigma}_{p_1 - p_2} = \sqrt{\frac{p_1(1 - p_1)}{n_1} + \frac{p_2(1 - p_2)}{n_2}} \tag{8.14}$$

所以，$\pi_1 - \pi_2$ 的检验统计量按式(8.15)计算：

$$Z = \frac{(p_1 - p_2) - (\pi_1 - \pi_2)}{\hat{\sigma}_{p_1 - p_2}} = \frac{(p_1 - p_2) - (\pi_1 - \pi_2)}{\sqrt{\dfrac{p_1(1 - p_1)}{n_1} + \dfrac{p_2(1 - p_2)}{n_2}}} \tag{8.15}$$

例 8.16 有一项调查研究声称，我国东部沿海省份中小型制造业企业采用物流信息电子化管理的比例高出西部地区至少 20%。为了检验这一说法的正确性，在东部沿海省份和西部地区分别取得两个样本，调查企业是否采用物流信息化软件，得到数据如表 8－11，试以 0.05 的显著性水平检验这一说法是否正确。

表 8－11　东西部中小制造业企业电子物流信息软件系统使用情况

	东部	西部
调研企业数	320	220
使用物流信息软件系统企业数	228	88
比例	0.63	0.4

解　$H_0: \pi_1 - \pi_2 \leqslant 0.2$　　（东部企业未高出西部 20%）

$H_1: \pi_1 - \pi_2 > 0.2$　　（东部企业高出西部 20%）

$$Z = \frac{(p_1 - p_2) - (\pi_1 - \pi_2)}{\sqrt{\dfrac{p_1(1-p_1)}{n_1} + \dfrac{p_2(1-p_2)}{n_2}}} = \frac{(0.63 - 0.4) - 0.2}{\sqrt{\dfrac{0.63 \times 0.37}{320} + \dfrac{0.4 \times 0.6}{220}}} = 0.7033$$

由于 $Z = 0.7033 < Z_{0.05} = 1.645$，故不能拒绝原假设，因此这一调查数据不支持东部企业使用电子物流信息软件系统的比例高出西部地区至少 20%。

8.5.4　两个总体方差之比的假设检验

两个总体方差之比是经济检验中经常关心的问题。在质量控制中方差表示生产的稳定性，不同工艺或机床加工零件的稳定性是否有差别可以通过方差之比的检验来判断。同时，在平均值之差的检验中，需要观察判断两个独立总体方差是否相等，选择不同的检验统计量。

在两个总体服从正态分布的条件下，根据方差之比的抽样分布（式（6.12））有：

$$\frac{s_1^2 / s_2^2}{\sigma_1^2 / \sigma_2^2} \sim F(n_1 - 1, \ n_2 - 1)$$

因此，当假设两个总体方差相等，即 $\sigma_1^2 = \sigma_2^2$ 时，构造检验统计量：

$$F = \frac{s_1^2}{s_2^2} \tag{8.16}$$

例 8.17　一家造纸公司的质量管理部门需要每天定时测量纸的明澄度（一种反映纸张对光线反射程度的指标），有两台仪器在测量过程中产生了测量误差，经质检员调整后，使得对测量样纸而言，它们的平均值相等。质检人员很关心哪一台机器的测量误差更小，测量结果更稳定。在采用两台仪器

表 8 - 12　两种仪器对样纸明澄度的测量值

仪器 1	仪器 2
29	26
28	24
30	30
28	32
30	28

对同一张纸都进行了 5 次测量后得到如表 8 - 12 所示的数据，测量结果能否证明仪器 2 的精度比仪器 1 低（测量值的方差越大，精度越低）。检验显著性水平取 0.05。

解　由表中数据计算得：$s_1^2 = 1$，$s_2^2 = 10$

$H_0: \sigma_1^2 \geqslant \sigma_2^2$　　（仪器 2 的精度不比仪器 1 低）

$H_1: \sigma_1^2 < \sigma_2^2$　　（仪器 2 的精度比仪器 1 低）

$$F = \frac{s_1^2}{s_2^2} = \frac{1}{10} = 0.1$$

查 $F_{0.95}(4, 4) = \dfrac{1}{F_{0.05}(4, 4)} = \dfrac{1}{6.388} = 0.1565$。

由于 $F < F_{0.95}(4, 4)$，故拒绝原假设，接受备择假设。数据支持仪器 2 的精度比仪器 1 低。

由于本例是单尾检验中的左尾检验，F 分布如图 8 - 10 所示，$F_{0.95}(4, 4) = 0.1565$，F 统计量值 0.1 落在了拒绝域。如果要通过 p 值来检验，只需查 F 值落在 0.1 左侧的概率，

可以通过在 Excel 里通过函数"＝FDIST(0.1，4，4)"得到 F 值落在 0.1 右侧的概率为 0.9767，因此 p 值＝1－0.9767＝0.0233，显然小于给定的显著性水平 0.05。

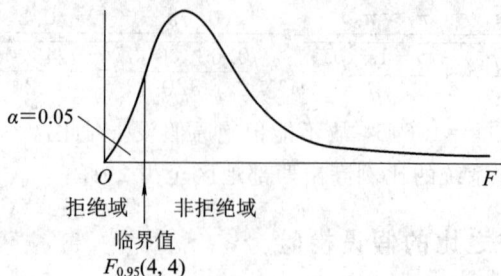

图 8-10　F 分布临界值

在 Excel 中，双样本方差之比的假设检验可以通过数据分析中的"F-检验 双样本方差"完成，过程见图 8-11，输入对应参数，得到运算结果如表 8-13 所示，表中给出了 F 值、对应的单尾 p 值和 F 的临界值。

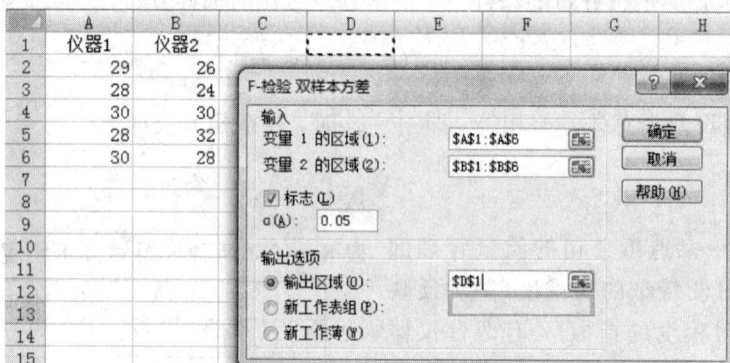

图 8-11　F-检验 双样本方差

表 8-13　F-检验 双样本方差分析结果

	仪器 1	仪器 2
平均值	29	28
方差	1	10
观测值	5	5
d_f	4	4
F	0.1	
$P(F \leqslant f)$ 单尾	0.023 291	
F 单尾临界	0.156 538	

8.6　参数估计和假设检验的关系

参数估计和假设检验的理论基础都是抽样分布规律，因此可以通过参数估计的方法解决假设检验的问题。在显著性水平 α 下进行参数检验，就相当于在置信水平 1－α 下进行参数的区间估计。以平均值的参数检验为例，假设 $\mu = \mu_0$，要判断这一假设是否正确，只需依据样本均值 $\bar{x}$ 给出总体均值 μ 的 $1-\alpha$ 的置信区间，观察这一区间中是否包含总体均值的假设值，如果包含总体参数假设值 μ_0，则不能拒绝原假设，否则拒绝原假设。

例 8.18　针对例 8.5，零件的直径平均值为 0.5 cm，假设在一段时间内生产的零件中取得 $n=50$ 的样本，测量得到样本平均值为 0.46 cm 和标准差 $s=0.075$ cm。试以 5％的显著性水平检验机床生产状态是否正常。

解　根据区间估计的思路，我们只需得到总体均值的置信水平为 0.95 的置信区间 $\bar{x} \pm Z_{0.025} \dfrac{s}{\sqrt{n}}$，即 $0.46 \pm 1.96 \times \dfrac{0.075}{\sqrt{50}}$，也就是 $(0.409, 0.481)$。区间估计表明，根据样本数据，零件平均直径在 0.95 的置信水平下落入 $(0.409, 0.481)$。观察到总体均值 0.5 并未包含在这一区间内，那么假设 $\mu = 0.5$ 是不正确的，当然，做出这一结论可能会犯弃真错误，但是由于区间的置信度是 95％，落在这一区间之外的概率为 5％，因此犯弃真错误的概率不超过 5％，这就是我们所给定的显著性水平。

无论是单侧检验还是双侧检验，也无论是均值、比例、方差以及两个总体参数的假设检验都可以采用区间估计的思路解决。同学们可以根据假设检验中的例题，尝试采用区间估计的方法。

本　章　小　结

一、本章主要概念

本章主要概念包括：假设检验，原假设和备择假设，检验统计量，显著性水平，拒绝域和接受域，双尾（侧）检验，单尾（侧）检验，p 值，独立样本和匹配样本。

二、本章主要方法

（1）平均数、比例、方差的假设检验方法。

（2）双总体平均数之差、比例之差、方差之比的假设检验方法。

（3）运用 Excel 进行平均数之差、比例之差、方差之比的假设检验。

本　章　复　习　题

一、简答题

1. 假设检验和参数估计有什么相同点和不同点？
2. 什么是假设检验中的显著性水平？统计显著是什么意思？
3. 什么是假设检验中的两类错误？
4. 两类错误之间存在什么样的数量关系？
5. 解释假设检验中的 p 值。
6. 显著性水平和 p 值有什么区别？
7. 假设检验依据的基本原理是什么？
8. 简述参数估计和假设检验的联系和区别。

二、单项选择题

1. 按设计标准，某自动食品包装机所包装食品的平均每袋重量应为 500 克。若要检验该包装机实际运行状况是否符合设计标准，应该采用（　　）。

　　A. 左侧检验　　　　　　　　　　B. 右侧检验

　　C. 双侧检验　　　　　　　　　　D. 左侧检验或右侧检验

2. 在假设检验中，如果原假设为真，而根据样本所得到的检验结论为否定原假设，则可认为（　　）。

　　A. 抽样是不科学的　　　　　　　B. 检验结论是正确的

　　C. 犯了第一类错误　　　　　　　D. 犯了第二类错误

3. 当样本统计量的观察值未落入原假设的拒绝域时，表示（　　）。

　　A. 可以放心地接受原假设　　　　B. 没有充足的理由否定原假设

　　C. 没有充足的理由否定备择假设　D. 备择假设是错误的

4. 进行假设检验时，在其他条件不变的情况下，增加样本量，检验结论犯两类错误的概率会（　　）。

　　A. 都减少　　　　　　　　　　　B. 都增大

　　C. 都不变　　　　　　　　　　　D. 一个增大一个减小

5. 关于检验统计量，下列说法中错误的是（　　）。

　　A. 检验统计量是样本的函数

　　B. 检验统计量包含未知总体参数

　　C. 在原假设成立的前提下，检验统计量的分布是明确可知的

　　D. 检验同一总体参数可以用多个不同的检验统计量

6. 关于原假设的建立，下列叙述中正确的有（　　）。

　　A. 若不希望否定某一命题，就将此命题作为原假设

　　B. 尽量使后果严重的错误成为第二类错误

　　C. 质量检验中若对产品质量一直很放心，原假设为"产品合格（达标）"

　　D. 可以随时根据检验结果改换原假设，以期达到决策者希望的结论

7. 在假设检验中，α 与 β 的关系是（　　）。

　　A. α 和 β 绝对不可能同时减少

　　B. 只能控制 α，不能控制 β

　　C. 在其他条件不变的情况下，增大 α，必然会减少 β

　　D. 在其他条件不变的情况下，增大 α，必然会增大 β

8. 某橡胶厂生产汽车轮胎，根据历史资料的统计结果，平均里程为 25 000 公里，标准差为 1900 公里。现在从新批量的轮胎中随机抽取 400 个做试验，求得样本平均里程 25 300 公里。试按 5% 的显著性水平判断新批量轮胎的平均耐用里程与通常的耐用里程有没有显著的差异，或者它们属于同一总体的假设是否成立？

　　这是：（甲）双侧检验问题；（乙）单侧检验问题。

　　原假设表述为：（丙）25 000 公里；（丁）25 300 公里。

　　A. 甲丙　　　　B. 甲丁　　　　C. 乙丙　　　　D. 乙丁

9. 关于假设检验和抽样估计的不同和联系，下列表述正确的是（　　）。

（甲）都是对总体某一数量特征的推断，都是运用概率估计来得到自己的结论

（乙）前者需要事先对总体参数作出某种假设，然后根据已知的抽样分布规律确定可以接受的临界值

（丙）后者无须事先对总体数量特征作出假设，它是根据已知的抽样分布规律作出恰当的区间，给定总体参数落在这一区间的概率

A. 甲   B. 甲丙   C. 甲乙   D. 乙丙

10. 假设检验是利用样本的实际资料来检验原先对总体某些数量特征所作的假设，如果两者的差异很小，则有理由认为（   ）。

（甲）这种差异是由随机因素引起的（我们可以接受无差异的原假设）

（乙）这种差异是由随机因素引起的，同时还存在其他条件变化引起的偏差（我们就不能接受无差异的原假设，而应拒绝它）

（丙）则原假设真实的可能性愈小

（丁）则原假设真实的可能性愈大

A. 甲丙   B. 甲丁   C. 乙丙   D. 乙丁

三、计算（分析）题

1. 成功的深孔钻孔法有赖于钻屑的顺利排除。现有 50 条钻屑的统计数据如下：$\bar{x} = 81.2$ mm，$s = 50.2$ mm。试进行一次检验，以确定平均钻屑长度 μ 是否有别于 75 mm。显著性水平为 $\alpha = 0.01$。

2. 现有某游戏的 219 个样本，其中卫冕冠军获胜 126 次。试进行一次假设检验，以确定卫冕冠军下一次是否有大于 50% 的获胜概率。显著性水平为 $\alpha = 0.01$。

3. 下表是六所学校某年的毕业率和其中篮球运动员的毕业率，试利用假设检验的方法将这两种比率进行比较。是否有充分证据说明这两种毕业率有明显区别？显著性水平为 $\alpha = 0.05$。

学校	毕业率/(%)	篮球运动员毕业率/(%)
1	70	86
2	52	40
3	58	60
4	42	13
5	81	50
6	26	25
7	71	33
8	68	70
9	45	36
10	60	13
11	36	0
12	77	83

4. 调查 339 名 50 岁以上的人，其中 205 名吸烟者中有 43 个患慢性气管炎，在 134 名不吸烟者中有 13 人患慢性气管炎。调查数据能否支持"吸烟者容易患慢性气管炎"这种观点？

5. 有人说在大学中男生的学习成绩比女生要好。现随机抽取 25 名男生和 16 名女生，进行相同的测试。测试结果表明，男生的平均成绩为 82 分，方差为 56 分，女生平均成绩为 78 分，方差为 49 分。显著性水平为 $\alpha = 0.02$，能得出什么结论？

6. 从死于汽车碰撞事故的司机中抽取包含 2000 名司机的随机样本，根据他们的血液中是否含有酒精以及他们是否对事故负有责任，将数据整理如下表所示。

在整个总体中，血液中含有酒精和不含酒精的司机在对事故负有责任方面有差异吗？为了回答这一问题：

(1) 叙述 H_0 并计算概值；

(2) 计算适当的置信区间(95%)来说明差异有多大；

(3) 从这一数据如何说明"血液中含有酒精增加了事故的发生率"。

有责任吗 ＼ 有酒精吗	有	无
有	650	150
无	700	500

7. 1974 年，美国盖洛普公司的一次调查表明，在 750 名美国男子的样本中，有 45% 的人抽烟；在另一个相互独立的 750 名女子的样本中，有 36% 的人抽烟。

(1) 构造男性总体和女性总体中抽烟比例之差的置信度为 95% 的单侧置信区间；

(2) 计算没有差异这一原假设的概率值；

(3) 在错误水平 $\alpha = 0.05$ 下，45% 与 36% 之差在统计上是可以分辨的吗？（或是显著的吗？）即能拒绝 H_0 吗？用两种方式回答，并说明两种答案是一致的；

(a) H_0 是否没有落入置信度为 95% 的置信区间之内？

(b) H_0 的概值是否小于 0.05？

8. 某天开工时，需检验自动包装机工作是否正常，根据以往的经验，其包装的质量在正常情况下服从正态分布 $N(100, 1.5^2)$（单位：kg），先抽测了 9 包，其质量为：99.3，98.7，100.5，101.2，98.3，99.7，99.5，102.0，100.5。

问这天包装机工作是否正常？

9. 下面给出了文学家马克·吐温(Mark Twain)的 8 篇小品文以及斯诺·特格拉斯(Snodgrass)的 10 篇小品文中由 3 个字母组成的词的比例。

马克·吐温：0.225，0.262，0.217，0.240，0.230，0.229，0.235，0.217；

斯诺·特格拉斯：0.209，0.205，0.196，0.210，0.202，0.207，0.224，0.223，0.220，0.201。

设两组数据分别来自正态分布,且两总体方差相等,两样本相互独立,两个作家所写的小品文中包含由 3 个字母组成的词的比例是否存在显著性差异($\alpha = 0.05$)?

10. 某产品的次品率为 0.17,现对此产品进行了新工艺试验,从中抽取 400 件检查,发现次品 56 件,能否认为这项新工艺显著性地影响了产品质量($\alpha = 0.05$)?

11. 镭-226 是一种放射性元素。美国的弗罗里达州曾对郊区的 26 个土壤样品中镭-226 的辐射水平进行检测,得到数据如下(单位:微微居里/升),并对数据通过 Excel 进行了描述分析。根据 Excel 输出数据判断土壤中的镭-226 含量是否符合环境委员会规定的辐射量小于 4.0 微微居里/升的标准。

1.46	1.30	5.92	0.58	8.24	1.86	4.31
1.43	2.02	2.92	1.44	1.65	0.91	4.49
3.51	1.41	1.02	6.87	1.70	0.17	
1.40	0.43	4.21	0.75	0.91	1.84	

运用 Excel 描述统计输出结果

平 均 值	2.413461538
标准误差	0.408069731
中 位 数	1.555
众 数	0.91
标 准 差	2.080755521
方 差	4.329543538
峰 度	1.548968453
偏 度	1.470405011
区 域	8.07
最 小 值	0.17
最 大 值	8.24
求 和	62.75
观 测 数	26
置信度(95.0%)	0.840435336

12. 营养学家普遍认为,早餐中食用谷类食物的人群相对于早餐不食用谷类的人群而言,他们在午餐中摄取的热量(大卡)将显著减小。如果这一说法成立,那么早餐中使用谷类食物对于减肥者而言可谓是一个不错的选择。为了检验营养学家的这一说法是否可靠,分别抽取了通常早餐食用谷类食物的 15 人和通常早餐不食用谷类食品的 20 人,观察他们

在午餐中摄取的能量大卡数,对样本数据通过 Excel 进行独立双样本 t 检验,结果如下,试以 5% 的显著性水平判断营养学家的这一论断是否正确。

	A	B	C
1	t-检验:双样本等方差假设		
2			
3		食用谷类人群	不食用谷类人群
4	平均值	583	629.25
5	方差	2431.428 571	3675.460 526
6	观测值	15	20
7	合并方差	3147.689 394	
8	假设平均差	0	
9	dt	33	
10	t Stat	−2.413 472 79	
11	P(T<=t) 单尾	0.010 756 822	
12	t 单尾临界	1.692 360 258	
13	P(T<=t) 双尾	0.021 513 643	
14	t 双尾临界	2.034 515 287	

13. 瑜伽被认为是一种行之有效的减肥运动,有瑜伽俱乐部声称参加他们的训练,每天训练 2 小时,坚持 3 个月可减肥至少 8 kg。为了检验该俱乐部的说法是否正确,随机抽取了该俱乐部的 10 名参加者,观察他们训练前后的体重数据如下(单位:kg):

训练前	94.5	101	110	103.5	97	88.5	96	100	104	115.5
训练后	85	89.5	101.5	96	86	80.5	87	93	93	102

(1) 说明这样采集的样本是独立样本还是匹配样本。

(2) 用 Excel 检验俱乐部的这一说法是否成立($\alpha=0.05$)。

(3) 这一检验的 p 值说明什么?

14. 在美国,有人认为黑人在大学中比白人更难谋到职位。研究者在弗罗里达州大学中随机取样,观察到 1983 年在大学中取得职位的 20 名黑人教授 7 年后仅有 1 人继续接到聘书留用任教,而在 1983 年在大学中取得职位的 150 名白人教授 7 年后却有 60 人继续接到聘书留用任教。

(1) 这一数据能否充分说明黑人教授继续在职的比例低于白人教授?

(2) 试通过假设检验中的 p 值说明这一问题。

15. 对 10 名有精神抑郁倾向的患者分别采用两种催眠效果的药物,睡眠时间(小时)增加的情况如下表，试以 1％的显著性水平说明两种催眠药物从增加睡眠时间的角度有无差异。

被试者	1	2	3	4	5	6	7	8	9	10
A 催眠药物	4	3.5	4.2	5.5	4.5	3.5	6	3.5	4	4.5
B 催眠药物	3	3	3.1	4	3.2	2.5	4	2.5	4.5	4

16. 采用传统工艺加工汽车减速器的耐用时间标准差为 720 小时，生产者想知道采用新的工艺后工艺生产的稳定性，随机抽取了 15 件产品进行测量，减速器在实验条件下连续使用时间如下（单位：小时）：14305，15408，14251，14280，13500，13500，14000，14880，15236，14690，14998，13980，14860，14780，15680，15532。以 5％的显著性水平检验新工艺生产的减速器使用时间的方差与原工艺相比是否明显下降。

复习题参考答案

一、简答题

略

二、单项选择题

1. C　2. C　3. B　4. A　5. B　6. C　7. C　8. A　9. D　10. A

三、计算(分析)题

1. $Z = 0.87$；不拒绝 H_0

2. 拒绝 H_0；$Z = 2.30$

3. 有充分证据；$t = 2.48$

4. 略

5. 略

6. (1) $H_0 : \pi_1 = \pi_2$；$H_1 : \pi_1 \neq \pi_2$，$p_1 = 0.48$，$p_2 = 0.23$。

   (2) $(\pi_1 - \pi_2)$ 置信度为 95％的置信区间为 $(0.21, 0.29)$。

   (3) 拒绝零假设。可见血液中含酒精的司机对事故负责任的概率远大于不含酒精的司机。即血液中含有酒精增加了事故的发生率。

7. (1) $(0, 13.15\%)$；

   (2) 0.927；

   (3) a. 不能拒绝原假设；b. 不能拒绝原假设。

8. 接受原假设 H_0，认为包装机工作正常。

9. 拒绝原假设 H_0，认为两个作家所写的小品文中包含由 3 个字母组成的词的比例有显著性的差异。

10. 接受原假设 H_0，认为新工艺显著性地影响了产品质量。

11. 证据表明辐射量小于 4.0 微微居里／升。

12. 支持营养学家的这一论断。

13. (1) 匹配样本；

　　(2) 说法成立；

　　(3) p 值 0.016 说明减重数量不低于(即大于或等于)8 kg 的概率为 0.016。

14. (1) 研究者结论成立；

　　(2) 略

15. 在 0.01 显著性水平下，两种药物睡眠增加时间有差异。

16. 在 5% 的显著性水平下，减速器使用时间方差与原工艺相比无明显下降。

第 9 章 分类数据与 χ^2（卡方）检验

在我们介绍统计变量分类时，曾提到过分类变量。第 8 章涉及到的比例的假设检验和两个总体比例之差的假设检验实际上就是针对分类变量的一种分析方法，比例涉及到的分类变量往往采用二分法，如产品合格率是根据产品属性（表现为合格和不合格两类）计算而来。而在本章所提到的分类变量可能有多个表现，如学历可分为小学及以下、中学、大学、研究生四个类别。在分析两个分类变量关系时，χ^2（卡方）检验是非常有效和简便易行的统计方法，例如，我们要分析学历和一个人的阅读习惯之间是否存在关系，阅读习惯可以是分类变量，表现值可以是经常阅读、偶尔阅读、从不阅读等。可以将本章的内容认为是对两个总体比例比较的扩展，扩展至多个总体比例的比较。

9.1 列 联 表 工 具

1. 列联表的构成

列联表是由两个以上的分类变量进行交叉分类的频数分布表，它是一种关于分类变量关系的简便易行的工具。例如，某高校要了解师生对图书馆电子文献数据库使用的满意程度，对本科生、研究生以及教工进行了问卷调查，调查的结果如表 9-1 所示。

表 9-1 师生对图书馆电子文献数据库满意度调查反馈

	本科生	研究生	教职员	合 计
满 意	220	180	200	600
不满意	100	40	10	150
合 计	320	220	210	750

列联表中的行变量表示"满意程度"，分为两类：满意和不满意；列变量是被调查者的身份属性，分为三类：本科生、研究生和教职员。这是一个 2×3 的列联表。表中的每一个数据是变量的频数，例如：第一行第一列的 220 表示被调查的本科生中满意的人数，这些行列交叉位置的频数也叫交叉频数或联合频数；合计数叫做边际频数，如第一行的合计数 600 叫做行边际频数，它表示在所有被调查者中满意的频数；总合计数 750 叫做总频数，也就是我们所取得的样本容量。通常行变量分类数用 R（Row）表示，列变量分类数用 C（Column）表示，就得到一个 $R \times C$ 维的列联表。

2. 列联表的分布

分析列联表的分布,一个是样本观察值的分布,一个是期望值的分布。

1) 观察值的分布

表 9-1 就是一个简单的观察频数的分布。表中列边际频数 320、220、210 分别表示了参与调查的本科生、研究生、教职员的人数。行边际频数 600 和 150 分别表示了在所有参与调查者中满意和不满意的人数。其他所有交叉位置的频数称为交叉频数或联合频数,实际上是一个条件频数,例如,第一行第一列的 220 可看做在所有被访者为本科生的条件下(320 人),满意的人数,当然也可以看做在所有被访者态度为满意的条件下(600 人),本科生的人数。

频率作为相对数可以很好地反映观察值的分布,表 9-2 中列出了各观察频数的频率分布情况。

边际频率(也叫条件频率)是指交叉频数占行边际频数或列边际频数的比例,是给定行或列条件下的频率,如

$$P(X = 满足 \mid Y = 本科生) = \frac{220}{320} = 68.8\%$$

表示在所有被访者为本科生的条件下,满意的比例为 68.8%,或者

$$P(Y = 本科生 \mid X = 满意) = \frac{220}{600} = 36.7\%$$

表示在所有态度为满意的被访者中,本科生占 36.7%。

而交叉频数占总频数的比例叫做联合频率,例如:

$$P(X = 满意 \bigcap Y = 本科生) = \frac{220}{750} = 29.3\%$$

表 9-2　师生满意度的观察频数、频率分布

	本科生	研究生	教职员	合计
满意/人数	220	180	200	600
	68.8	81.8	95.2	80.0
比例/(%)	36.7	30.0	33.3	—
	29.3	24.0	26.7	—
不满意/人数	100	40	10	150
	31.3	18.2	4.8	20.0
比例/(%)	66.7	26.7	6.7	—
	13.3	5.3	1.3	—
合计/人数	320	220	210	750
比例/(%)	42.7	29.3	28.0	100.0

2）期望值的分布

列联表分析经常要探讨行变量和列变量之间是否存在关系或者是否独立，这就需要用到期望频数。从观察数据来看，在所有 750 名被调查者中，态度为满意的有 600 人，即占 80%，那么按照这一比例，如果态度不受被访者身份的影响（即假设在三类被访者中满意的比例都相等：$\pi_1 = \pi_2 = \pi_3$），那么在本科生、研究生、教职员中态度为满意的人数应该分别有 $320 \times 80\% = 256$ 人、$220 \times 80\% = 176$ 人和 $210 \times 80\% = 168$ 人，依此类推，可以得到期望频数表 9 – 3。

表 9 – 3　师生满意度的期望频数分布

		本科生	研究生	教职员	合计
满　意		320	220	210	
		×0.8	×0.8	×0.8	
		256	176	168	600
不满意		320	220	210	
		×0.2	×0.2	×0.2	
		64	44	42	150
合　计		320	220	210	750

当我们把期望频数和观察频数放入同一张表，就会得到观察频数和期望频数对比表 9 – 4，我们发现观察频数和期望频数并不完全相等。那么这是由什么原因引起的呢？一是我们前面的假设即在所有被访者中满意的比例都相等（$\pi_1 = \pi_2 = \pi_3$）不成立，或者说满意率受到被访者身份属性的影响；第二个自然就是随机因素的影响，即在随机抽样条件下，样本观察频数具有随机性。

表 9 – 4　师生满意度的观察频数、期望频数分布对照

	本科生	研究生	教职员	合计
满　意	220	180	200	600
	256	176	168	
不满意	100	40	10	150
	64	44	42	
合　计	320	220	210	750

9.2　拟合优度与卡方检验

1. 卡方统计量的计算和自由度

χ^2（卡方）统计量是由统计学家皮尔逊于 1899 年提出的用于检验实际分布与理论分布拟合程度的统计量，即拟合优度检验（Goodness of Fit Test）统计量。它是由各项实际观测频数（f_o）与理论（期望）分布频数（f_e）之差的平方除以理论（期望）次数，然后再求和而得出

的,其计算公式为式(9.1)。这种统计量很容易计算且易于理解,因此在变量相关性检验和独立性检验中有着广泛的用途。

$$\chi^2 = \sum \frac{(f_o - f_e)^2}{f_e} \tag{9.1}$$

在列联表中,由于在计算卡方统计量时行边际频数和列边际频数是在一定的条件下的频数,相当于增加了限制条件,因此在 $R \times C$ 维的列联表中,卡方统计量的自由度为 $(R-1) \times (C-1)$。

2. 拟合优度检验

拟合优度检验(Goodness of Fit Test)用来判断分类变量每一类的比例是否相等,我们可以将这一检验看成是对第 8 章中两个总体比例假设检验的扩展。在本章关于师生对图书馆电子文献数据库满意程度的例子中,假设所有被访者对电子文献数据库满意率是一致的,即 $\pi_1 = \pi_2 = \pi_3$。根据这一假设我们可以进行假设检验。

例 9.1 某高校要了解师生对图书馆电子文献数据库使用的满意程度,对本科生、研究生以及教工进行了问卷调查,调查的结果如表 9-1 所示,以 0.05 的显著性水平检验被访者的满意率是否存在差异。

解 如果不存在差异,本科生、研究生、教职员满意率应该是相等的,因此构造假设:

$H_0: \pi_1 = \pi_2 = \pi_3$　　(本科生、研究生、教职员满意率相等)

$H_1: \pi_1, \pi_2, \pi_3$ 不全相等[①](本科生、研究生、教职员满意率不全相等)

根据期望频数和观察频数对照表 9-4,计算卡方统计量。在计算卡方统计量时可以列计算表,如表 9-5 所示。

表 9-5　卡方统计量计算

f_o	f_e	$(f_o - f_e)^2$	$(f_o - f_e)^2 / f_e$
220	256	1296	5.0625
180	176	16	0.090909091
200	168	1024	6.095238095
100	64	1296	20.25
40	44	16	0.363636364
10	42	1024	24.38095238
合计			56.24323593

$$\chi^2 = \sum_{i=1}^{2} \sum_{j=1}^{3} \frac{(f_o - f_e)^2}{f_e} = 56.24$$

---

① 请思考为什么备择假设不是 $H_0: \pi_1 \neq \pi_2 \neq \pi_3$?

根据列联表确定自由度，$(R-1)\times(C-1)=(2-1)\times(3-1)$，查自由度为 2 的卡方临界值，$\chi^2_{0.05}(2)=5.9915$。

由于 $\chi^2=56.24>\chi^2_{0.05}(2)=5.9915$，故拒绝原假设，接受备择假设，说明在被调查的师生中，不同身份属性的被访者对于图书馆电子文献数据库使用的满意率存在差异（图 9-1 反映了卡方检验的接受域和拒绝域）。

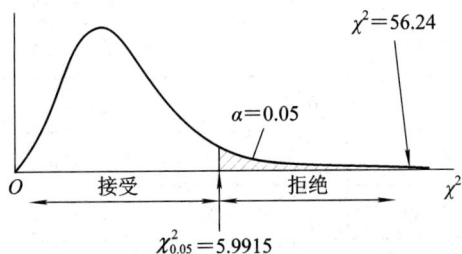

图 9-1　卡方检验的接受域和拒绝域

例 9.2　在一次英语考试中，考试成绩如表 9-6 所示，研究人员想了解这一考试成绩是否服从 $\mu=50$，$\sigma=15$ 的正态分布。显著性水平为 0.05。

表 9-6　英语成绩分组及各组人数

成绩/分	人数
小于 30	10
30~40	21
40~50	33
50~60	41
60~70	26
70~80	10
80~90	7
90 以上	2
合　计	150

解　假如这一数据服从正态分布，即 $X\sim N(50,15^2)$，那么可以根据这一假设计算出每一组的期望概率，进而计算出每一组的频数。

首先，要计算 $X<30$ 的概率可以先计算出标准化 Z 值，再查标准正态分布表得到 $P(X<30)$，即

$$P(X<30)=P\left(Z<\frac{30-50}{15}\right)=P(Z<-1.3333)=0.09121$$

依此类推，

$$P(30<X<40)=P\left(\frac{30-50}{15}<Z<\frac{40-50}{15}\right)$$
$$=P(-1.3333<Z<00.06667)$$
$$=0.16128$$

计算出的每一组期望频率、期望频数如表 9-7 所示。

表 9-7 英语成绩的期望频数计算

成绩分组	人数	标准化 Z 值	落入区间概率	期望频数
小于 30	10	−1.3333	0.091 21	13.681 68
30~40	21	−0.6667	0.161 28	24.1922
40~50	33	0.0000	0.247 51	37.126 12
50~60	41	0.6667	0.247 51	37.126 12
60~70	26	1.3333	0.161 28	24.1922
70~80	10	2.0000	0.068 46	10.269 16
80~90	7	2.6667	0.018 92	2.837 963
90 以上	2	大于 2.6667	0.003 83	0.5745
合 计	150	—	—	—

根据表 9-7 以及卡方统计量的计算公式，得到 $\chi^2 = 12.0578$，查卡方临界值，此时自由度为 7，$\chi^2_{0.05}(7) = 14.0671$，由于 $\chi^2 = 12.0578 < \chi^2_{0.05}(7)$，故不能拒绝原假设，说明英语成绩的分布可能是正态分布。通过这一例子，可以看到当需要判断某一组数据的分布形态时可以比较样本的观察分布频数和假定为某种分布的理论频数进行比较，运用拟合优度检验进行判断。

在 Excel 中，拟合优度检验可以通过函数 CHITEST() 来进行。在操作时，只要将观察频数和期望频数分别输入 Excel 工作表的两列，CHITEST() 函数输出的是卡方检验的 p 值，对于例 9.2，运用 CHITEST() 函数输出的结果是 0.098 67，由于大于给定的显著性水平 0.05，因此不能拒绝原假设。由于 CHITEST() 函数要求观察频数和期望频数必须保存为两列，因此对于师生对图书馆电子文献数据库满意度调查一例，其列联表形式的观察频数和期望频数必须稍作转换。

9.3 独 立 性 检 验

独立性检验是为了判断列联表中的行变量和列变量是否存在关联，例如，原料的质量是否与产地有关，对父母的孝敬程度是否与孩子的性别有关等。下面根据一个实例说明独立性检验的基本原理。

9.3.1 变量独立与联合概率

一生产车间需要考虑不同的生产工艺和生产的零件质量是否存在关联。分别用四种工艺生产一些零件，生产的零件分为三类：合格（可以直接使用）、重新打磨（再加工后可用）、废弃，生产零件的数据及质量情况如表 9-8 所示。

表 9-8　四种工艺下生产的样品的检验情况

	合格	重新打磨	废弃	合计
工艺 A	144	12	24	180
工艺 B	132	20	18	170
工艺 C	59	13	8	80
工艺 D	115	5	30	150
合计	450	50	80	580

假设生产工艺与加工质量没有关系，即工艺与加工质量相互独立，根据概率统计的知识，在列联表中，当两个变量相互独立时，必存在联合概率等于边际概率的乘积，那么工艺 A 生产的合格品在全部 580 个观察样品中的比例应该为

$$P(X = 工艺 A \bigcap Y = 合格) = \frac{450}{580} \times \frac{180}{580}$$

故它的期望频数

$$f_e = \frac{450}{580} \times \frac{180}{580} \times 580 = 139.7$$

9.3.2　卡方统计量与独立性检验

观察独立性检验中期望频数的计算过程，尽管和拟合优度检验中的计算过程有差异，但结果依然是一致的，也等于行边际频数与列边际频数之积除以总频数。根据这一方法，依次计算得到其他单元格的期望频数，得到表 9-9。

表 9-9　四种工艺下产品的期望频数

	合格	重新打磨	废弃
工艺 A	139.7	15.5	24.8
工艺 B	131.9	14.7	23.4
工艺 C	62.1	6.9	11.0
工艺 D	116.4	12.9	20.7

用手工——计算期望频数比较繁琐，下面介绍在 Excel 中通过自定义公式的形式计算期望频数和卡方统计量的方法。

第一步，在 Excel 中输入样品观察频数，在数据域的下方定义公式计算期望频数。在 B11 单元格输入"＝B\$7＊\$E3/\$E\$7"（\$E\$7 表示对单元格 E7 绝对引用，B\$7 表示行绝对引用，\$E3 表示列绝对引用，可以在 Excel 中用鼠标直接点击单元格引用后，结合 F4 键转换）。按回车键确定后，用鼠标拖曳 B11 单元格的公式复制按钮（光标对准单元格右下角显示的"＋"），表中的 B11:D14 即为相对应的期望频数，如图 9-2 所示。

图 9-2　运用公式计算期望频数

第二步，在表格下方自定义公式计算$(f_o - f_e)^2 / f_e$，公式在图 9-3 的编辑栏中显示。将图中 B16:D19 单元格的结果最后再用"= sum(B16:D19)"函数进行合计就可得到$\chi^2 = \sum (f_o - f_e)^2 / f_e = 19.63$。

图 9-3　运用公式计算卡方统计量

由于$\chi^2 = \sum (f_o - f_e)^2 / f_e = 19.63 > \chi^2_{0.05}(6) = 12.5916$，故落入拒绝域，可以认为加工零件的质量与加工工艺不独立，之间存在相关性。

例 9.3　对表 9-10 所示的频数分布表，以 5% 的显著水平检验色觉与性别是否有关。

表 9-10　色觉与性别联合分布频数(f_{ij})

性别 X 色觉 Y	男	女	合计
正常 色盲	442 38	514 6	956 44
合计	480	520	1000

解

$H_0: \pi_{11} = \pi_{12}$　　（色觉与性别无关）

$H_1：\pi_{11}\neq\pi_{12}$　　（色觉与性别有关）

计算期望频数如表 9-11。

表 9-11　色觉与性别联合分布的期望频数（f_{ij}）

性别 X 色觉 Y	男	女	合计
正常	459	497	956
色盲	21	23	44
合计	480	520	1000

$$\chi^2=\frac{\sum(f_{\text{o}}-f_e)^2}{f_e}=27.14$$

$\chi^2=27.14>\chi^2_{0.05}(1)=3.84$，所以有充分理由说明色觉与性别有关。在这一例子中，我们也可以计算出对应的 $\chi^2=\dfrac{\sum(f_{\text{o}}-f_e)^2}{f_e}=27.14$，$p$ 值通过在 Excel 中查卡方统计量函数 CHIDST 得到为 0，即可以认为原假设正确的概率几乎为 0。

9.3.3　一致性检验和独立性检验的区别与联系

一致性检验和独立性检验所用的统计量都是卡方统计量，所构造的原假设从数学形式上也没有任何差别。所以有些教材对两者并不做严格区分，统称为卡方检验。但是从假设检验的数理逻辑上观察，两者仍然是有细微差别的。

第一，二者在样本取得方式上存在差异。一致性检验是为了判断各类之间的比例是否相等，那么从逻辑上来讲应该是分别对每一类进行抽样，即事先分类，再按类进行抽样，用以判断各类之间的比例是否相等。例如，在师生对图书馆电子文献满意度的调查中，应该是先按本科生、研究生和教职员进行分类后，每一类抽取一定比例，考察他们的满意情况。而独立性检验则与之相反。在例 9.3 中，要考察色觉变量和性别变量是否独立，应该是先随机抽取 1000 人进行调查，然后再按照性别和色觉情况归类形成列联表，即先抽样再分类。

第二，二者在假设构造上存在差异。一致性检验是检验不同类之间的比例是否相等，因此是按照比例相等来构造假设；而独立性检验则是假设两个变量独立。

第三，二者在期望值的计算上存在差异。一致性检验是按照各类比例相等计算期望频数；而独立性检验是按照变量独立时联合概率等于边际概率的乘积来计算期望频数。

9.3.4　卡方检验的期望值准则

在卡方检验中，计算 χ^2 统计量的要求是样本容量足够大，尤其是每一个单元格的期望频数不能过小，否则应用 χ^2 统计量可能会得到错误的结论。经过统计学者的研究，给出两个期望值准则：

(1) 如果变量只分为两类，即仅有两个单元格时，要求每个单元格的期望频数必须大于或等于 5。这其实也是在第 8 章比例的假设检验中要求 $np>5$ 和 $n(1-p)>5$ 的另一种表现形式。

（2）当单元格多于两个时，期望频数小于 5 的单元格数应少于所有单元格数的 20%。如果期望频数小于 5 的单元格过多。通常有两种处理方法：一是增加样本容量，可以通过调查更多的单位来减少期望频数小于 5 的单元格数；二是合并期望频数小于 5 的单元格，但是此时自由度会减小。

本 章 小 结

一、本章主要概念

本章主要概念包括：列联表，期望频（率）数，联合频（率）数，卡方统计量，独立性检验，拟合优度检验，卡方检验的期望值准则。

二、本章主要方法

在 Excel 中使用 CHIDIST 函数进行卡方检验。

本 章 复 习 题

一、简答题

1. 简述列联表的结构和用途。

2. 简述计算卡方统计量的步骤。

3. 如何确定卡方统计量的自由度？

4. 如何用列联表分析两个分类变量之间的独立性。

5. 卡方检验的期望值准则的基本要求是什么？

二、单项选择题

1. 卡方检验可以用列联表结构分析（　）。

A. 两个或多个属性（定性变量、名义变量）之间的关系

B. 两个数值型变量之间的关系

C. 一个分类变量和一个数量变量之间的关系

D. 任何类型变量之间的关系

2. 在列联表分析中，卡方分布的自由度为（　）。

A. 行数

B. 列数

C. 行数乘以列数

D. （行数-1）乘以（列数-1）

3. 列联表中的每个变量（　）。

A. 只能有一个类别

B. 只能有两个类别

C. 可以有两个或两个以上的类别

D. 只能有三个类别

4. 一所大学准备采取一项关于学生在宿舍上网收费的措施，为了解男女学生对这一

措施的看法，分别抽取了 150 名男学生和 120 名女学生进行调查，得到的结果如下：

	男学生	女学生	合计
赞成	45	42	87
反对	105	78	183
合计	150	120	270

这个表格是（　　）。

A. 4×4 列联表 B. 2×2 列联表

C. 2×3 列联表 D. 2×4 列联表

5. 在题 4 所调查的 150 名男学生和 120 名女学生对上网收费看法的数据表中，最右边一列称为（　　）。

A. 列边缘频数 B. 行边缘频数

C. 条件频数 D. 总频数

6. 在题 4 所调查的 150 名男学生和 120 名女学生对上网收费看法的数据表中，最下边一行称为（　　）。

A. 列边缘频数 B. 行边缘频数

C. 条件频数 D. 频数

7. 在题 4 所调查的 150 名男学生和 120 名女学生对上网收费看法的数据表中，赞成上网收费的行百分比分别为（　　）。

A. 51.7% 和 48.3% B. 57.4% 和 42.6%

C. 30% 和 70% D. 35% 和 65%

8. 在题 4 所调查的 150 名男学生和 120 名女学生对上网收费看法的数据表中，男学生的列百分比分别为（　　）。

A. 51.7% 和 48.3% B. 57.4% 和 42.6%

C. 30% 和 70% D. 35% 和 65%

9. 在题 4 所调查的 150 名男学生和 120 名女学生对上网收费看法的数据表中，男女学生赞成上网收费的期望频数分别为（　　）。

A. 48 和和 39 B. 102 和 81

C. 15 和 14 D. 25 和 19

10. 在题 4 所调查的 150 名男学生和 120 名女学生对上网收费看法的数据表中，男女学生反对上网收费的期望频数分别为（　　）。

A. 48 和和 39 B. 102 和 81

C. 15 和 14 D. 25 和 19

11. 在题 4 所调查的 150 名男学生和 120 名女学生对上网收费看法的数据表中，χ^2 统计量为（　　）。

A. 0.6176 B. 1.6176

C. 0.3088 D. 1.3088

12. 在题 4 的例子中，如果要检验男女学生对上网收费的看法是否相同，提出的原假设为（　　）。

A. $H_0: \pi_1 = \pi_2 = 270$ B. $H_0: \pi_1 = \pi_2 = 87$

C. $H_0: \pi_1 = \pi_2 = 150$ D. $H_0: \pi_1 = \pi_2 = 0.3222$

13. 在题 4 的例子中，如果要检验男女学生对上网收费的看法是否相同，χ^2 检验统计量的自由度是（ ）。

A. 1   B. 2   C. 3   D. 4

14. 在题 4 的例子中，如果以显著性水平 $\alpha = 0.05$ 检验男女学生对上网收费的看法是否相同，即检验假设 $H_0: \pi_1 = \pi_2 = 0.3222$，得出的结论是（ ）。

A. 拒绝原假设

B. 不拒绝原假设

C. 可以拒绝也可以不拒绝原假设

D. 可能拒绝也可能不拒绝原假设

15. 利用 χ^2 分布进行独立性检验，要求样本容量必须足够大，特别是每个单元中的期望频数 f_e 不能过小。如果只有两个单元，每个单元的期望频数必须（ ）。

A. 等于或大于 1   B. 等于或大于 2

C. 等于或大于 5   D. 等于或大于 10

16. 如果列联表中有两个以上的单元格，不能应用 χ^2 检验的条件是（ ）。

A. 20% 的单元期望频数 f_e 大于 5   B. 20% 的单元期望频数 f_e 小于 5

C. 10% 的单元期望频数 f_e 大于 5   D. 10% 的单元期望频数 f_e 小于 5

三、计算（分析）题

1. 在某医院因为患心脏病而住院的 665 名男性病人中有 214 人秃顶；而 772 名不是因为患心脏病而住院的男性病人中有 75 人秃顶。利用这一数据，

（1）构造列联表。

（2）通过卡方检验判断男性秃顶与患心脏病是否有关系？

2. 某市对老中青市民进行对民族音乐态度（喜欢或不喜欢）情况的调查，样本容量为 200 人，调查结果如下表。根据数据

（1）计算相对频数。

（2）判断对民族音乐的态度与市民的年龄是否有关。

	老年（60 岁以上）	中年（31～59 岁）	青年（30 岁以下）
喜欢	38	38	30
不喜欢	15	33	46

3. 为了了解男、女大学生对体育运动项目的不同偏好，在某高校进行了一次随机调查，得到结果如下：

	最喜欢的运动项目			
性别	篮球	足球	羽毛球	高尔夫球
男	14	24	13	19
女	10	11	13	16

试问：在显著性水平 0.05 下，男、女大学生对运动项目的偏好是否存在差异？

4. 某机构想了解受教育程度和生育子女的愿望是否有关系，对不同文化程度的育龄妇女进行了调查，数据如下：

愿意生育子女数目	小学及以下	中学	大学	研究生及以上
0	3	12	22	13
1	18	65	99	18
2	27	98	67	8
3 个或以上	7	25	12	6

试分析：

（1）文化程度与生育子女的愿望是否有关系？

（2）用 p 值判断文化程度与生育子女的愿望是否有关系？

复习题参考答案

一、简答题

略

二、单项选择题

1. A　2. D　3. C　4. B　5. B　6. A　7. A　8. C　9. A　10. B
11. A　12. D　13. A　14. B　15. C　16. B

三、计算（分析）题

1.（1）

	患心脏病	患其他病	
秃顶	214	75	289
未秃顶	451	697	1148
合计	665	772	1437

（2）$\chi^2 = 112.22 > \chi^2_{0.05}(1) = 3.84$，秃顶与患心脏病之间不独立。

2.（1）略

（2）$\chi^2 = 13.03 > \chi^2_{0.05}(2) = 5.99$，对民族音乐的态度与市民的年龄有关。

3. $\chi^2 = 2.41 < \chi^2_{0.05}(3) = 7.815$，数据不能表明男、女大学生对运动项目的偏好存在差异。

4.（1）$\chi^2 = 46.86 < \chi^2_{0.05}(9) = 16.92$，文化程度与生育子女的愿望有关系。

（2）p-值 $= 0$。

第10章 方 差 分 析

方差分析（Analysis of Variance，ANOVA）是最早由英国统计学家费舍尔在进行实验设计时为解释实验数据而提出的一种统计方法。生物学、医学、工程、医药等领域经常会通过实验来验证研究者所关心的问题，在不同实验条件下取得不同的样本平均数，根据样本数据判断不同实验条件下平均数是否相等。在第 8 章的假设检验中，介绍了两个总体平均数之差的假设检验，本章可以看做是对这一问题的拓展，方差分析可用于多个平均数的比较。同时，根据对平均数影响因素的多少，方差分析可分为单因素方差分析、双因素方差分析和多因素方差分析。本书只讲解单因素和双因素方差分析，多因素方差分析的思想和单因素差异不大，只是方差分解的过程更为复杂，很多软件如 SPSS、SAS 等都提供了分析程序，熟悉了方差分析的思想后，同学们可借助软件解决这一类问题。

10.1 方差分析的基本原理

10.1.1 方差分析的数据结构

方差分析是分析多个平均数是否相等的问题，因此，可以根据不同的条件将样本数据安排在同一张数据表中。例如，要检验三台机器生产的次品数是否存在差异（即理论上三个机器平均的次品数是否相等），我们可以观察三台机器一周 5 天各自生产的次品数，用表 10 - 1 表示。

表 10 - 1   三台机器每天生产的次品数

机器 1	机器 2	机器 3
47	55	54
53	54	50
49	58	51
50	61	51
46	52	49
$\overline{x}_1 = 49$	$\overline{x}_2 = 56$	$\overline{x}_3 = 51$
$\overline{x} = 52$		

在数据表中，通常按照矩阵数据中的表示习惯，用 i 表示行，用 j 表示列，表格中的数据 x_{ij} 表示第 j 台机器的第 i 个观察值，如 $x_{12}=55$ 表示第二台机器的第一个观察值为 55。方差分析通过样本平均数来检验总体平均数，因此表格中

$$\bar{x}_j = \frac{1}{C_j} \sum_{i=1}^{C_j} x_{.j} \tag{10.1}$$

式中，$\bar{x}_j$ 表示第 j 列的平均数，C_j 表示第 j 列的观察频数。在此例中 $C_1=C_2=C_3=5$，$\bar{x}_1=49$ 表示机器 1 平均每天的次品数为 49，依此类推：$\bar{x}_2=56$，$\bar{x}_3=51$。而三台机器平均每天的次品数

$$\bar{\bar{x}} = \frac{1}{\sum_{j=1}^{k} C_j} \sum_{j=1}^{k} \sum_{i=1}^{C_j} x_{ij} \tag{10.2}$$

式中，C_j 表示第 j 列的观察频数，k 表示变量的类别共有 k 个组别，也叫 k 个水平。在此例中 $k=3$ 表示分别在 3 个不同水平下观察每天的次品数，3 个不同的水平分别是机器 1、机器 2 和机器 3，每个水平下分别观察 5 个观察值。根据式(10.2)计算，所有观察值的平均数 $\bar{\bar{x}}=52$。

在表 10-1 的数据中，研究者关心的是机器对次品数是否会产生影响。因此，次品数这一变量通常称做响应变量，有可能对响应变量产生影响的"机器"这一变量在方差分析中称做因素(Factor)。显然如果仅仅观察一台机器，那么无论多少个样本数据都不能反映不同机器对次品数是否会产生影响。在上例的数据中观察了 3 个不同的机器，方差分析中称做三个水平，即变量有三个不同的表现值。

如果仅考察机器对加工零件次品数的影响，即单一因素对响应变量(次品数)的影响，称做单因素方差分析。如果同时考察两个因素对变量的影响就是双因素方差分析，如考察机器和原料来源两个因素对次品数的影响。如果考察两个以上的因素对于响应变量的影响，则称为多因素方差分析。通常取得方差分析数据的过程称为实验，作为响应变量，往往是在不同条件下取得的，不同因素和不同水平的组合称为处理，例如，要考察机器和原材料两个因素对次品数的影响，假如机器有 3 个水平，材料来源有 4 个水平，那么完整的处理就有 $3\times4=12$ 个，每个处理下可以有一个或多个观察值。

10.1.2 方差分析中的基本假定

对于方差分析中的数据有三个基本假定：

(1) 每个总体数据服从正态分布。也就是说，对于因素的每一个水平下的观察值均为来自正态分布的随机样本。针对表 10-1 中的数据，假定每一台机器加工的次品数均服从正态分布。

(2) 对于每一个总体具有相同的方差 σ^2。也就是说，每一水平下的观察值是来自方差相同的正态总体的随机样本。针对表 10-1 中的数据，假定每一台机器加工的次品数均服从方差相等的正态分布。

(3) 观察值相互独立。也就是说假定每一个水平下的观察值相互独立。

方差分析的目的就是在满足以上三个假定的条件下，判断因素对于观察值是否有影响，即检验原假设 $\mu_1=\mu_2=\cdots=\mu_k$ 是否正确。显然，如果原假设成立，那么所有的观察值

必然来自均值相等、方差相等的正态总体。针对表 10-1 中的数据，三台机器每天的次品数来自同一个正态总体，当 $\mu_1 = \mu_2 = \mu_3$ 时，三台机器生产的次品数没有显著差异，也可以说自变量（机器）对响应变量（次品数）没有显著影响。

10.1.3 组间变差和组内变差

1. 借助图形的直觉观察

为了分析不同机器生产的次品数是否有显著差异，我们将数据描绘在图 10-1 中。观察图 10-1 发现，不同机器生产的次品数平均值存在明显差异，而且即使是同一台机器，每天生产的次品数也不完全相同。从图中看到机器 2 的次品数普遍较高，这似乎能够表明机器和次品数之间存在一定的联系。

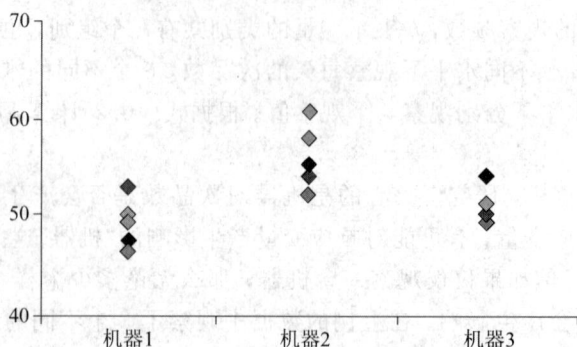

图 10-1 三台机器每周 5 天生产的次品数

2. 方差分解

尽管图 10-1 能够给我们提供直观的观察判断，但仅从图中还不能得到严谨的结论。

如果假设不同机器生产的次品数没有显著差异，即三台机器所代表的总体平均值 $\mu_1 = \mu_2 = \mu_3$。而观察 3 个不同水平下的样本平均值 $\bar{x}_1 = 49$、$\bar{x}_2 = 56$、$\bar{x}_3 = 51$ 是否能提供足够证据接受或者拒绝这一原假设？那么产生的疑问是：即使总体均值不存在差异，由于抽样随机性，是否也会存在样本平均值之间的差异？我们定义样本均值与总样本均值之间的偏差为样本间离差或组间离差（Sum Square Between Group，SSB），计算公式为

$$\text{SSB} = \sum_{j=1}^{k} C_j (\bar{x}_j - \bar{\bar{x}})^2 \tag{10.3}$$

由于在水平 j 下的观察值有 C_j 个，所以每个样本由于随机原因产生的偏离 $\bar{\bar{x}}$ 的离差程度应该是 $C_j(\bar{x}_j - \bar{\bar{x}})^2$。对于表 10-1 中的数据而言，组间离差为

$$\text{SSB} = 5 \times (49-52)^2 + 5 \times (56-52)^2 + 5 \times (51-52)^2 = 130$$

回到图 10-1，为什么同一机器生产的次品数每天会存在差异？由于观察数据源自同一台机器，那么数据间的差异只能用随机误差来解释，我们定义组内离差（Sum Square Error in Group，SSE）

$$\text{SSE} = \sum_{j=1}^{k} \sum_{i=1}^{C_j} (x_{ij} - \bar{x}_j)^2 \tag{10.4}$$

对于表 10-1 中的 3 台机器生产的次品数，组内离差为

$$SSE = [(47-49)^2 + (53-49)^2 + (49-49)^2 + (50-49)^2 + (46-49)^2]$$
$$+ [(55-56)^2 + (54-56)^2 + (58-56)^2 + (61-56)^2 + (52-56)^2]$$
$$+ [(54-51)^2 + (50-51)^2 + (51-51)^2 + (51-51)^2 + (49-51)^2] = 94$$

对于每一个观察值 x_{ij} 与总平均值 $\bar{\bar{x}}$ 之间的离差定义为总离差的平方和，即

$$SST = \sum_{j=1}^{k} \sum_{i=1}^{C_j} (x_{ij} - \bar{\bar{X}})^2 \tag{10.5}$$

显然，可以证明 SST＝SSB＋SSE，也可以理解为观察值与总平均值之间的离差由两部分组成，其一主要是样本内部的随机误差，其二主要是水平不同产生的影响。

10.1.4　F-检验

为了比较组间因素和组内因素对离差偏离程度的影响，英国统计学家费舍尔（Ronald Fisher，1890－1962）构造了统计量：

$$F = \frac{SSB/(k-1)}{SSE/(n-k)} = \frac{MSB}{MSE} \tag{10.6}$$

其中，$(k-1)$、$(n-k)$ 分别为分子 SSB 和分母 SSE 的自由度，SSB/$(k-1)$ 叫做组间均方差（Mean of Square Between Group，MSB），SSE/$(n-k)$ 叫做组内均方差（Mean of Square Error in Group，MSE）。

在满足三个基本假定的条件下，公式（10.6）所计算的统计量服从 F 分布，当数据来自方差为 σ^2 的正态总体时，观察式（10.7）

$$F = \frac{\dfrac{\sum\limits_{j=1}^{r} \left(\dfrac{\bar{x}_j - \bar{\bar{x}}}{\sigma / \sqrt{C_j}} \right)^2}{k-1}}{\dfrac{\sum\limits_{j=1}^{r} \sum\limits_{i=1}^{C_j} \left(\dfrac{x_{ij} - \bar{x}_j}{\sigma} \right)^2}{n-k}} = \frac{MSB}{MSE} \tag{10.7}$$

我们发现，式（10.7）的分子和分母分别是自由度为 $(k-1)$、$(n-k)$ 的卡方分布，因此式（10.7）计算的结果服从 $F(k-1, n-k)$，整理式（10.7）便得到和式（10.6）相同的统计量结果。同时，由于该统计量的分子是 $\bar{x}_j$ 相对于 $\bar{\bar{x}}$ 的方差，分母是 x_{ij} 相对于 $\bar{x}_j$ 的方差，因此这种分析方法也称为方差分析。

根据 F 分布的规律，若原假设 $\mu_1 = \mu_2 = \cdots = \mu_k$ 成立，则组间均方差相对于组内均方差的比值，应该接近于 1，如果 F 统计量数值非常大，落入小概率区间，则拒绝原假设。这一小概率也就是假设检验的显著性水平，是事先给定的，通常取 1％、5％或 10％。

对于表 10-1 中的数据，F 统计量的数值为

$$F = \frac{\dfrac{SSB}{k-1}}{\dfrac{SSE}{n-k}} = \frac{MSB}{MSE} = \frac{\dfrac{130}{2}}{\dfrac{94}{12}} = 8.2979$$

取显著性水平 $\alpha=5\%$，F 临界值(Critical Value)$F(2，12)=3.885$。观察图 $10-2$，F 统计量值落入 3.885 的右侧，即小概率区间，因此拒绝 H_0，有理由认为 3 台机器生产的次品数存在显著差异。

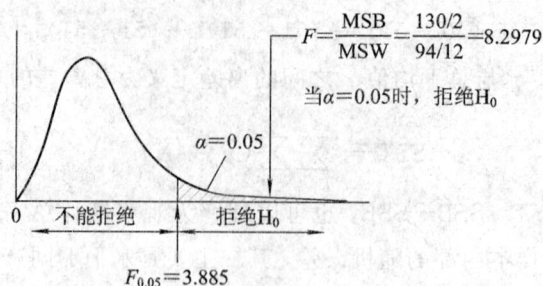

$$F=\frac{MSB}{MSW}=\frac{130/2}{94/12}=8.2979$$

当 $\alpha=0.05$ 时，拒绝 H_0

$\alpha=0.05$

$F_{0.05}=3.885$

图 $10-2$　F 统计量值和临界值

10.2　单因素方差分析

如果仅考察一个因素对响应变量的影响，我们就称之为单因素方差分析(one-way analysis of variance)。单因素方差分析考察的是一个分类变量对响应变量(通常是数值型变量)的影响，例如，上节的例子中的"机器"就是一个分类变量，而次品数是一个数值型变量。

10.2.1　单因素方差分析的数据结构

进行单因素方差分析时，需要得到如表 $10-2$ 所示的数据结构，表中因素 A 有 k 个水平，每个水平下最多有 r 个观察值，通常根据实验的具体情况，每个水平下的观察值数目可以相同，也可以不同。表中 x_{ij} 表示因素 A 的第 j 个水平 A_j 下的第 i 个观察值。方差分析中所有样本观察数目 $n=C_1+C_2+\cdots+C_k$，如果每个水平下都有 k 个观察值，则总的观察值数目 $n=rk$。

表 $10-2$　单因素方差分析中的数据结构

观察值	因　　　素			
	A_1	A_2	$\cdots$	A_k
1	x_{11}	x_{12}	$\cdots$	x_{1k}
2	x_{21}	x_{22}	$\cdots$	x_{2k}
$\vdots$	$\vdots$	$\vdots$	$\vdots$	$\vdots$
r	x_{r1}	x_{r2}	$\cdots$	x_{rk}

10.2.2　单因素方差分析的步骤

根据假设检验的具体过程，首先根据所研究的经济问题提出原假设和备择假设，然后根据原假设提出检验统计量，最后根据检验统计量数值落入拒绝域还是非拒绝域做出决策。

1. 提出原假设和备择假设

在方差分析中，如果自变量对响应变量没有影响，则在不同自变量水平下，可以认为 r 水平下的样本来自同一总体，或者说 k 个总体均值应该相等，因此，构造假设：

$H_0: \mu_1 = \mu_2 = \cdots = \mu_k$　　（自变量对响应变量没有显著影响）

$H_1: \mu_1, \mu_2, \cdots, \mu_k$ 不全相等　　（自变量对响应变量有显著影响）

通过检验，如果拒绝 H_0，则意味着自变量对响应变量有显著影响，此时自变量和响应变量可能存在某种关系，至少是各个水平下的均值不完全相等。如果没有理由拒绝 H_0，则表明自变量对响应变量不存在显著影响。

2. 构造统计量

根据第一节的分析，分别计算第 j 个水平下的样本均值 $\bar{x}_j$ 和总的样本均值 $\bar{\bar{x}}$，经过方差分解后构造 F 统计量：

$$F = \frac{\dfrac{\sum\limits_{j=1}^{r} C_j (\bar{x}_j - \bar{\bar{x}})^2}{k-1}}{\dfrac{\sum\limits_{j=1}^{r} \sum\limits_{i=1}^{C_j} (x_{ij} - \bar{x}_j)^2}{n-k}} \tag{10.8}$$

3. 与临界值比较做决策

如果原假设成立，则表明自变量对响应变量没有显著影响，MSB 与 MSE 的比值不会太大。参照图 10-2。

如果 $F > F_\alpha(k-1, n-k)$，则落入拒绝域，拒绝原假设。说明自变量对响应变量有显著影响；

如果 $F < F_\alpha(k-1, n-k)$ 则落入非拒绝域，不能拒绝原假设。响应变量在各水平之间不存在显著差异，或者说没有理由认为自变量对响应变量有影响。

当然，也可以根据 F 统计量查对应的 p 值，若 p 值小于 α，则拒绝原假设。α 为假设检验给定的显著性水平。

4. 方差分析表

方差分析表是方差分析的重要工具。方差分析表是将方差分析的整个计算过程通过表格的形式展示出来，使得整个计算过程清晰明了，无论是手工计算还是通过计算机程序计算，方差分析表的格式都类似。表 10-3 给出了方差分析表的一般形式。表中的 p 值为 F 统计量对应的 p 值，F_{crit} 为自由度为 $(r-1, n-r)$ 的 F 分布的临界值。

表 10-3　方差分析表的一般形式

差异源	SS	d_f	MS	F	p 值	F_{crit}
组间	SSB	$r-1$	MSB	MSB/MSE		
组内	SSE	$n-r$	MSE			
总计	SST	$n-1$				

针对表 10-1 中给出的例子，其方差分析表的具体数值如表 10-4 所示。

表 10 - 4　不同机器生产的次品数的方差分析数值

差异源	SS	d_f	MS	F	p 值	F_{crit}
组间	130	2	65	8.297872	0.005461	3.885294
组内	94	12	7.833333			
总计	224	14				

5. 用 Excel 进行方差分析

Excel 给出了方差分析的工具，解决了手工计算运算量繁琐的问题。下面通过一个实例来说明在 Excel 下进行单因素方差分析的整个过程。

例 10.1　为了了解不同佣金支付方式是否会影响销售业务员的绩效，采用固定薪金、销售提成和固定薪金加销售提成三种佣金支付方式观察三个独立样本，每个样本由 7 个不同的业务员组成，观察他们上一个月的销售额，具体数据如表 10 - 5 所示。其中"固定薪金加销售提成"组的一位销售员的销售额尚不确定，故在表中并未列出。以 $\alpha=0.05$ 的显著性水平检验佣金支付方式对销售业绩是否有显著影响。

表 10 - 5　不同佣金支付方式下销售业务员销售额　　　万元

销售提成	固定薪金	固定薪金加销售提成
165	120	140
98	115	156
130	90	220
210	126	112
195	107	134
187	155	235
240	80	

首先，提出原假设与备择假设。

H_0：$\mu_1=\mu_2=\cdots=\mu_k$；

H_1：μ_1，μ_2，$\cdots$，μ_k 不全相等。

用 Excel 进行方差分析的操作步骤如下：

第一步：选择"数据"下的"数据分析"（Excel 2003 下为工具-数据分析）。

第二步：在"数据分析工具"的工具框中选择"单因素方差分析"，单击"确定"按钮。

第三步：在出现的对话框（如图 10 - 3 所示）中用鼠标选择数据区域 A1:C8；在"标志位于第一行"前的选择框内打钩；在显著性水平 α 处输入 0.05；分组方式选择"列"；输出区域选择 A12；点击"确定"得到图 10 - 4 所示的结果。

图 10 - 4 中有两个表：汇总表（Summary）和方差分析表。第二个表是决策的依据，由表中可以看出，F 统计量的值为 4.34，大于对应自由度的 F 分布临界值 3.59。故拒绝原假设，说明有理由认为佣金支付方式影响销售员的业绩。（或者可以通过 p 值和显著性水平 0.05 作比较，由于 0.02996 小于 0.05，结论自然是一致的。）

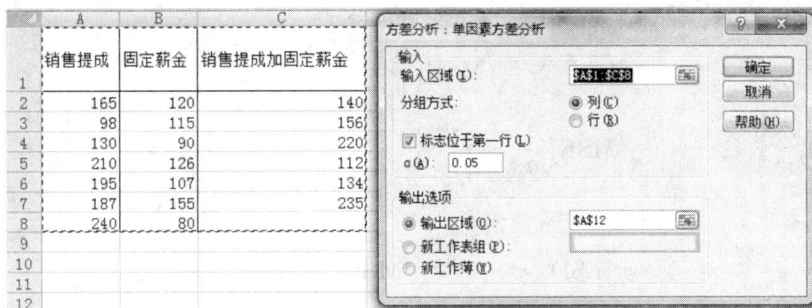

图 10 - 3　单因素方差分析过程

图 10 - 4　单因素方差分析结果

10.2.3　方差分析中的多重比较

由于方差分析中的原假设是 $\mu_1 = \mu_2 = \cdots = \mu_k$，而备择假设是 μ_1，μ_2，$\cdots$，μ_k 不全等。当拒绝原假设时，那么就需要对 μ_1，μ_2，$\cdots$，μ_k 两两相互比较进行检验以确定是哪些均值不相等。回忆在假设检验一章中介绍的总体均值之差的假设检验，我们所用的统计量是 t 统计量。由于在方差分析中，对于数据有方差相同的假设，即每一个水平下的观察值具有相等的方差，那么在进行均值的两两比较时，加权方差 s_p^2 应该采用方差分析中的 MSE，因为根据 MSE 的计算式(10.9)，显然 MSE 是 k 个水平下样本的加权方差，即

$$\text{MSE} = \frac{\text{SSE}}{n-k} = \frac{\sum_{j=1}^{k}\sum_{i=1}^{C_j}(x_{ij} - \bar{x}_j)^2}{n-k} \tag{10.9}$$

因此在检验 μ_i 是否等于 μ_j 时，构造的统计量应该是：

$$t = \frac{\bar{x}_i - \bar{x}_j}{\sqrt{\text{MSE}\left(\frac{1}{n_i} + \frac{1}{n_j}\right)}} \tag{10.10}$$

在进行决策时，只需将 t 统计量和 t 分布的临界值 $t_{a/2}$ 作比较，当 $|t| > t_{a/2}$ 时，拒绝原假设。为了更加简洁地进行多重比较，费舍尔提出了最小显著性差异方法（Least Significant Difference，LSD）。当 $|t| > t_{a/2}$ 时，即

$$|t| = \frac{|\overline{x}_i - \overline{x}_j|}{\sqrt{\text{MSE}\left(\dfrac{1}{n_i} + \dfrac{1}{n_j}\right)}} > t_{\alpha/2}$$

只需 $|\overline{x}_i - \overline{x}_j| > t_{\alpha/2} \times \sqrt{\text{MSE}\left(\dfrac{1}{n_i} + \dfrac{1}{n_j}\right)}$

故将

$$\text{LSD}_{ij} = t_{\alpha/2} \times \sqrt{\text{MSE}\left(\frac{1}{n_i} + \frac{1}{n_j}\right)} \tag{10.11}$$

称为 $\overline{x}_i$ 和 $\overline{x}_j$ 的最小显著性差异。当 $|\overline{x}_i - \overline{x}_j| > \text{LSD}_{ij}$ 时拒绝原假设，认为 μ_i、μ_j 之间存在显著差异。否则，没有理由认为 μ_i、μ_j 之间存在显著差异。

对于例 10-1 中的数据，如果要进行两两比较，则根据 Excel 中方差分析的方法计算出：

$$|\overline{x}_1 - \overline{x}_2| = 61.7$$
$$|\overline{x}_1 - \overline{x}_3| = 8.8$$
$$|\overline{x}_2 - \overline{x}_3| = 52.9$$

取显著性水平 $\alpha = 0.05$，根据式 (10.11) 分别计算 LSD：

$$\text{LSD}_{12} = t_{\alpha/2}(7+7-2) \times \sqrt{\text{MSE}\left(\frac{1}{n_1} + \frac{1}{n_2}\right)} = 2.1788 \times \sqrt{1769.43 \times \left(\frac{1}{7} + \frac{1}{7}\right)} = 49.00$$

$$\text{LSD}_{13} = t_{\alpha/2}(7+6-2) \times \sqrt{\text{MSE}\left(\frac{1}{n_1} + \frac{1}{n_3}\right)} = 2.2010 \times \sqrt{1769.43 \times \left(\frac{1}{7} + \frac{1}{6}\right)} = 51.51$$

$$\text{LSD}_{23} = t_{\alpha/2}(7+6-2) \times \sqrt{\text{MSE}\left(\frac{1}{n_2} + \frac{1}{n_3}\right)} = 2.2010 \times \sqrt{1769.43 \times \left(\frac{1}{7} + \frac{1}{6}\right)} = 51.51$$

比较样本均值之差与最小显著性差异：

$$|\overline{x}_1 - \overline{x}_2| = 61.7 > \text{LSD}_{12}$$
$$|\overline{x}_1 - \overline{x}_3| = 8.8 > \text{LSD}_{13}$$
$$|\overline{x}_2 - \overline{x}_3| = 52.9 > \text{LSD}_{23}$$

故有理由认为在销售提成支付方式和固定薪金支付方式之间，业务员销售额存在显著性差异，在固定薪金支付方式和固定薪金加销售提成支付方式之间，业务员销售额存在显著性差异；而没有理由认为在销售提成支付方式和固定薪金加销售提成支付方式之间，业务员销售额存在显著性差异。

10.3 双因素方差分析

在实际问题的研究中，有时需要考虑两个因素对实验结果的影响。在本章第一节的例子中，除了关心机器对生产次品数的影响外，还可能关心原材料来源不同对次品数的影响；在影响饮料销售量的因素分析中，除了关心饮料品牌这一因素之外，我们还想了解销售地区是否影响销售量。这时我们需要采用双因素方差分析来解决这类问题。

根据因素 A 和因素 B 对响应变量所起作用的关系的不同，双因素方差分析可分为独立无交互双因素方差分析和交互双因素方差分析。在独立无交互双因素分析中，有可能是因素 A 对响应变量产生影响，也有可能是因素 B 对响应变量产生影响，或者两个变量都对响应变量产生影响，也存在两个因素都不对响应变量产生影响的情形，但是因素 A 和因素 B 的影响效应是独立的。例如，不同机器可能会对次品数产生影响，不同的原材料来源也可能对次品数产生影响，但是这两个因素对次品数的影响是独立的。而在影响饮料销售量的因素分析中，饮料品牌可能影响销售量，地区也可能影响销售量（不同地区人们的口味可能不同），但同时可能存在交互影响。因为在这一问题中，不同地区可能存在收入差异，在收入高的地区，人们偏向于一些品牌较好而价格较高的饮料，在收入低的地区，人们偏向于一些品牌不太好但价格较低的饮料。因此，饮料品牌和地区对销售量会存在交互影响。

10.3.1 独立无交互双因素方差分析

1. 独立无交互双因素方差分析的数据结构

在独立无交互双因素方差分析中，存在两个因素 A、B 对响应变量的影响。因此需要将一个因素安排在行的位置，称为行（Row）因素，而将另一因素安排在列的位置，称为列（Colunm）因素。行、列因素互换不影响方差分析的结论。如果行因素有 r 个水平，列因素有 k 个水平，观察值数目共 $n=rk$ 个，数据在表格中的安排如表 10 - 6 所示。表中的数据 x_{ij} 表示行因素的第 i 个水平和列因素的第 j 个水平组合下的响应变量的观察值。

表 10 - 6 独立无交互双因素方差分析的数据结构

		列因素			
		1	2	⋯	k
行因素	1	x_{11}	x_{12}	⋯	x_{1k}
	2	x_{21}	x_{22}	⋯	x_{2k}
	⋮	⋮	⋮	⋮	⋮
	r	x_{r1}	x_{r2}	⋯	x_{rk}

2. 方差分解

独立无交互双因素方差分析中，比较行因素是否对响应变量产生影响，本质上是通过比较 r 行样本平均值来检验其所代表的总体平均值 $\mu_1=\mu_2=\cdots=\mu_r$ 是否成立；而比较列因素是否对响应变量产生影响，本质上是通过比较 k 列样本平均值来检验其所代表的总体平均值 $\mu_1=\mu_2=\cdots=\mu_k$ 是否成立。

因此定义在行因素的第 i 个水平下，样本平均值

$$\overline{x}_{i.} = \frac{1}{k} \sum_{j=1}^{k} x_{ij}$$

定义在列因素的第 j 个水平下，样本平均值

$$\overline{x}_{.j} = \frac{1}{r} \sum_{i=1}^{r} x_{ij}$$

定义总的样本平均值

$$\overline{\overline{x}} = \frac{1}{rk} \sum_{j=1}^{k} \sum_{i=1}^{r} x_{ij}$$

因此，总离差平方和

$$SST = \sum_{j=1}^{k} \sum_{i=1}^{r} (x_{ij} - \bar{\bar{x}})^2 \tag{10.12}$$

行因素不同水平下的离差平方和

$$SSR = \sum_{i=1}^{r} k(\bar{x}_{i.} - \bar{\bar{x}})^2 \tag{10.13}$$

列因素不同水平下的离差平方和

$$SSC = \sum_{j=1}^{k} r(\bar{x}_{.j} - \bar{\bar{x}})^2 \tag{10.14}$$

随机离差平方和

$$SSE = \sum_{j=1}^{k} \sum_{i=1}^{r} k(x_{ij} - \bar{x}_{i.} - \bar{x}_{.j} + \bar{\bar{x}})^2 \tag{10.15}$$

离差平方和关系满足：

$$SST = SSR + SSC + SSE \tag{10.16}$$

在离差分解中，通过各自的离差平方和除以对应的自由度就可以得到各自的方差。SST 的自由度为 $rk-1$；SSR 的自由度为 $r-1$；SSC 的自由度为 $k-1$；SSE 的自由度为 $(r-1) \times (k-1)$。因此，行因素的检验统计量

$$F_R = \frac{\dfrac{SSR}{r-1}}{\dfrac{SSE}{(r-1)(k-1)}} \sim F(r-1, (r-1)(k-1)) \tag{10.17}$$

列因素的检验统计量

$$F_C = \frac{\dfrac{SSC}{k-1}}{\dfrac{SSE}{(r-1)(k-1)}} \sim F(k-1, (r-1)(k-1)) \tag{10.18}$$

同样，为了更加清晰地表述独立无交互方差分析的计算过程，我们可以通过方差分析表（如图 10-5 所示）来展示这一过程。

	A	B	C	D	E	F	G
1	方差分析						
2	差异源	SS	df	MS	F	P-value	F crit
3	行	SSR	r-1	SSR/(r-1)	MSR/MSE		
4	列	SSC	k-1	SSC/(k-1)	MSC/MSE		
5	误差	SSE	(r-1)(k-1	SSE/(r-1)(k-1)			
6	总计	SST					

图 10-5　双因素方差分析中的独立无交互方差分析表

3. 运用 Excel 进行独立无交互方差分析

下面通过实例来介绍在 Excel 中进行独立无交互双因素方差分析的计算过程。

例 10.2 为考察机器和原材料来源对次品数的影响，观察得到表 10-7 所示的数据，试以 5％的显著性水平分别检验机器和原材料来源对次品数是否产生影响。

表 10 - 7　不同材料来源和不同加工机器下的次品数

		机　器		
		1	2	3
原料来源	国内甲企业	58	62	47
	国内乙企业	50	58	50
	国内丙企业	77	65	62
	国外进口	35	42	50

第一步，选择"数据"下的"数据分析"工具。

第二步，在"数据分析"工具中选择"方差分析：无重复双因素分析"。

第三步，定义数据输入区域、显著性水平、输出区域，具体操作如图 10 - 6 所示。

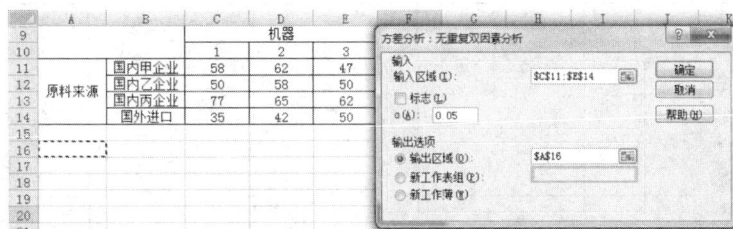

图 10 - 6　独立无交互双因素方差分析的过程

第四步，点击"确定"后，得到如图 10 - 7 所示的方差分析表，比较行、列的 F 统计量值与对应的临界值的大小（或者比较 p 值与给定的显著性水平 0.05 的大小）。结果显示：行因素（原料来源）对次品数有显著影响；而列因素（加工机器）对次品数无显著影响。

图 10 - 7　独立无交互双因素方差分析的结果

10.3.2　交互双因素方差分析

1. 交互双因素方差分析的数据结构

在双因素方差分析中，除了两个变量各自影响响应变量以外，可能还存在两个因素交互对响应变量产生影响的情形，也就是说两个自变量并不独立，可能在不同自变量的组合条件下响应变量存在差异。我们把两个因素各自一个水平构成的一个组合称做处理。若要反映不同处理水平条件下均值的差异，则每一个处理需要至少两个或两个以上的观察值，否则在一个处理水平上变量值就是平均值，不能反映在一个处理水平上的随机差异。因此交互双因素方差分析的数据结构与无交互方差分析的数据结构稍有差异，表 $10-8$ 展示了交互双因素方差分析的数据结构。表中假设行因素有 r 个水平，列因素有 k 个水平，则共有 rk 个处理，而在每一个处理中有 m 个观察值，因此所有观察值为 rkm 个。x_{ijl} 表示在行因素第 i 个水平和列因素第 j 个水平组合（处理）下的第 l 个观察值。

表 10 - 8　交互双因素方差分析的数据结构

		列　因　素			
		1	2	⋯	k
行因素	1	x_{111} x_{112} ⋮ x_{11m}	x_{121} x_{122} ⋮ x_{12m}	⋯	x_{1k1} x_{1k2} ⋮ x_{1km}
	2	x_{211} x_{212} ⋮ x_{21m}	x_{221} x_{222} ⋮ x_{22m}	⋯	x_{2k1} x_{2k2} ⋮ x_{2km}
	⋮	⋮	⋮	⋮	⋮
	r	x_{r11} x_{r12} ⋮ x_{r1m}	x_{r21} x_{r22} ⋮ x_{r2m}	⋯	x_{rk1} x_{rk2} ⋮ x_{rkm}

2. 方差分解

在交互双因素方差分析中，比较行因素是否对响应变量产生影响，本质上是通过比较 r 行样本平均值来检验其所代表的总体平均值 $\mu_1 = \mu_2 = \cdots = \mu_r$ 是否成立；而比较列因素是否对响应变量产生影响，本质上是通过比较 k 列样本平均值来检验其所代表的总体平均值 $\mu_1 = \mu_2 = \mu_k$ 是否成立。而考察是否存在交互影响本质上是检验每一个处理下的平均值是否相等，参照矩阵分块，称每一个处理下的平均值为块平均值。

因此定义在行因素的第 i 个水平下，样本平均值

$$\bar{x}_{i..} = \frac{1}{km} \sum_{j=1}^{k} \sum_{l=1}^{m} x_{ijl}$$

定义在列因素的第 j 个水平下，样本平均值

$$\bar{x}_{\cdot j\cdot} = \frac{1}{rm} \sum_{i=1}^{r} \sum_{l=1}^{m} x_{ijl}$$

定义块平均值

$$\bar{x}_{ij} = \frac{1}{m} \sum_{l=1}^{m} x_{ijl}$$

定义总的样本平均值

$$\bar{\bar{x}} = \frac{1}{rkm} \sum_{j=1}^{k} \sum_{i=1}^{r} \sum_{l=1}^{m} x_{ijl}$$

因此，总离差平方和

$$\text{SST} = \sum_{j=1}^{k} \sum_{i=1}^{r} \sum_{l=1}^{m} (x_{ijl} - \bar{\bar{x}})^2 \tag{10.19}$$

在行因素不同水平下的离差平方和

$$\text{SSR} = \sum_{i=1}^{r} km(\bar{x}_{i\cdot\cdot} - \bar{\bar{x}})^2 \tag{10.20}$$

在列因素不同水平下的离差平方和

$$\text{SSC} = \sum_{j=1}^{k} rm(\bar{x}_{\cdot j\cdot} - \bar{\bar{x}})^2 \tag{10.21}$$

在交互因素(不同处理水平)下的离差平方和

$$\text{SSRC} = \sum_{j=1}^{k} \sum_{i=1}^{r} m(\bar{x}_{ij} - \bar{x}_{i\cdot\cdot} - \bar{x}_{\cdot j\cdot} + \bar{\bar{x}})^2 \tag{10.22}$$

随机离差平方和

$$\text{SSE} = \sum_{j=1}^{k} \sum_{i=1}^{r} \sum_{l=1}^{m} (x_{ijl} - \bar{x}_{ij})^2 \tag{10.23}$$

离差平方和满足

$$\text{SST} = \text{SSR} + \text{SSC} + \text{SSRC} + \text{SSE} \tag{10.24}$$

通过各自的离差平方和除以对应的自由度就能得到各自的方差。行因素的自由度为 $(r-1)$；列因素的自由度为 $(k-1)$；交互作用的自由度为 $(r-1)(k-1)$；随机误差的自由度为 $rk(m-1)$；总离差平方和的自由度为 $(n-1)$。

同样，为了清晰地反映这一计算过程，用方差分析表将整个过程予以如图 10-8 所示的展示。

	A	B	C	D	E	F	G
1	差异源	SS	df	MS	F	P-value	F crit
2	样本（行因素）	SSR	r-1	=SSR/(r-1)	=MSR/MSE		
3	列（列因素）	SSC	k-1	=SSC/(k-1)	=MSC/MSE		
4	交互	SSRC	(r-1)(k-1)	=SSRC/(r-1)(k-1)	=MSRC/MSE		
5	内部（随机）	SSE	rk(m-1)	=SSE/rk(m-1)			
6	总计	SST	n-1				

图 10-8 交互双因素方差分析表的结构

3. 运用 Excel 进行交互双因素方差分析

例 10.3 分段式定价方案是电力公司鼓励用户在高峰期尽量节约用电而在非高峰期错时使用电力的一种措施。为了了解用户对若干定价方案的满意度，进行一项试验。试验中考察两个因素，即价格比（高峰期电价与非高峰期电价的比值）和高峰期的时间长度，每个因素考察三个水平，在共计 3×3＝9 个水平组合下让用户进行满意度打分。假定从每个定价方案中随机抽取 4 个用户组成样本，得到的用户评价数据如表 10－9 所示。

（1）在 0.05 的显著性水平下，说明价格比和高峰期时长是否对用户满意度产生影响。

（2）在 0.05 的显著性水平下，说明价格比和高峰期时长是否对用户满意度存在交互影响。

表 10－9 居民对电价方案的满意度打分

| | | 价格比 | | |
		2∶1	3∶1	4∶1
高峰期时长	6 小时	25	31	24
		26	26	28
		28	29	25
		27	27	26
	9 小时	26	25	33
		27	24	28
		29	30	25
		30	26	27
	12 小时	22	33	30
		20	27	31
		25	25	26
		21	27	27

第一步，选择"数据"下的"数据分析"。

第二步，选择"方差分析：可重复双因素分析"。

第三步，在"输入区域"、"每一样本的行数"（即每个处理水平下的观察数，本例中为 4）、显著性水平、"输出区域"等处输入参数，具体操作如图 10－9 所示。（为避免在 Excel 中出现运算错误，应避免合并单元格。）

图 10－9 方差分析：可重复双因素分析参数设置

第四步，点击"确定"后，输出的方差分析表如图 10 – 10 所示。

20	观测数	4	4	4	12	
21	求和	106	113	103	322	
22	平均	26.5	28.25	25.75	26.83333	
23	方差	1.666667	4.916667	2.916667	3.787879	
25	9小时					
26	观测数	4	4	4	12	
27	求和	112	105	113	330	
28	平均	28	26.25	28.25	27.5	
29	方差	3.333333	6.916667	11.58333	6.818182	
31	12小时					
32	观测数	4	4	4	12	
33	求和	88	112	114	314	
34	平均	22	28	28.5	26.16667	
35	方差	4.666667	12	5.666667	15.60606	
37	总计					
38	观测数	12	12	12		
39	求和	306	330	330		
40	平均	25.5	27.5	27.5		
41	方差	9.727273	7.363636	7.181818		
43						
44	方差分析					
45	差异源	SS	df	MS	F	P-value	F crit
46	样本	10.66667	2	5.333333	0.89441	0.420619	3.354131
47	列	32	2	16	2.68323	0.086522	3.354131
48	交互	95.33333	4	23.83333	3.996894	0.011296	2.727765
49	内部	161	27	5.962963			
51	总计	299	35				

图 10 – 10 方差分析：可重复双因素方差分析结果

观察图 10 – 10 可知，样本行（行因素：高峰期时长）和列（列因素：价格比）所对应的 p 值均大于给定的显著性水平，因此不能认为两个因素独立地对用户满意度产生显著影响。然而交互作用对应的 p 值小于给定的显著性水平，说明有理由认为两个因素交互地对用户满意度产生显著性影响。

本 章 小 结

一、本章主要概念

本章主要概念包括：因素，水平，方差分解，单因素方差分析，双因素方差分析，独立无交互双因素方差分析，有交互双因素方差分析，平均值的多重比较。

二、本章主要方法

本章主要方法包括方差分解、方差分析中 F 统计量的构造以及运用 Excel 进行单因素方差分析和双因素方差分析。

本 章 复 习 题

一、简答题

1. 什么是方差分析？它研究的是什么？

2. 方差分析包括哪些类型？它们有何区别？

3. 简述方差分析的基本思想。

4. 简述方差分析的基本步骤。

5. 解释组内方差和组间方差的含义。

二、单项选择题

1. 在方差分析中，( )反映的是样本数据与其组平均值的差异。

A. 总离差   B. 组间误差

C. 抽样误差   D. 组内误差

2. $\sum\limits_{j=1}^{k}\sum\limits_{i=1}^{r}(x_{ij}-\bar{x}_j)$ 是( )。

A. 组内平方和   B. 组间平方和

C. 总离差平方和   D. 因素 B 的离差平方和

3. $\sum\limits_{j=1}^{k}\sum\limits_{i=1}^{r}(x_{ij}-\bar{\bar{x}})$ 是( )。

A. 组内平方和   B. 组间平方和

C. 总离差平方和   D. 总方差

4. 单因素方差分析中，计算 F 统计量，其分子与分母的自由度各为( )。

A. r, n B. $r-n$, $n-r$

C. $r-1$, $n-r$ D. $n-r$, $r-1$

5. 下面不是应用方差分析的前提条件是( )。

A. 各个总体服从正态分布

B. 各个总体相互独立

C. 各个总体具有相同的方差

D. 各个总体均值不等

6. 若检验统计量 $F=\dfrac{MSR}{MSE}$ 近似等于 1，不能说明( )。

A. 组间方差中不包含系统因素的影响

B. 组内方差中不包含系统因素的影响

C. 组间方差中包含系统因素的影响

D. 方差分析中应拒绝原假设

7. 对于单因素方差分析的组内误差，下面哪种说法是正确的？( )

A. 其自由度为 $r-1$

B. 反映的是随机因素的影响

C. 反映的是随机因素和系统因素的影响

D. 组内误差一定小于组间误差

8. 为研究溶液温度对液体植物的影响，将水温控制在三个水平上，则称这种方差分析是( )。

A. 单因素方差分析   B. 双因素方差分析

C. 三因素方差分析   D. 双因素三水平方差分析

9. 以下说法中不正确的是（　　）。

A. 方差除以其自由度就是均方

B. 方差分析时要求各样本来自相互独立的正态总体

C. 方差分析时要求各样本所在总体的方差相等

D. 完全随机设计的方差分析时，组内均方就是误差均方

10. 随机单位设计要求（　　）。

A. 单位组内个体差异小，单位组间差异大

B. 单位组内没有个体差异，单位组间差异大

C. 单位组内个体差异大，单位组间差异小

D. 单位组内没有个体差异，单位组间差异小

三、计算（分析）题

1. 有三台机器生产规格相同的铝合金薄板，为检验三台机器生产薄板的厚度是否相同，随机从每台机器生产的薄板中各抽取了 5 个样品，测得结果如下：

机器 1：0.236，0.238，0.248，0.245，0.243

机器 2：0.257，0.253，0.255，0.254，0.261

机器 3：0.258，0.264，0.259，0.267，0.262

问：三台机器生产薄板的厚度是否有显著差异？（$\alpha = 0.05$）

2. 养鸡场要检验四种饲料配方对小鸡增重是否相同，用每一种饲料分别喂养了 6 只同一品种同时孵出的小鸡，共饲养了 8 周，每只鸡增重数据（克）如下：

配方 A：370，420，450，490，500，450

配方 B：490，380，400，390，500，410

配方 C：330，340，400，380，470，360

配方 D：410，480，400，420，380，410

问：四种不同配方的饲料对小鸡增重是否相同？（$\alpha = 0.05$）

3. 三个工厂生产同一种型号的蓄电池，为评比其质量，各随机抽取 5 只电池为样品，经试验测得其寿命（小时）如下：

一厂：40，48，38，42，45

二厂：26，34，30，28，32

三厂：39，40，43，50，50

试在显著性水平 $\alpha = 0.05$ 下检验电池的平均寿命有无显著的差异。

4. 一个年级有三个小班，他们进行了一次数学考试。现从各个班级随机抽取了一些学生，记录其成绩如下：

1 班：73，89，82，43，80，73，66，60，45，93，36，77

2 班：88，78，48，91，51，85，74，56，77，31，78，62，76，96，80

3 班：68，79，56，91，71，71，87，41，59，68，53，79，15

若各班学生成绩服从正态分布且方差相等，试在显著性水平 $\alpha = 0.05$ 下检验各班级的平均分数有无显著差异？

5. 某湖水在不同季节的氯化物含量测定值如下表所示。问不同季节氯化物含量有无

差别？若有差别，进行 32 个水平的两两比较。

某湖水不同季节氯化物含量　　　　　　mg/L

春	夏	秋	冬
22.6	19.1	18.9	19.0
22.8	22.8	13.6	16.9
21.0	24.5	17.2	17.6
16.9	18.0	15.1	14.8
20.0	15.2	16.6	13.1
21.9	18.4	14.2	16.9
21.5	20.1	16.7	16.2
21.2	21.2	19.6	14.8

6. 根据下表资料说明大白鼠感染脊髓灰质炎病毒后，再做伤寒或百日咳接种是否影响生存日数？若结论为"有影响"，请作多重比较。（对照组为大白鼠感染脊髓灰质炎后未接种伤寒或百日咳）。（$\alpha=0.05$）

各组大鼠接种后生存日数

伤寒	百日咳	对照组
5	6	8
7	6	9
8	7	10
9	8	10
9	8	10
10	9	11
10	9	12
11	10	12
11	10	14
12	11	16

7. 有三种抗凝剂（A1，A2，A3）对一标本做红细胞沉降速度（一小时值）测定，每种抗凝剂各做 5 次，问三种抗凝剂对红细胞沉降速度的测定有无差别？（$\alpha=0.05$）

A1：15，11，13，12，14

A2：13，16，14，17，15

A3：13，15，16，14，12

8. 将 18 名原发性血小板减少症患者按年龄相近的原则配为 6 个单位组，每个单位组中的 3 名患者随机分配到 A、B、C 三个治疗组中，治疗后的血小板升高见下表，问 3 种治疗方法的疗效有无差别？

不同人用鹿茸草后血小板的升高值(10 k/μl)

年龄组	A	B	C
1	3.8	6.3	8.0
2	4.6	6.3	11.9
3	7.6	10.2	14.1
4	8.6	9.2	14.7
5	6.4	8.1	13.0
6	6.2	6.9	13.4

9. 某研究人员以 0.3 ml/kg 剂量的纯苯给大鼠皮下注射染毒，每周 3 次，经 45 天后，使试验动物白细胞总数下降至染毒前的 50% 左右，同时设置未染毒组。两组大鼠均按照是否给予升高白细胞药物分为给药组和不给药组，试验结果见下表，试作统计分析，分析给药组和不给药组吞噬指数是否有显著性差异。

试验效应指标(吞噬指数)数据

未染毒组		染毒组	
不给药	给药	不给药	给药
3.80	3.88	1.85	1.94
3.90	3.84	2.01	2.25
4.06	3.96	2.10	2.03
3.85	3.92	1.92	2.10
3.84	3.80	2.04	2.08

复习题参考答案

一、简答题

略

二、单项选择题

1. D　2. A　3. C　4. C　5. D　6. C　7. B　8. A　9. A　10. A

三、计算(分析)题

1. 根据计算结果列出方差分析表：

方差来源	离差平方和	自由度	均方差	F 值
组间	0.001 053	2	0.000 526 61	32.92
组内	0.000 192	12	0.000 16	
总和	0.001 245	14		

结论：因为 $F=32.92>F_{0.05}(2，12)=3.89$，故拒绝原假设，认为各台机器生产的薄板厚度有显著差异。

2. 根据计算结果列出方差分析表：

方差来源	离差平方和	自由度	均方差	F 值
组间	14 245.83	3	4748.61	2.16
组内	43 950	20	2197.5	
总和	58 195.83	23		

结论：因为 $F=2.16<F_{0.05}(3，20)=3.10$，故接受原假设，即四种配方的饲料对小鸡的增重没有显著的差异。

3. 根据计算结果列出方差分析表：

差异源	SS	d_f	MS	F	p 值	F_{crit}
组间	615.6	2	307.8	17.068 39	0.000 31	3.885 294
组内	216.4	12	18.033 33			
总计	832	14				

结论：各总值均值间有显著差异。

4. 结论：差异不显著。

5. Excel 计算得到方差分析表：

差异源	SS	d_f	MS	F	p 值	F_{crit}
组间	141.17	3	47.056 67	9.380 178	0.000 187	2.946 685
组内	140.465	28	5.016 607			
总计	281.635	31				

结论：拒绝 H_0，接受 H_1，认为不同季节湖水中氯化物含量有显著差异。

6. 结论：拒绝 H_0，接受 H_1，认为大白鼠感染脊髓灰质炎病毒后，再接种伤寒或百日咳菌苗对生存日数有影响。

多重比较的结论：接种百日咳菌苗组较对照组生存日数减少。

7. 结论：尚不能认为三种抗凝剂所作血沉值之间有差别。

8. 采用无重复双因素方差分析，方差分析表如下：

差异源	SS	d_f	MS	F	p 值	F_{crit}
行	50.131 67	5	10.026 33	12.332 51	0.000 516	3.325 835
列	129.003 3	2	64.501 67	79.337 84	7.32E−07	4.102 821
误差	8.13	10	0.813			
总计	187.265	17				

结论：三种治疗方法的效果有显著差异；不同年龄的效果也有显著性差异。

9. 本题数据结构要稍作变换，设计成 2×2 的方差分析。设 A 因素为染毒(2 水平)，B 因素为药物(2 水平)。结果如下表：

	染毒	未染毒
给药	1.94	3.88
	2.25	3.84
	2.03	3.96
	2.1	3.92
	2.08	3.8
未给药	1.85	3.8
	2.01	3.9
	2.1	4.06
	1.92	3.85
	2.04	3.84

采用交互影响双因素方差分析得到方差分析表如下($\alpha=0.01$)：

差异源	SS	d_f	MS	F	p 值	F_{crit}
样本	0.009 245	1	0.009 245	1	0.332 195	8.530 965
列	17.168 05	1	17.168 05	1857.009	5.59E−18	8.530 965
交互	0.014 045	1	0.014 045	1.5192	0.235 546	8.530 965
内部	0.147 92	16	0.009 245			
总计	17.339 26	19				

根据方差分析表，在显著性水平 0.01 下，样本(行因素：是否给药)吞噬指数无显著性影响，而列因素(是否染毒)对吞噬指数有显著影响。

第 11 章　相关分析与回归分析

11.1　变量之间的关系

在社会经济分析中，不仅要了解变量的分布特征，更为重要的是需要了解变量之间的关系。从某种意义上说，经济理论的本质就是考察经济变量之间的关系，如需求和供给模型中商品需求量和供给量之间的关系、商品需求量和替代品的价格之间的关系、家庭的食品支出同家庭收入之间的关系等。这种变量之间的关系不仅在学术研究中非常必要，而且在实际经济问题决策中也具有良好的参考价值，例如，汽车销售商很想知道采用的销售策略和销售推广的投入是否很好地促进了销售收入的增加等。

经济规律描述经济变量之间的因果联系，而因果联系必然表现为变量数量上的某种联系，相关分析就是分析变量之间是否存在某种关系以及关系的密切程度的统计方法。可以认为，相关关系是因果关系的必要条件，因此，相关分析在社会经济分析中有着重要作用。

在数学课程中，我们研究了函数关系，即给定自变量 X 就可以通过函数运算得到因变量 $Y = f(X)$。函数关系是变量之间一一对应的映射关系。例如，在商品售价 p 一定的情形下，商品销售额 y 与商品销售量之间存在函数关系 $Y = pX$。但是在经济分析中，变量之间存在另外一种关系，即相关关系，如家庭食品支出和家庭收入之间的关系。此时家庭食品支出除了受到家庭收入影响外至少还受一些其他随机因素或者很难观察到的因素的影响，如每个家庭的消费习惯等，这时变量之间就表现为一种不确定性的依存关系，我们称之为相关关系。

通常情况下，为了直观地表示两个变量之间的关系，我们习惯上采用散点图工具。在坐标平面上分别用 X 轴和 Y 轴表示两个变量 X 和 Y，用点在坐标平面上描绘出一对变量所对应的位置。如图 $11-1(a)\sim(f)$ 分别描述了变量之间不同的关系。

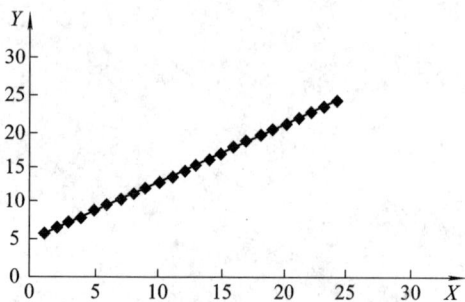

(a) 完全线性正相关　　　　　　　　(b) 完全线性负相关

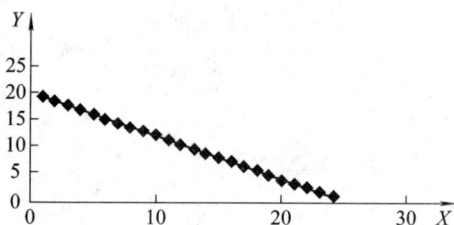

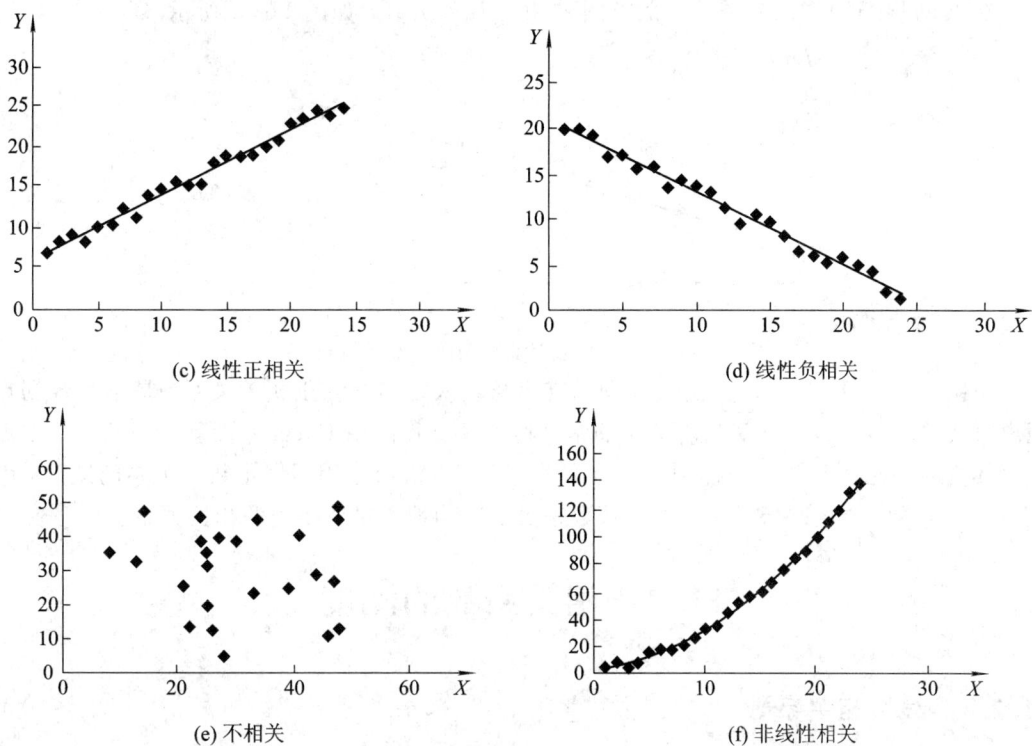

图 11-1　两个变量之间的关系

例 11.1　下面是 19 个家庭食品消费支出和家庭收入的数据，试用图表分析食品支出与家庭收入的相关关系。

表 11-1　19 个家庭食品消费支出与家庭收入的数据

家庭序号	食品消费支出/万元	家庭收入/万元	家庭序号	食品消费支出/万元	家庭收入/万元
1	3.1	8	11	2.1	5
2	4	10	12	3.4	8
3	2.8	7	13	4.4	12
4	1.8	2	14	4.4	13
5	2.2	4	15	3.6	10
6	2.6	6	16	2.6	6
7	2.4	7	17	5.9	18
8	3	6	18	5.2	17
9	2.3	4	19	5.1	15
10	3.1	6			

在 Excel 中选择"插入图表－散点图",并添加趋势线,如图 11－2 所示。

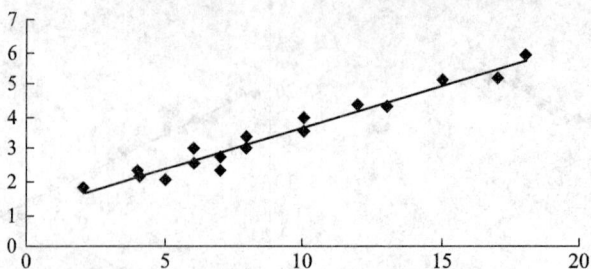

图 11-2　家庭食品支出与收入相关分析

由图 11－2 可以看出,家庭食品消费支出与收入之间存在正相关关系,是不是数据点距离直线趋势线比较近就意味着关系非常强呢? 只要我们用 Excel 作图就会发现,数据点与直线之间的距离与我们坐标轴的单位有关,这一点恰恰是用图展示数据关系的缺陷。因此,在统计学中要通过指标——相关系数来更加准确地衡量变量间的相关关系。

11. 2　相关系数的测度

11. 2. 1　线性相关系数

在统计中,方差可以反映变量的离散程度,而协方差能够反映两个变量之间相关的方向(也称协变)。但是由于协方差是一个绝对数,所以通常需要通过系数来反映变量之间的相关程度和方向,通过系数可以消除变量的计量单位和绝对值大小的影响。皮尔森线性相关系数(Pearson Correlation Coefficient)就是用来衡量双变量线性相关的特征值的,根据样本数据计算样本相关系数的公式为

$$r = \frac{\sum (X_i - \overline{X})(Y_i - \overline{Y})}{\sqrt{\sum (X_i - \overline{X})^2} \sqrt{\sum (Y_i - \overline{Y})^2}} \tag{11.1}$$

分析式(11.1)可知,样本相关系数实际上是变量 X 与 Y 的协方差除以 X 的标准差 Y 的标准差。因此,这一系数也叫做皮尔森积矩相关系数(Pearson Product - moment Correlation Coefficient)。显然 r 是一个系数,与 X 和 Y 的计量单位无关。

无论变量取值如何,相关系数的取值都在[−1, 1]之间,相关系数这一性质可以根据柯西-许瓦茨不等式得到证明[①]。若 $0 < r < 1$,表明 X 和 Y 之间存在正线性相关关系;若 $-1 < r < 0$,表明 X 和 Y 之间存在负线性相关关系;若 $r = 1$,表明 X 和 Y 之间存在完全线性正相关关系;若 $r = -1$,表明 X 和 Y 之间存在完全线性负相关关系。可见当 $|r| = 1$ 时,Y 的取值完全取决于 X,二者之间为函数关系;当 $r = 0$ 时,说明 Y 的取值与 X 的取值无关,即二者之间不存在线性相关关系。

但需要注意的是,$r = 0$ 只表示两个变量之间不存在线性相关关系,并不说明变量之间没有任何关系,它们之间可能存在非线性关系。这也说明计算线性相关系数之前通过散点

---

① 魏宗舒,等. 概率论与数理统计教程[M]. 北京:高等教育出版社,1983:147 - 152.

图预判变量之间是否存在相关关系以及相关的形态是非常必要的。

在实际计算中，r 还有另外一个常用的计算公式：

$$r = \frac{n\sum X_i Y_i - \sum X_i \sum Y_i}{\sqrt{n\sum X_i^2 - \left(\sum X_i\right)^2}\sqrt{n\sum Y_i^2 - \left(\sum Y_i\right)^2}} \tag{11.2}$$

由于手工计算 r 比较繁琐，可以通过列计算表的方式计算。实际上我们可以用 Excel 中的函数 CORREL 计算样本相关系数，或者采用"数据分析"工具中的"相关分析"来计算变量之间的相关关系。对于例 11.1 中 19 个家庭食品消费支出和家庭收入的相关系数计算结果为 0.9785。需要注意的另一点是，X 和 Y 的相关系数也就是 Y 和 X 的相关系数，相关分析中两个变量处于完全平等的地位，这一点也可以通过式(11.1)和式(11.2)看出。形如式(11.1)和式(11.2)的表达式，在数学上通常称为对称式，即 X 和 Y 互换后计算结果不变。因此，多个变量两两之间的相关系数输出的结果是一个对称的三角矩阵，运用统计软件输出一组变量的相关系数时，往往只输出三角矩阵的一半。

由于 r 是根据样本数据计算的样本相关系数，那么样本相关系数不为 0 是否表示变量总体之间存在相关性，即总体相关系数 ρ 不为 0 呢？这自然需要用根据样本数据计算的样本相关系数 r 对总体相关系数 ρ 进行假设检验。

11.2.2　线性相关系数的显著性检验

总体相关系数 ρ 往往是未知的，而 r 的抽样分布是随着总体相关系数 ρ 和样本容量 n 的大小而变化的。当 ρ 接近于 0 时，r 的分布接近于正态分布；当 ρ 远离 0 而接近于 1 或 -1 时，除非 n 非常大，否则 r 的分布是有偏的。一般情况下，只有当 ρ 接近于 0 或者 n 非常大时，r 的分布才趋近于正态分布。

在实际的检验中，r 服从正态分布的假设是存在风险的。通常情况下采用费舍尔提出的 t 检验，因为 t 检验不仅适用于小样本，也适用于大样本。

线性相关系数假设检验的基本步骤如下：

第一步，提出假设。

H_0：$\rho = 0$；

H_1：$\rho \neq 0$。

第二步，计算检验统计量值。

$$t = \sqrt{\frac{r^2}{1-r^2}(n-2)} \tag{11.3}$$

第三步，根据给定的显著性水平 α 和自由度 $df = n-2$ 查 t 分布表，得到 t 临界值 $t_{\alpha/2}(n-2)$。

若检验统计量值 $|t| > t_{\alpha/2}$，落入拒绝域，则拒绝原假设 H_0：$\rho = 0$，表明变量总体上相关性显著；否则，不能拒绝原假设 H_0，没有理由认为总体上两个变量存在显著的线性相关关系。

例 11.2　针对例 11.1 中 19 个家庭食品消费支出和家庭收入的数据计算的样本相关系数 $r = 0.9785$，检验两者之间的线性相关系数是否显著($\alpha = 0.05$)。

解 第一步，提出假设。

$H_0: \rho = 0$；

$H_1: \rho \neq 0$。

第二步，计算检验统计量值。

$$t = \sqrt{\frac{r^2}{1-r^2}(n-2)} = \sqrt{\frac{0.9785^2}{1-0.9785^2}(19-2)} = 19.56$$

第三步，根据给定的显著性水平 $\alpha = 0.05$ 和自由度 $df = 17$ 查 t 分布表，得到 t 临界值 $t_{0.025}(17) = 2.1098$。

显然，检验统计量值 $|t| > t_{0.025}(17)$，落入拒绝域，则拒绝原假设 H_0，表明家庭食品支出与家庭收入变量总体上的相关性显著。

11.3　简单线性回归模型

11.3.1　模型的基本定义

1. 模型的数学形式

考虑上一节中关于家庭食品支出和家庭收入的相关系数的案例，由于两者线性相关性显著，那么是否可以考察家庭收入是如何影响家庭食品支出的呢？或者能否用家庭收入预测家庭的食品支出？这些问题可以通过构造线性回归模型来解决。

根据消费理论或者经济经验，我们一般认为家庭收入是家庭食品支出的原因。在这里，我们把"家庭收入"叫做自变量、解释变量或外生变量，通常用 X 表示；而"家庭食品支出"被称为因变量、被解释变量或内生变量，通常用 Y 表示。

从图 11-2 中我们可以看出，如果能得到直线的截距和斜率，则可以用家庭收入来估计家庭食品支出。从图中观察可知，Y 的变化由两部分组成：其一是确定性部分，随着 X 的变化沿直线均匀变化；其二是随机部分，即 Y 的观察值会随机地偏离直线。

因此，我们可以得到 Y 随 X 变化的经济模型：

$$Y_i = \beta_0 + \beta_1 X_i + \varepsilon_i \tag{11.4}$$

在式(11.4)中，确定性部分 $\beta_0 + \beta_1 X_i$ 表示 Y 受到 X 的影响而由 X 确定的值；ε_i 表示随机因素对 Y 产生的影响，即真实的观察值在直线上下随机波动而偏离直线的波幅。

2. 模型包含随机误差项 ε_i 的原因

在式(11.4)的模型中，一般认为包含 ε_i 随机误差项的理由有以下几点：

(1) 引起变量观察值随机误差的诸多因素，使模型产生随机误差。无论是实验数据还是观察数据，变量观察值的误差往往是不可避免的。但是在多次观察中有理由认为绝对值相同的正、负误差出现的机会大致相同。

(2) 模型设定的误差。这其中既可能有模型的函数形式设定的误差，也可能有遗漏解释变量的误差。引起设定误差的原因可能是我们对引起 Y 变动的机理尚不清楚，有时也是为了简化模型的需要。

(3) 存在一些无法观测的解释变量。

3. 关于随机误差项 ε_i 的假定

经典回归理论中，对于 ε_i 分布最基本的假定有四个：

(1) 对于 ε_i 本身而言，具有零均值，即 $E(\varepsilon_i)=0$；

(2) 对于 ε_i 本身而言，具有等方差，即方差 $\sigma^2(\varepsilon_i)=\sigma_0^2$；

(3) 对于 ε_i 本身而言，即 ε_i 和 ε_j 不相关，可以表示为 $\mathrm{cov}(\varepsilon_i，\varepsilon_j)=0$；

(4) ε_i 与解释变量 X_i 不相关，可以表示为 $\mathrm{cov}(\varepsilon_i，X_i)=0$。

在满足前面基本假定的情况下，对式(11.4)的两端求均值可得

$$E(Y \mid X_i) = \beta_0 + \beta_1 X_i \tag{11.5}$$

我们称式(11.5)为总体回归直线(Population Regression Line，PRL)或总体回归函数(Population Regression Function，PRF)，$E(Y|X_i)$ 表示在给定 X 的条件下观察值 Y 的条件均值。总体回归函数反映了 Y 的均值随着 X 的变化而变化，$E(Y|X)$ 是 X 的线性函数。我们称 β_0 与 β_1 为回归模型的参数。

回归分析的基本任务首先是根据 Y 和 X 的样本观察值对回归参数进行估计，由于是根据样本数据对总体参数进行估计，如果能够根据样本数据得到 β_0 与 β_1 的估计值 $\hat{\beta}_0$ 与 $\hat{\beta}_1$，那么就可以得到 $E(Y|X_i)$ 的估计值 $\hat{Y}_i$，从而可以得到模型：

$$\hat{Y}_i = \hat{\beta}_0 + \hat{\beta}_1 X_i \tag{11.6}$$

我们称式(11.6)为样本回归直线(Sample Regression Lines，SRL)或样本回归函数(Sample Regression Function，SRF)。

11.3.2　最小二乘估计法(Least Squares Estimate Method)

1. 最小二乘的基本思想

如何根据 Y 和 X 的样本观察值得到总体参数 β_0 与 β_1 的估计值 $\hat{\beta}_0$ 与 $\hat{\beta}_1$，最常用的方法就是最小二乘估计法，即假设在拟合 Y 与 X 线性关系的所有直线中，有一条直线的预测值 $\hat{Y}$ 和观察值 Y 的偏离程度最小，这条直线就是最理想的一条直线，即

$$Q = \sum e_i^2 = \sum (Y_i - \hat{Y}_i)^2 = \min$$

那么

$$Q = \sum (Y_i - \hat{Y}_i)^2 = \sum (Y_i - \hat{\beta}_0 - \hat{\beta}_1 X_i)^2 = \min \tag{11.7}$$

由高等数学中的相关知识，要使 Q 取最小值，则

$$\begin{cases} \dfrac{\partial Q}{\partial \hat{\beta}_0} = 2\sum (Y_i - \hat{\beta}_0 - \hat{\beta}_1 X_i)(-1) = 0 \\ \dfrac{\partial Q}{\partial \hat{\beta}_1} = 2\sum (Y_i - \hat{\beta}_0 - \hat{\beta}_1 X_i)(-X_i) = 0 \end{cases} \tag{11.8}$$

整理式(11.8)，可以解得总体参数的估计值 $\hat{\beta}_0$ 与 $\hat{\beta}_1$：

$$\begin{cases} \hat{\beta}_1 = \dfrac{n\sum X_i Y_i - \sum X_i \sum Y_i}{n\sum X_i^2 - \left(\sum X_i\right)^2} \\ \hat{\beta}_0 = \overline{Y} - \hat{\beta}_1 \overline{X} \end{cases} \tag{11.9}$$

通常在手工计算时需要列计算表，根据观察值得到 $\sum X_i$、$\sum Y_i$、$\sum X_i Y_i$、$\sum X_i^2$，

代入式(11.9)得到估计值 $\hat{\beta}_0$ 与 $\hat{\beta}_1$。

例 11.3 针对例 11-1，试估计居民食品消费支出与家庭收入的回归方程。

解 对于居民家庭收入和食品支出的数据，得到计算表，如表 11-2 所示。

表 11-2 居民食品消费支出回归方程计算

家庭序号	食品支出 Y	家庭收入 X	X^2	XY
1	3.1	8	64	24.8
2	4	10	100	40
3	2.8	7	49	19.6
4	1.8	2	4	3.6
5	2.2	4	16	8.8
6	2.6	6	36	15.6
7	2.4	7	49	16.8
8	3	6	36	18
9	2.3	4	16	9.2
10	3.1	6	36	18.6
11	2.1	5	25	10.5
12	3.4	8	64	27.2
13	4.4	12	144	52.8
14	4.4	13	169	57.2
15	3.6	10	100	36
16	2.6	6	36	15.6
17	5.9	18	324	106.2
18	5.2	17	289	88.4
19	5.1	15	225	76.5
合计	$\sum Y = 64$	$\sum X = 164$	$\sum X^2 = 17$	$\sum XY = 64$

将相关数据代入式(11.9)，得

$$\hat{\beta}_1 = \frac{n\sum X_i Y_i - \sum X_i \sum Y_i}{n\sum X_i^2 - \left(\sum X_i\right)^2} = \frac{19 \times 645.4 - 164 \times 64}{19 \times 1782 - 164^2} = 0.2537$$

$$\hat{\beta}_0 = \bar{Y} - \hat{\beta}_1 \bar{X} = \frac{64}{19} - 0.2537 \times \frac{164}{19} = 1.1782$$

通过计算，可以得到食品消费支出与居民家庭收入的样本回归方程：

$$\hat{Y}_i = 1.1782 + 0.2537 X_i$$

根据经济学的知识，对这一回归方程可以做出如下解释：斜率 0.2537 表示当家庭收入

每增加 1 万元，用于居民家庭食品的消费支出平均增加 2537 元，可以理解为收入对食品支出的边际贡献；而截距 1.1782 可以理解为收入为 0 时家庭食品支出额。

思考：斜率 0.2537 与经济学中的恩格尔系数的联系与区别；斜率 0.2537 与经济学的收入弹性的区别与联系。

与样本相关系数的计算一样，这一样本回归方程也是根据样本数据计算得到的。那么在总体中，变量"食品消费支出"和"家庭收入"的关系能否用这一结果度量？或者家庭收入对于食品消费支出是否存在显著影响？解决这些问题同样需要对这一样本计算的结果进行统计检验。

2. 在 Excel 中实现回归方程的估计

通常用手工计算比较麻烦，在样本容量较大时，即使通过上面的计算表工具，计算工作量也较大。Excel 为我们提供的数据分析工具可以轻松地帮助我们计算回归方程。

用 Excel 进行回归分析的基本步骤：

第一步，选择"数据分析"中的"回归"分析工具，选择 Y 的输入区域和 X 的输入区域，如图 11－3(a)所示。

第二步，点击确定后得到如图 11－3(b)所示的三张表：回归统计、方差分析和系数表(Coefficients)。

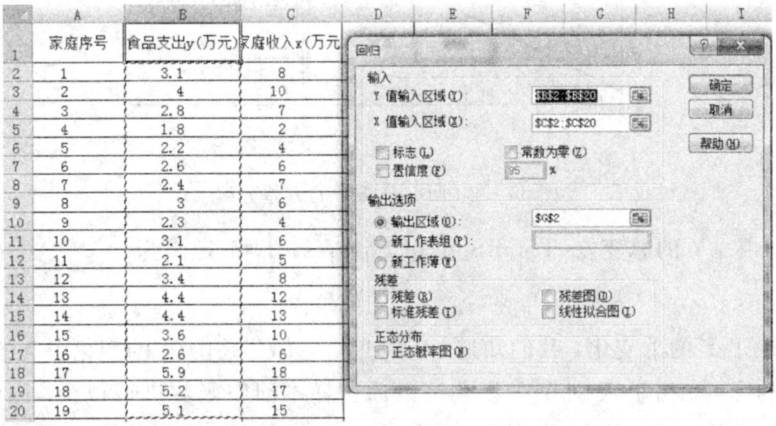

	A	B	C
1	家庭序号	食品支出y(万元)	家庭收入x(万元
2	1	3.1	8
3	2	4	10
4	3	2.8	7
5	4	1.8	2
6	5	2.2	4
7	6	2.6	6
8	7	2.4	7
9	8	3	6
10	9	2.3	4
11	10	3.1	6
12	11	2.1	5
13	12	3.4	8
14	13	4.4	12
15	14	4.4	13
16	15	3.6	10
17	16	2.6	6
18	17	5.9	18
19	18	5.2	17
20	19	5.1	15

(a) 食品消费支出—家庭收入回归分析输入

SUMMARY OUTPUT

回归统计	
Multiple	0.978508918
R Square	0.957479702
Adjusted	0.954978508
标准误差	0.248258037
观测值	19

方差分析

	df	SS	MS	F	Significance F
回归分析	1	23.59331	23.59331	382.8091	4.28377E-13
残差	17	1.047745	0.061632		
总计	18	24.64105			

	Coefficients	标准误差	t Stat	P-value	Lower 95%	Upper 95%	下限 95.0%	上限 95.0%
Intercept	1.178167193	0.1256	9.380301	3.92E-08	0.913174043	1.443160344	0.91317404	1.44316034
X Variabl	0.253748923	0.012969	19.56551	4.28E-13	0.226386308	0.281111538	0.22638631	0.28111154

(b) Excel 输出的回归分析结果

图 11－3　Excel 实现回归方程的估计

根据系数表（Coefficients），我们可以读出回归方程 $\hat{Y} = 1.178\ 167\ 198\ 3 + 0.253\ 748\ 923X$，根据需要保留合适的小数位数。

11.3.3　回归方程的显著性检验

1. 回归方程整体拟合效果的检验——拟合优度（goodness of fit）

回归方程 $\hat{Y}_i = \hat{\beta}_0 + \hat{\beta}_1 X_i$ 描述了被解释变量 Y 随着解释变量 X 变化而变化的程度，即 X 对 Y 的解释程度。如果给定 X，根据回归方程所计算的 Y 的拟合值（估计值）$\hat{Y}$ 与真实值的相对差异程度越小，则可以认为回归方程的拟合效果越好，衡量回归方程效果的这一性质被称为拟合优度。衡量拟合效果首先得了解方差分解，即被解释变量 Y 的变化影响因素，这一方法被称为方差分解或残差分解，如图 11-4 所示。

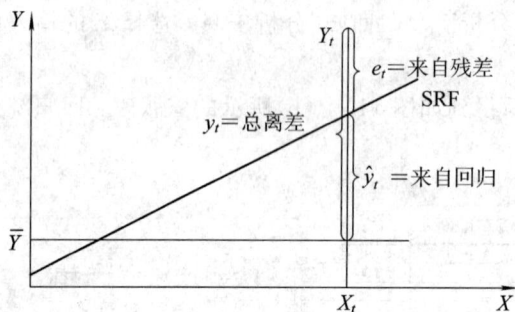

图 11-4　回归分析中的方差分解

图 11-4 中，Y 的总变差（Total Sum of Squares，TSS）定义为

$$\text{TSS} = \sum (Y_i - \bar{Y})^2 \tag{11.10}$$

TSS 反映了 Y 的总变化，我们知道，Y 的变化一部分是由 X 的变化引起的，另外还受到随机因素的影响。由于 X 对 Y 的影响可以通过样本回归函数进行拟合，因此 X 引起的 Y 的变差被称为回归平方和，用 ESS 表示（Explained Sum of Squares），根据 ESS 的含义我们可以得到它的计算式：

$$\text{ESS} = \sum (\hat{Y}_i - \bar{Y})^2 \tag{11.11}$$

而由于随机因素对 Y 产生的影响可以通过残差项 e_i 来反映，因此我们可以得到残差平方和（Residual Sum of Squares）的计算式：

$$\text{RSS} = \sum e_i^2 = \sum (Y_i - \hat{Y}_i)^2 \tag{11.12}$$

根据 TSS、ESS 以及 RSS 的计算公式，可以证明：TSS＝ESS＋RSS。而对于给定的样本数据，无论样本回归线如何，总变差平方和 TSS 总是一定的，那么 ESS 在 TSS 中所占比重越高，或者说由于随机因素引起的变差 RSS 所占比重越小，都能够说明根据 X 解释 Y 的变化效果越好，因此我们定义：

$$R^2 = \frac{\text{ESS}}{\text{TSS}} = 1 - \frac{\text{RSS}}{\text{TSS}} \tag{11.13}$$

我们称 R^2 为拟合优度(goodness of fit)或判定系数(coefficient of determination),它度量了回归方程的拟合效果。根据以上相关定义可知,拟合优度的取值范围是[0,1]。

若 $\hat{Y}_i = \bar{Y}$,则 $R^2 = 0$,反映了 X 对 Y 没有解释能力,因为无论 X 如何变化,Y 的预测值 $\hat{Y}$ 都没有变化。

若 $\hat{Y}_i = Y_i$,则 $R^2 = 1$,反映了 X 对 Y 具有完全解释能力,预测的残差 $e_i = Y_i - \hat{Y}$ 始终为 0。这时 Y 就是 X 的函数,给定 X 后 Y 的值是唯一的。

通常情况下,R^2 的取值在 0 到 1 之间,越接近于 1 反映回归方程的解释效果越好,越接近于 0 反映回归方程的解释效果越弱,具体数值可以理解为 X 能够解释 Y 的变化(信息)的百分比。

R^2 的值可以根据式(11.13)手工计算,通常在 Excel 给出的回归分析结果(图 11-3(b))中,根据"回归统计"可以直接读出 R^2(R Square)的数值。在用家庭收入解释食品消费支出的例子中,R^2 约等于 0.9575,说明家庭收入解释了食品消费支出 95.75% 的变化,解释效果相当好。也可以根据"方差分析"中给出的 TSS、ESS、RSS 的数值计算 R^2,在图 11-3(b)中:TSS=24.64105,ESS=23.59331,因此,

$$R^2 = \frac{23.5933}{24.6411} = 0.9575$$

2. 回归方程线性关系的显著检验——F 检验(F-test)

线性关系检验是检验被解释变量与解释变量之间的线性关系是否显著,或者说我们所构造的线性模型 $Y_i = \beta_0 + \beta_1 X_i + \varepsilon_i$ 是否比较准确地反映了 Y 和 X 之间的关系。根据图 11-4 中方差分解的结果以及 TSS、ESS、RSS 之间的关系,我们可以构造统计量

$$F = \frac{\text{ESS}/1}{\text{RSS}/(n-2)} \sim F(1, n-2) \tag{11.14}$$

由于 ESS 和 RSS 都是离差平方和,因此我们可以对 ESS 和 RSS 分别除以各自的自由度 1[①] 和 $n-2$,得到 MSE(Mean of Explained Squares),MSE=ESS/1 和 MSR(Mean of Residual Sum of Squares),MSR=RSS/$(n-2)$。这两个均方的比值 MSE/MSR 就服从 F 分布,可以据此判断回归方程线性假设的合理性。所以对于线性假设,当总体回归参数的原假设 $H_0: \beta_1 = 0$ 成立(即不存在线性关系)时,MSE/MSR 的比值应该接近于 1;但是如果原假设 $H_0: \beta_1 = 0$ 不成立(即存在线性关系),由于 X 的变化引起的 Y 的变差将迅速增大,$F = $ MSE/MSR 将变得无穷大。因此较大的 F 值将导致我们拒绝原假设 $H_0: \beta_1 = 0$,此时恰恰说明回归方程的线性假设从统计检验角度是合理的,用统计的语言来表述就是线性关系显著。

以例 11.3 中食品消费支出的回归分析结果为例,具体检验步骤如下:

---

① 对于 ESS$= \sum (\hat{Y}_i - \bar{Y})^2$ 而言,由最小二乘法得到的回归方程一定存在 $\sum e_i = \sum (\hat{Y} - \bar{Y}) = \sum (\hat{\beta}_0 + \hat{\beta}_1 X) - (\hat{\beta}_0 + \hat{\beta}_1 \bar{X}) = \hat{\beta}_1 \sum (X - \bar{X}) = 0$,因此自由度为 1。在以后的多元回归中,若包含 m 个自变量,则自由度为 m。

第一步，提出假设。

$H_0: \beta_1 = 0$ （食品消费支出和收入之间的线性关系不显著）

$H_1: \beta_1 \neq 0$ （食品消费支出和收入之间的线性关系显著）

第二步，计算 F 统计量，根据图 11-3(b)中"方差分析"的输出结果得

$$F = \frac{\text{FSS}/1}{\text{RSS}/(n-2)} = \frac{23.5933/1}{1.0477/17} = 382.8091$$

第三步，查自由度为(1,17)的 F 分布的临界值。一般情况下，给定显著性水平 $\alpha = 0.05$ 或 $\alpha = 0.01$，在这里我们查 $F_{0.01}(1.17) = 8.3997$。

第四步，将根据样本回归结果计算的 F 值和 $F_{0.01}(1.17) = 8.3997$ 比较。由于 $F = 382.8091 > F_{0.01}(1,17) = 8.3997$，因此拒绝原假设 $H_0: \beta_1 = 0$，接受备择假设 $H_1: \beta_1 \neq 0$，说明食品消费支出和收入之间的线性关系显著，我们关于线性回归模型的假设是合理的。

在第 8 章中曾经介绍过用 p 值做检验，在本例中，p 值就是在原假设 $H_0: \beta_1 = 0$ 成立的基础上，根据抽到的样本所计算的样本回归方程得到产生 $F \geq 382.8091$ 的概率，我们可以查表或者用 Excel 函数得到，$P(F \geq 382.8091)$ 几乎为 0。因此，在本例中我们拒绝 $H_0: \beta_1 = 0$ 所犯错误的概率几乎为零，因此我们可以拒绝原假设 $H_0: \beta_1 = 0$。在 Excel 输出的回归结果(图 11-3(b))中的"方差分析"中，$F = 382.8091$，所对应的 p 值(Significance F)几乎为 0。

思考：F 检验与 R^2 检验的关系。

3. 回归方程系数的显著检验——t 检验(t-test)

F 检验是将方程作为一个整体来判断回归估计的平均方差(MSE)相对于剩余方差的平均值(MSR)程度。而解释变量对于被解释变量的影响程度可以通过回归系数来反映，显然回归系数的估计值具有随机性。那么必然需要根据样本计算的回归系数估计值 $\hat{\beta_i}$ 对总体回归方程中的参数 β_i 进行检验。通常在一元回归分析中，我们只需对 x 的系数进行检验判断 $H_0: \beta_1 = 0$ 是否成立，而对于截距项 $H_0: \beta_0 = 0$ 一般不做检验，因为截距即使为 0 也仅表示回归直线穿过原点，不影响回归方程的显著性，除非截距为 0 有特殊的经济意义需要检验，从统计检验的角度一般不关心截距是否为 0。

由于 $\hat{\beta_1}$ 是随机变量，可以证明在满足基本假定的条件下，用最小二乘法得到的估计量 $\hat{\beta_1}$ 服从正态分布，其数学期望 $E(\hat{\beta_1}) = \beta_1$，标准差的计算公式为

$$\sigma_{\beta_1} = \frac{\sigma}{\sqrt{\sum X^2 - \frac{(\sum X)^2}{n}}} \qquad (11.15)$$

式(11.15)中的 σ 表示模型中的误差项 ε_i 的标准差，但是 σ 是未知的，我们通常用 ε_i 的估计值——残差 e_i 的标准差 s_e 代替 σ，从而得到 σ_{β_1} 的估计值 $s_{\hat{\beta_1}}$：

$$s_{\hat{\beta_1}} = \frac{s_e}{\sqrt{\sum X_i^2 - \frac{(\sum X_i)^2}{n}}} \qquad (11.16)$$

其中：

$$s_e = \sqrt{\frac{1}{n-2}\sum(Y_i - \hat{Y})} = \sqrt{\frac{\text{RSS}}{n-2}} = \sqrt{\text{MSR}} \qquad (11.17)$$

这样，便可得到用于回归系数 β_1 的检验统计量：

$$t = \frac{\hat{\beta}_1 - \beta_1}{s_{\hat{\beta}_1}} \qquad (11.18)$$

由于该统计量服从自由度为 $n-2$ 的 t 分布，因此可以通过根据样本计算的 t 值和临界值 $t_{\alpha/2}$ 进行比较作出决策。

下面以例 11.3 中的回归分析结果（图 11-3(b)）为例说明系数显著性检验的步骤：

第一步：提出假设。

$H_0: \beta_1 = 0$　　　（家庭收入对食品消费支出不存在显著影响）

$H_1: \beta_1 \neq 0$　　　（家庭收入对食品消费支出存在显著影响）

第二步：计算 t 统计量。根据图 11-3(b) 中"系数表（Coefficients）"的 X variable 后的系数 0.2537 以及系数的标准误差 0.012 969 计算得

$$t = \frac{\hat{\beta}_1}{s_{\hat{\beta}_1}} = \frac{0.253\ 75}{0.129\ 69} = 19.5655$$

第三步：查自由度为 17 的 t 分布临界值。一般情况下，给定显著性水平 $\alpha = 0.05$ 或 $\alpha = 0.01$，在这里采用 $\alpha = 0.01$，因此我们查 $t_{0.01/2}(17) = 2.8982$。

第四步：将根据样本回归结果计算的 t 值和 $t_{0.01/2}(17) = 2.8982$ 比较。由于

$$|t| = 19.5655 > t_{0.01/2}(17) = 2.8982$$

所以，拒绝原假设 $H_0: \beta_1 = 0$，接受备择假设 $H_1: \beta_1 \neq 0$，说明家庭收入对食品消费支出的影响是显著的。同样可以用 p 值对假设检验的结果作出判断，回归系数 $\hat{\beta}_1$ 对应的 p 值几乎为 0（4.28E−13）。由于 t 检验是双侧检验，因此必须用 $|t|$ 和临界值 $t_{\alpha/2}(n-2)$ 作比较。

在一元回归方程中，由于解释变量只有 1 个，因此 F 检验和 t 检验的结果是完全一致的，即 X 对 Y 的影响显著，则回归方程整体线性假设合理，反之亦然。但是多元回归中两者是有差别的。通常的回归分析我们都可以用软件得到分析结果，通用的 SPSS 软件、SAS 软件等输出的表格形式与 Excel 基本一致。在这里省略了 F 检验、t 检验中的一些公式，同学们可以参考相关统计学教材，也可以通过以后的相关课程如计量经济学来加强学习和深入理解。

11.3.4　关于模型检验的意义

回归分析是要通过样本所估计的参数来代替总体的真实参数，或者说是用样本回归线代替总体回归线。尽管从统计性质上已知：如果有足够多的重复抽样，参数的估计值的期望（均值）就等于其总体的参数真值，我们可以得到非常接近真值的估计值。但在实践中，我们只可能进行一次抽样时，那么由于抽样的随机性，参数估计值不一定就等于参数真值。

那么，在一次抽样中，参数的估计值与真值的差异有多大？是否显著？这就需要进一

步进行统计检验。在估计回归参数时,我们采用的是最小二乘法,也就是说回归估计值 $\hat{Y}$ 与样本观察值 Y 的差距是最小的。这条直线已经是所有直线中最为理想的一条,那么为什么还要进行假设检验?

一是我们假定 Y 与 X 为线性关系,也就是说如果 Y 与 X 为线性关系时,最小二乘估计得到的直线是最优的,然而我们关于线性关系的假设合理吗?这自然就需要对线性关系进行检验。其实,在线性模型假设之外是否存在更为优良的模型,我们并没有给出结论,这也是以后学习回归分析需要讨论的问题。

二是假设线性回归分析的假设是正确的,那么我们得到的回归模型又有多大意义呢?这当然与回归拟合优度有关。回归拟合优度表示了 X 在解释 Y 的时候能够解释的信息百分比,那么回归拟合优度越接近于 1,我们的模型越有价值。是不是说当回归拟合优度比较小,如只有 0.3 就没有意义了?这当然要看回归模型的用途,如果用于对 Y 的预测,那么预测的效果就很不理想,但是如果为了分析或解释 X 对 Y 的边际影响,则仍然是有意义的,只要 X 的系数能够通过显著性检验即可。

第三个问题尤其重要,我们在这里所讲的检验仅仅是统计检验。模型是否能通过经济检验或者模型的经济意义是否与经济理论或者经验相符合,则必须借助于社会学、经济学等相关学科理论。例如,在食品消费支出的回归模型中,家庭收入的系数 0.2537 可以从经济学理论中得到解释,即家庭收入每增加 1 万元,食品消费支出平均增加 2537 元,与经济理论或者常识相符合。如果这一系数为负值则通常不能得到经济理论的支持,那么原因可能是我们的样本数据的取得出现了问题,或者可能是在某些极端经济情况下存在我们尚未了解的经济规律。

11.4 回归模型的应用

11.4.1 回归模型参数的区间估计

回归系数 β_1 反映变量 X 对 Y 的边际影响,我们用最小二乘估计得到点估计值 $\hat{\beta}_1$,由式(11.18)可知 β_1 的置信度为 $1-\alpha$ 的置信区间:

$$\beta_1 - t_{\alpha/2} s_{\hat{\beta}_1} < \beta_1 < \beta_1 + t_{\alpha/2} s_{\hat{\beta}_1} \tag{11.19}$$

其中,$s_{\hat{\beta}_1}$ 可以按照式(11.16)和式(11.17)计算得到,代入式(11.19)得到 β_1 的置信度为 $1-\alpha$ 的置信区间:

$$\hat{\beta}_1 - t_{\alpha/2} \sqrt{\frac{\text{MSR}}{\sum x^2 - \dfrac{\left(\sum x\right)^2}{n}}} < \beta_1 < \hat{\beta}_1 + t_{\alpha/2} \sqrt{\frac{\text{MSR}}{\sum x^2 - \dfrac{\left(\sum x\right)^2}{n}}} \tag{11.20}$$

在图 11-3(b)中的系数表中,我们可以看到 β_1 的置信度为 95% 的置信区间下限为 0.2264,上限为 0.2811。

11.4.2 根据回归方程预测

回归方程一方面可以用来解释 X 对 Y 的影响程度，另外一个重要的作用就是根据给定的 X_i 来预测 Y 的数值。通常需要估计两种情况：一是在给定 X_i 的条件下 Y 的个别值，二是 Y 的均值。估计方法有点估计和区间估计两种。

1. 点估计

总体回归方程 $E(Y|X_i)=\beta_0+\beta_1 X_i$ 描述了 Y 的条件均值 $E(Y|X_i)$ 是 X_i 的函数，其估计值就是样本回归函数 $\hat{Y}=\hat{\beta}_0+\hat{\beta}_1 X_i$。因此只需将给定的 X_i 代入样本估计模型中即可得到 $E(Y|X_i)$ 的点估计值。

例如，对食品消费支出的估计，如果家庭收入为 5 万元，则平均家庭食品消费支出的点估计值为

$$\hat{y}=\hat{\beta}_0+\hat{\beta}_1 x_i=1.1782+0.2537\times 5=2.4469$$

对于估计 Y 的个别值而言，由于家庭总体回归模型 $Y_i=\beta_0+\beta_1 X_i+\varepsilon_i$ 中的随机误差项 ε_i 的均值 $E(\varepsilon_i)=0$，所以个别值 Y_i 的点估计值同样是均值的点估计值。

2. 区间估计

由于 $\hat{Y}=\hat{\beta}_0+\hat{\beta}_1 X_i$ 就是给定 X_i 时的 $E(Y|X_i)$ 的点估计值，因此只需得到 $\hat{Y}$ 的标准差 $s_{\hat{Y}}$ 就可以得出 $E(Y|X_i)$ 的置信区间，对于给定的 X_0 而言，$E(Y|X_i)$ 的置信度为 $1-\alpha$ 的置信区间为

$$\hat{Y}-t_{\alpha/2}s_{\hat{Y}}<E(Y\mid X_i)<\hat{Y}+t_{\alpha/2}s_{\hat{Y}} \tag{11.21}$$

根据统计学的相关证明，$s_{\hat{Y}}$ 的估计公式为

$$s_{\hat{Y}}=s_e\sqrt{\frac{1}{n}+\frac{(X_0-\bar{X})^2}{\sum(X_i-\bar{X})^2}} \tag{11.22}$$

其中，s_e 表示随机误差项 ε_i 的标准差的估计值，可以根据式(11.17)得到。

在图 11-3(b)的第一张表中所显示的标准误差 0.2483 是用 Excel 计算的结果，可以结合这一结果，计算假设家庭收入为 5 万元时，食品消费支出均值的置信度为 95% 的置信区间。

根据前面计算的食品消费支出均值的点估计值：

$$\hat{Y}=\hat{\beta}_0+\hat{\beta}_1 X_i=1.1782+0.2537\times 5=2.4469$$

查 t 分布表得 $t_{0.025}(17)=2.1098$，代入式(11.21)得到 $E(Y|X=5)$ 的置信区间为

$$2.4469\pm 2.1098\times 0.2483\times\sqrt{\frac{1}{19}+\frac{(5-8.6316)^2}{366.4211}}=2.4469\pm 0.1560$$

观察式(11.22)，对于给定样本，s_e、n 以及 X 的离差平方和 $\sum(X_i-\bar{X})^2$ 均是一定的，在给定置信度的条件下，预测的绝对误差取决于 X_0 偏离中心 $\bar{X}$ 的距离：当 X_0 等于 $\bar{X}$ 时，预测的绝对误差最小，效果最好；而当 X_0 偏离中心 $\bar{X}$ 的距离越大时，预测的效果越差。

本 章 小 结

一、本章主要概念

本章主要概念包括：相关关系，完全相关，强相关，弱相关，正相关，负相关，线性相关，非线性相关，回归方程，解释变量，被解释变量，外生变量，内生变量，最小二乘法，拟合优度，F 检验，t 检验，点估计，区间估计。

二、本章主要方法

1. 运用 Excel 制作散点图，进行变量相关关系的判断。

2. 简单线性相关系数的计算和相关系数 ρ 的假设检验。

3. 最小二乘法的基本步骤。

4. 在 Excel 中实现回归方程的估计、回归方程的假设检验、利用回归方程对被解释变量进行估计。

本 章 复 习 题

一、简答题

1. 简述相关系数的性质。

2. 为什么要对相关系数进行显著性检验？

3. 简述参数最小二乘估计的基本原理。

4. 在回归分析中，F 检验和 t 检验各有什么不同？

5. 简述线性相关检验和回归系数检验的具体步骤。

6. 怎样评价回归分析的结果？

7. 简要说明残差分析在回归分析中的作用。

8. 通过最小二乘法估计的回归方程，是否仍然需要进行假设检验？

9. 简述回归方程预测中的点估计和区间估计。

10. 一元回归方程的基本假定有哪些？

二、单项选择题

1. 变量之间的关系可以分为两大类（　　）。

A. 函数关系与相关关系　　　　　　B. 线性相关关系和非线性相关关系

C. 正相关关系和负相关关系　　　　D. 简单相关关系和复杂相关关系

2. 相关关系是指（　　）。

A. 变量间的非独立关系　　　　　　B. 变量间的因果关系

C. 变量间的函数关系　　　　　　　D. 变量间不确定性的依存关系

3. 进行相关分析时的两个变量（　　）。

A. 都是随机变量

B. 都不是随机变量

C. 一个是随机变量，一个不是随机变量

D. 随机的或非随机都可以

4. 回归分析中定义的（　　）。

A. 解释变量和被解释变量都是随机变量

B. 解释变量为非随机变量，被解释变量为随机变量

C. 解释变量和被解释变量都为非随机变量

D. 解释变量为随机变量，被解释变量为非随机变量

5. 回归模型中的被解释变量一定是（　　）。

A. 控制变量　　　　B. 政策变量　　　　C. 内生变量　　　　D. 外生变量

6. 下面说法正确的是（　　）。

A. 内生变量是非随机变量　　　　　　B. 前定变量是随机变量

C. 外生变量是随机变量　　　　　　　D. 外生变量是非随机变量

7. 在具体的模型中，被认为是具有一定概率分布的随机变量是（　　）。

A. 内生变量　　　B. 外生变量　　　C. 虚拟变量　　　D. 前定变量

8. 按经典假设，线性回归模型中的解释变量应是非随机变量，且（　　）。

A. 与随机误差项不相关　　　　　　　B. 与残差项不相关

C. 与被解释变量不相关　　　　　　　D. 与回归值不相关

9. 某一特定的 X 水平上，总体 Y 分布的离散度越大，即 σ^2 越大，则（　　）。

A. 预测区间越宽，精度越低　　　　　B. 预测区间越宽，预测误差越小

C. 预测区间越窄，精度越高　　　　　D. 预测区间越窄，预测误差越大

10. 根据判定系数 R^2 与 F 统计量的关系可知，当 $R^2=1$ 时有（　　）。

A. $F=1$　　　B. $F=-1$　　　C. $F=\infty$　　　D. $F=0$

三、计算（分析）题

1. 令 kids 表示一名妇女生育孩子的数目，educ 表示该妇女接受过教育的年数。生育率对教育年数的简单回归模型为：

$$\text{kids} = \beta_0 + \beta_1 \text{educ} + \varepsilon$$

（1）随机扰动项 ε 包含什么样的因素？它们可能与教育水平相关吗？

（2）上述简单回归分析能够揭示教育对生育率在其他条件不变下的影响吗？请解释。

2. 假定有如下的回归结果：$\hat{Y}_t = 2.69 - 0.48X_t$，其中，$Y$ 表示墨西哥的咖啡消费量（每天每人消费的杯数），X 表示咖啡的零售价格（单位：美元/杯），t 表示时间。

（1）这是一个时间序列回归还是横截面序列回归？作出回归线。

（2）如何解释截距的意义？它有经济含义吗？如何解释斜率？

（3）能否求出真实的总体回归函数？

（4）根据需求的价格弹性定义：弹性＝斜率×$\dfrac{X}{Y}$，依据上述回归结果，你能求出对咖啡需求的价格弹性吗？如果不能，计算此弹性还需要其他哪些信息？

3. 调查了某城市综合体内商业店面的面积（m^2）和月租金（千元）的数据如下，要求：

（1）根据数据用 Excel 制作散点图，判断两者的关系是否接近线性关系。

（2）计算线性相关系数。

（3）用 Excel 拟合线性回归方程，并作出解释。

面积/m²	30	35	45	55	78	90	105	200	150	120	66	75	68	59	77	78	85
月租金/千元	3	3	3	4	5	6	6	11	9	7	4	5	4	4	5	6	5

4. 对于人均存款 S 与人均收入 Y 之间的关系式 $\hat{S}_t = \alpha + \beta Y_t + \varepsilon_t$，使用美国 36 年的年度数据，得到如下估计模型(括号内为标准差)：

$$\hat{S}_t = 384.105 + 0.067Y_t,$$
$$(151.105)\ (0.011) \quad R^2 = 0.538$$

(1) β 的经济解释是什么?

(2) α 和 β 的符号(正、负)是什么? 为什么?

(3) 谈谈你对于拟合优度的看法。

5. 下表为日本的汇率与汽车出口数量数据：

年度	1986	1987	1988	1989	1990	1991	1992	1993	1994	1995
X	168	145	128	138	145	135	127	111	102	94
Y	661	631	610	588	583	575	567	502	446	379

X：年均汇率(日元/美元)，Y：汽车出口数量(万辆)

其中，

$\overline{X} = 129.3$，$\overline{Y} = 554.2$，$\sum (X - \overline{X})^2 = 4432.1$，$\sum (Y - \overline{Y})^2 = 68\ 113.6$，$\sum (X - \overline{X})(Y - \overline{Y}) = 16\ 195.4$。

(1) 画出 X 与 Y 的关系散点图。

(2) 计算 X 与 Y 的相关系数。

(3) 计算回归方程，并解释回归方程的经济含义。

6. 估计消费函数模型 $C_i = \beta_0 + \beta_1 Y_i + \varepsilon_i$ 得

$$\hat{C}_i = 15 + 0.81Y_i$$
$$t:(13.1)(18.7) \qquad n = 19 \quad R^2 = 0.81$$

其中，C 表示消费(元)，Y 表示收入(元)。

已知 $t_{0.025}(19) = 2.0930$，$t_{0.05}(19) = 1.729$，$t_{0.025}(17) = 2.1098$，$t_{0.05}(17) = 1.7396$。

试：

(1) 利用 t 值检验参数 β_1 的显著性($\alpha = 0.05$)；

(2) 确定参数 β_1 的标准差；

(3) 判断一下该模型的拟合情况。

7. 下表列出了我国 2005—2014 年国内旅游消费和国民生产总值的数据(单位：亿元)，要求试根据数据：

(1) 绘制散点图，并根据散点图判断两者之间是否存在线性关系。

(2) 拟合国内旅游总消费依 GDP 的线性方程。

(3) 对回归方程进行拟合优度检验、t 检验。

（4）根据 Excel 计算结果写出参数的置信区间，表述回归参数的经济含义。

年份	国内旅游总消费/亿元	GDP/亿元
2014	30 311.9	634 043.4
2013	26 276.1	583 196.7
2012	22 706.2	532 872.1
2011	19 305.4	479 576.1
2010	12 579.8	407 137.8
2009	10 183.7	345 046.4
2008	8749.3	318 736.7
2007	7770.6	268 631
2006	6229.7	217 246.6
2005	5285.9	184 575.8

8. 已知 10 名学生的身高和体重资料如下表：

身高/cm	171	167	177	154	169
体重/kg	53	56	64	49	55
身高/cm	175	163	152	172	162
体重/kg	66	52	47	58	50

试：

（1）根据所给数据资料计算样本的相关系数；

（2）对相关系数进行假设检验，显著性水平为 0.05；

（3）根据资料求出两个变量之间的回归方程（设身高为自变量，体重为因变量）；

（4）对回归方程进行显著性检验，显著性水平为 0.05。

9. 一家物流公司的管理人员想研究货物运输距离和运送时间之间的关系，为此，他抽取了最近一周的 12 次运输记录，得到运输距离（单位：km）和运送时间（单位：天）的数据如下：

运输距离	1210	680	450	1500	920	500
运送时间	5	3	2	5	3	2
运输距离	550	1080	300	900	1520	1400
运送时间	2	4	1.5	4	5.5	4.5

试：

（1）通过散点图判断运输距离和运送时间之间的相关关系形态；

（2）计算线性相关系数，说明变量之间相关性的强度；

（3）对运输距离和运送时间进行回归分析，并说明回归方程的经济含义；

（4）对回归方程进行假设检验。

10. 对化妆品行业中 8 家产品结构类似的企业进行广告投入和年销售收入的调查，得到数据如下（单位：亿元）：

广告支出	0.15	0.22	0.06	0.12	0.25	0.32	0.21	0.18
销售收入	2.5	2.8	2.2	2.2	3.0	3.5	3.0	3.2

要求计算：

(1) 样本相关系数，并对相关系数进行检验。

(2) 进行广告支出和销售收入之间的回归分析。

(3) 对回归方程进行假设检验。

复习题参考答案

一、简答题

略

二、单项选择题

1. A　2. D　3. A　4. B　5. C　6. D　7. A　8. A　9. A　10. C

三、计算(分析)题

1. (1) 收入、年龄、家庭状况、政府的相关政策也是影响生育率的重要因素，在上述简单回归模型中，它们被包含在了随机扰动项之中。

   (2) 当归结在随机扰动项中的重要影响因素与模型中的教育水平 $educ$ 的相关性时，上述回归模型不能够揭示教育对生育率在其他条件不变下的影响，因为这时出现解释变量与随机扰动项相关的情形，基本假定(4)不满足。

2. (1) 这是一个时间序列回归。

   (2) 截距 2.6911 表示咖啡零售价在每磅 0 美元时，墨西哥平均咖啡消费量为每人每天 2.6911 杯，这个数字没有明显的经济意义；斜率 -0.4795 表示咖啡零售价与消费量负相关，表明咖啡价格每上升 1 美元，则平均每天每人消费量减少 0.4795 杯，即约半杯。

   (3) 不能。原因在于要了解全墨西哥所有人的咖啡消费情况几乎是不可能的。

   (4) 不能，在同一条需求曲线上不同点的价格弹性不同，须给出具体的 X 值和与之对应的 Y 值。

3. (1) 散点图略，线性关系明显。

   (2) 样本相关系数为 0.984。

   (3) 回归方程为 $\hat{Y} = 1.429 + 0.0498X$。

4. (1) β 为收入的边际储蓄倾向，表示人均收入每增加一美元时人均储蓄的预期平均变化量。

   (2) 由于收入为零时，家庭仍会有支出，可预期零收入时的平均储蓄为负，因此 α 的符号应为负；储蓄是收入的一部分，且会随收入的增加而增加，因此预期 β

的符号为正。

(3) 拟合优度刻画的是解释变量对被解释变量变化的解释能力。模型中 53.8% 的拟合优度表明收入的变化可以解释储蓄中 53.8% 的变动。

5. (1) 散点图略

(2) $r_{XY} = \dfrac{\sum (X - \bar{X})(Y - \bar{Y})}{\sqrt{\sum (X - \bar{X})^2 \sum (Y - \bar{Y})^2}} = \dfrac{16\ 195.4}{\sqrt{4432.1 \times 68\ 113.6}} = 0.9321$

(3) 截距项 81.72 表示当美元兑日元的汇率为 0 时日本的汽车出口量，这个数据没有实际意义；斜率项 3.65 表示汽车出口量与美元兑换日元的汇率正相关，当美元兑换日元的汇率每上升 1 元，会引起日本汽车出口量上升 3.65 万辆。

6. (1) 提出原假设 $H_0 : \beta_1 = 0$，$H_1 : \beta_1 \neq 0$。

统计量 $t = 18.7$，临界值 $t_{0.025}(17) = 2.1098$，由于 $18.7 > 2.1098$，故拒绝原假设 $H_0 : \beta_1 = 0$，即认为参数 β_1 是显著的。

(2) 由于 $t = \dfrac{\hat{\beta_1}}{sb(\hat{\beta_1})}$，故 $sb(\hat{\beta_1}) = \dfrac{\hat{\beta_1}}{t} = \dfrac{0.81}{18.7} = 0.0433$。

(3) 回归模型中 $R^2 = 0.81$，表明拟合优度较高，解释变量对被解释变量的解释能力为 81%，即收入对消费的解释能力为 81%，回归直线拟合观测点较为理想。

7. (1) 散点图略

(2)、(3)、(4) 参考 Excel 输出结果：

	A	B	C	D	E	F	G
2	SUMMARY OUTPUT						
4		回归统计					
5	Multiple R	0.98113375					
6	R Square	0.962623048					
7	Adjusted R Squ	0.957951365					
8	标准误差	1848.253076					
9	观测值	10					
10							
11	方差分析						
12		df	SS	MS	F	Significance F	
13	回归分析	1	7.04E+08	7.04E+08	206.0379	5.41819E-07	
14	残差	8	27328315	3416039			
15	总计	9	7.31E+08				
16							
17		Coefficients	标准误差	t Stat	P-value	Lower 95%	Upper 95%
18	Intercept	-7573.46352	1673.795	-4.52473	0.001938	-11433.24103	-3713.69
19	GDP	0.056693464	0.00395	14.35402	5.42E-07	0.047585537	0.065801

图 11-5 Excel 输出结果

8. 根据 Excel 计算的结果（保留 4 位小数）：

回归统计	
Multiple R	0.8891
R Square	0.7905
Adjusted R Square	0.7643
标准误差	3.0277
观测值	10.0000

方差分析

	d_f	SS	MS	F	Significance F
回归分析	1	276.6625	276.6625	30.1796	0.0006
残差	8	73.3375	9.1672		
总计	9	350.0000			

	Coefficients	标准误差	t Stat	p 值	下限 95%	上限 95%
Intercept	-54.4793	19.9515	-2.7306	0.0258	-100.4875	-8.4710
身高	0.6587	0.1199	5.4936	0.0006	0.3822	0.9352

9. Excel 计算的结果摘录（保留 4 位小数）：

回归统计	
Multiple R	0.9643
R Square	0.9299
Adjusted R Square	0.9228
标准误差	0.3859
观测值	12.0000

方差分析

	d_f	SS	MS	F	Significance F
回归分析	1	19.7401	19.7401	132.5645	0.0000
残差	10	1.4891	0.1489		
总计	11	21.2292			

	Coefficients	标准误差	t Stat	p 值
Intercept	0.5852	0.2733	2.1414	0.0579
运输距离	0.0031	0.0003	11.5137	0.0000

10. 略

第 12 章　多元回归分析和曲线回归

12.1　多元线性回归模型

上一章介绍的一元线性回归在实际问题的分析中是极其少见的，通常影响因变量的因素有多个，这种多个自变量影响一个因变量的问题可以通过多元回归分析来解决。例如，经济学知识告诉我们，商品需求量 Q 除了与商品价格 P 有关外，还受到替代品的价格 P_s、互补品的价格 P_c 和消费者收入 I 等因素，甚至还包括商品品牌 $Brand$ 这一品质变量（品质变量不能用数字来衡量，需要在模型中引入虚拟变量）的影响。多元回归分析应用的范围更加广泛。由于线性回归分析比较简单和普遍，我们这一章首先介绍多元线性回归，在线性分析基础上，逐步引入虚拟变量回归和一类能够变换成线性回归的曲线回归模型。

12.1.1　多元回归模型的基本定义

1. 模型的数学形式

设因变量为 Y，影响因变量的 k 个自变量分别为 X_1，X_2，$\cdots$，X_k，假设每一个自变量对因变量 Y 的影响都是线性的，也就是说，在其他自变量不变的情况下，Y 的均值随着自变量 X_i 的变化均匀变化，这时我们把

$$Y = \beta_0 + \beta_1 X_1 + \beta_2 X_2 + \cdots + \beta_k X_k + \varepsilon \tag{12.1}$$

称为总体回归模型，把 β_0，β_1，β_2，$\cdots$，β_k 称为回归参数。回归分析的基本任务是：

任务 1：利用样本数据对模型参数作出估计。

任务 2：对模型参数进行假设检验。

任务 3：应用回归模型对因变量（被解释变量）作出预测。

2. 模型的基本假定

为了保证多元回归分析的参数估计、统计检验以及置信区间估计的有效性，与一元线性回归分析类似，我们需要对总体回归模型及数据作一些基本假定。

假定 1：随机误差项 ε 的概率分布具有零均值，即 $E(\varepsilon) = 0$。

假定 2：随机误差项 ε 的概率分布对于不同的自变量表现值而言，具有同方差。即 ε 的方差不随着 X_{ij} 的变化而变化，$D(\varepsilon) = \sigma^2$。

假定 3：随机误差项 ε 不存在自相关，即 $\mathrm{cov}(\varepsilon_i, \varepsilon_j) = 0$。

假定 4：ε_i 与任一解释变量 X_i 不相关，可以表示为 $\mathrm{cov}(\varepsilon_i, X_i) = 0$。

假定 5：解释变量 X 之间不存在完全共线性。

以上假定1~4与一元回归分析的假定是相同的。假定5是针对解释变量而言，在一元回归分析中，由于只有一个解释变量，因此这一点是不需要的。

在模型和数据满足上述假定时，对式(12.1)两边取期望，可得到：

$$E(Y \mid X_1, X_2, \cdots, X_k) = \beta_0 + \beta_1 X_1 + \beta_2 X_2 + \cdots + \beta_k X_k \tag{12.2}$$

式(12.2)称为总体回归方程(Population Regression Equation，PRE)或总体回归函数(Population Regression Function，PRF)，$E(Y \mid X_1, X_2, \cdots, X_k)$ 表示在给定自变量 X_i 的条件下观察值 Y 的条件均值。在实际问题中，总体参数 $\beta_0, \beta_1, \beta_2, \cdots, \beta_k$ 往往是未知的，我们需要根据样本观察值给出总体参数的相应的估计值 $\hat{\beta}_0, \hat{\beta}_1, \hat{\beta}_2, \cdots, \hat{\beta}_k$，此时，

$$\hat{Y} = \hat{\beta}_0 + \hat{\beta}_1 X_1 + \hat{\beta}_2 X_2 + \cdots + \hat{\beta}_k X_k \tag{12.3}$$

称为样本回归方程(Sample Regression Equation，SRE)或样本回归函数(Sample Regression Function，SRF)，$\hat{Y}$ 也就是 $E(Y \mid X_1, X_2, \cdots, X_k)$ 的点估计值。

12.1.2 多元线性回归方程的估计

对于多元回归方程，在模型和数据满足前文所述的基本假定的前提下，参数估计可以通过最小二乘估计来得到，同样假设

$$Q = \sum (Y_i - \hat{Y}_i)^2 = \min$$

即

$$Q = \sum (Y_i - \hat{Y}_i) = \sum (Y_i - \hat{\beta}_0 - \hat{\beta}_1 X_1 - \hat{\beta}_2 X_2 - \cdots - \hat{\beta}_k X_k)^2 = \min \tag{12.4}$$

根据高等数学知识，Q 分别对 $\hat{\beta}_0, \hat{\beta}_1, \hat{\beta}_2, \cdots, \hat{\beta}_k$ 对求偏导数，令其等于 0，得到

$$
\begin{cases}
\dfrac{\partial Q}{\partial \hat{\beta}_0} = \sum (Y_i - \hat{\beta}_0 - \hat{\beta}_1 X_1 - \hat{\beta}_2 X_2 - \cdots - \hat{\beta}_k X_k)(-1) = 0 \\[2mm]
\dfrac{\partial Q}{\partial \hat{\beta}_1} = \sum (Y_i - \hat{\beta}_0 - \hat{\beta}_1 X_1 - \hat{\beta}_2 X_2 - \cdots - \hat{\beta}_k X_k)(-X_1) = 0 \\[2mm]
\vdots \\[2mm]
\dfrac{\partial Q}{\partial \hat{\beta}_k} = \sum (Y_i - \hat{\beta}_0 - \hat{\beta}_1 X_1 - \hat{\beta}_2 X_2 - \cdots - \hat{\beta}_k X_k)(-X_k) = 0
\end{cases} \tag{12.5}
$$

求解式(12.5)中的方程组，即可得到参数的估计值 $\hat{\beta}_0, \hat{\beta}_1, \hat{\beta}_2, \cdots, \hat{\beta}_k$。由于手工计算比较繁琐，而现在的统计软件都提供了回归分析工具，尤其 Excel 中的回归分析工具相当简单，下面就通过例题来介绍这一过程。

例 12.1 在锅炉安装工程中，锅炉安装所需的工时 Y(单位：小时)往往受到锅炉容量 X_1(单位：kg/小时)和设计压力 X_2(单位：kPa)的影响。如果能够比较准确地分析这一关系，则可以帮助锅炉制造商合理安排生产计划，决定雇佣生产工人的规模等。表 12-1 所示是制造商根据历史搜集的 30 个锅炉安装的相关数据，试建立所需工时 Y 与锅炉容量 X_1 和设计压力 X_2 的回归方程，并解释各回归系数的意义。

表 12-1　锅炉安装的相关数据

安装工时	锅炉容量	设计压力	锅炉类型	炉筒类型
3137	120 000	375	1	1
3590	65 000	750	1	1
4526	150 000	500	0	1
10 825	1 073 880	2170	1	1
4023	150 000	3250	0	1
7606	610 000	1500	1	1
3748	88 200	400	1	1
2972	88 200	400	1	1
3136	88 200	400	1	1
4065	90 000	1140	1	1
2050	30 000	325	1	1
6500	441 000	410	1	1
5651	441 000	410	1	1
6565	441 000	410	1	1
6387	441 000	410	0	1
6454	627 000	1525	0	1
6928	610 000	1500	1	1
4265	150 000	500	0	1
14 765	1 089 500	2170	1	1
2680	12 500	750	1	1
2987	120 000	375	1	1
1964	65 000	750	1	0
2578	150 000	500	1	0
1515	150 000	250	1	0
2000	150 000	500	0	0
2735	150 000	325	1	0
3699	610 000	1500	1	0
2630	90 000	1140	1	0
1208	300 000	325	1	0
3778	441 000	410	1	0

解 Excel 中多元回归分析和一元回归分析使用的是同一个工具,运用"数据分析"中的"回归"得到图 12-1 所示的内容。

	A	B	C	D	E	F	G	H	I
1	SUMMARY OUTPUT								
2									
3		回归统计							
4	Multiple	0.8834							
5	R Square	0.7804							
6	Adjusted	0.7642							
7	标准误差	1400.8265							
8	观测值	30							
9									
10	方差分析								
11		df	SS	MS	F	gnificance F			
12	回归分析	2	1.88E+08	94162449	47.98539	1.29E-09			
13	残差	27	52982502	1962315					
14	总计	29	2.41E+08						
15									
16		Coefficients	标准误差	t Stat	P-value	Lower 95%	Upper 95%	下限 95.0%	上限 95.0%
17	Intercept	1653.118	419.951	3.936	0.001	791.450	2514.786	791.450	2514.786
18	X1	0.008	0.001	7.723	0.000	0.006	0.010	0.006	0.010
19	X2	0.462	0.427	1.084	0.288	-0.413	1.338	-0.413	1.338

图 12-1 Excel 输出的回归分析结果

与一元回归分析输出的结果类似,多元回归分析输出共 3 张表:回归统计、方差分析以及系数表。通过系数表我们可以写出回归方程

$$\hat{Y} = 1653.118 + 0.008X_1 + 0.462X_2$$

这一结果表明,锅炉容量 X_1 每增加一个单位,安装工时 Y 平均增加 0.08 小时;设计压力 X_2 每增加一个单位,安装工时增加 0.462 小时。

12.1.3 对假定 5 的进一步解释

相对于一元回归分析,多元回归中增加了假定 5,即解释变量之间不存在完全的多重共线性。首先什么是完全多重共线性呢?对于解释变量 $X_1, X_2, \cdots, X_k$,每个变量都有 n 个观察值,相当于 k 个向量,借用线性代数中的概念,自变量的完全多重共线性就是一组向量 $X_1, X_2, \cdots, X_k$ 线性相关,即存在一组非零实数 $c_0, c_1, c_2, \cdots, c_k$,使得 $c_0 + c_1X_1 + c_2X_2 + \cdots + c_kX_k = 0$。换句话说,就是其中的一个自变量可以用其他自变量线性表示。那么,如果自变量之间存在完全共线性,会产生什么后果呢?

我们以二元回归为例来解释这一问题,设二元回归方程为

$$\hat{Y} = \hat{\beta}_0 + \hat{\beta}_1 X_1 + \hat{\beta}_2 X_2 \tag{12.6}$$

若观察变量 X_1 和 X_2 完全线性相关,则一定存在非零实数 c_0, c_1,使得 $X_2 = c_1X + c_0$,那么回归方程可写为

$$\hat{Y} = \hat{\beta}_0 + \hat{\beta}_1 X_1 + \hat{\beta}_2 X_2 = \hat{\beta}_0 + \hat{\beta}_1 X_1 + \hat{\beta}_2 (c_1 X_1 + c_0)$$
$$= (\hat{\beta}_0 + c_0\hat{\beta}_2) + (\hat{\beta}_1 + c_1\hat{\beta}_2)X_1 \tag{12.7}$$

式(12.7)实际上表示的是 Y 和 X_1 的一元回归方程,根据一元回归方程的参数估计可以得到

$$\begin{cases} \hat{\beta}_1 + c_1\hat{\beta}_2 = \dfrac{\sum (Y - \bar{Y})(X_1 - \bar{X}_1)}{\sum (X_1 - \bar{X}_1)^2} \\ \hat{\beta}_0 + c_0\hat{\beta}_2 = Y - (\hat{\beta}_1 - c_1\hat{\beta}_2)\bar{X}_1 \end{cases} \tag{12.8}$$

　　观察式(12.8)中的方程组，两个方程中我们是不可以得到 3 个参数的具体估计值的。观察式(12.8)的第一个等式，实际上我们得到的是 $\hat{\beta}_1$ 和 $\hat{\beta}_2$ 的一个线性组合。我们发现式(12.7)中并未用到自变量 X_2 的观察值，这其实很好理解，因为 X_1 和 X_2 完全线性相关，那么 X_1 也就反映了 X_2 的信息，或者说在估计回归方程时 X_2 并未提供任何更多的信息，更进一步地讲，X_1 和 X_2 可以相互替代，我们只能估计到它们系数的一个线性组合。而实际上满足式(12.8)中第一个等式的 $\hat{\beta}_1$、$\hat{\beta}_2$ 的线性组合有无穷多个，我们不能分别给出 $\hat{\beta}_1$ 和 $\hat{\beta}_2$ 的确定的值。

　　让我们回顾一下 $\hat{\beta}_1$ 和 $\hat{\beta}_2$ 的估计方法——最小二乘法。式(12.4)和式(12.5)中残差平方和 Q 分别对 $\hat{\beta}_1$、$\hat{\beta}_2$ 求偏导，所谓 Q 对 $\hat{\beta}_1$ 的偏导数，就是假定 $\hat{\beta}_2$ 不变时对 $\hat{\beta}_1$ 求导数，显然由于 $\hat{\beta}_1$ 和 $\hat{\beta}_2$ 存在如式(12.8)中第一个等式的约束，所以不存在 $\hat{\beta}_2$ 不变时而 $\hat{\beta}_1$ 变化。因此，这时最小二乘法是没有意义的，分析其根本原因，是由于 X_1 和 X_2 完全线性相关造成的，是数据本身的原因。当然在多元回归分析中，完全共线性是基本不存在的，但是如果自变量之间存在高度相关，这并不违背最小二乘法的基本假定，但是稍后的知识将告诉我们，当自变量之间存在高度相关时，回归参数估计的标准差被放大，回归方程的显著性将受到影响。

12.2　多元回归模型的假设检验

12.2.1　拟合优度检验

　　回归方程 $\hat{Y}_i = \hat{\beta}_0 + \hat{\beta}_1 X_1 + \hat{\beta}_2 X_2 + \cdots + \hat{\beta}_k X_k$ 描述了被解释变量 Y 随着解释变量 X_1，X_2，$\cdots$，X_k 变化而变化的程度，即 X_1，X_2，$\cdots$，X_k 对 Y 的解释程度。如果给定 X_1，X_2，$\cdots$，X_k，根据回归方程所计算的 Y 的拟合值(估计值)$\hat{Y}$ 与真实值的相对差异程度越小，则可以认为回归方程的拟合效果越好，衡量回归方程效果的这一性质被称为拟合优度。衡量拟合效果首先得了解方差分解，即被解释变量 Y 的变化影响因素，这一方法被称为方差分解或残差分解。

　　Y 的总变差(Total Sum of Squares，TSS)定义为

$$\text{TSS} = \sum (Y_i - \bar{Y})^2 \tag{12.9}$$

　　TSS 反映了 Y 的总变化。我们知道，Y 的变化一部分是由 X_1，X_2，$\cdots$，X_k 的变化引起的，另一方面还受到随机因素的影响。由于 X 对 Y 的影响可以通过样本回归函数进行拟合，因此 X_1，X_2，$\cdots$，X_k 引起的 Y 的变差被称为回归平方和 ESS(Explained Sum of Squares)，根据 ESS 的含义我们可以得到它的计算式：

$$\text{ESS} = \sum (\hat{Y}_i - \bar{Y})^2 \tag{12.10}$$

而由随机因素对 Y 产生的影响可以通过残差项 e_i 来反映，因此我们可以得到残差平方和 RSS(Residual Sum of Squares)的计算式：

$$RSS = \sum e_i^2 = \sum (Y_i - \hat{Y}_i)^2 \tag{12.11}$$

根据 TSS、ESS 以及 RSS 的计算公式，可以证明：

$$TSS = ESS + RSS$$

而对于给定的样本数据，无论样本回归线如何，总变差平方和 TSS 总是一定的，那么 ESS 在 TSS 中所占比重越高，或者说由随机因素引起的变差 RSS 所占比重越小，说明根据 X 解释 Y 的变化效果越好，因此我们定义：

$$R^2 = \frac{ESS}{TSS} = 1 - \frac{RSS}{TSS} \tag{12.12}$$

在多元回归中称 R^2 为拟合优度(goodness of fit)或多重判定系数(multiple coefficient of determination)，根据以上相关定义可知，拟合优度的取值范围是$[0,1]$。它度量了回归方程的拟合效果，即一组自变量 X_1，X_2，$\cdots$，X_k 可以解释的 Y 的变化程度，或者 Y 与一组变量 X_1，X_2，$\cdots$，X_k 的相关程度，因此 R^2 也叫做复相关系数。在例 12.1 中 $R^2 = 0.7804$，说明锅炉容量和设计压力可以解释安装时间 78.04% 的变化，解释效果相当好。

与一元回归中的判定系数稍有差别的是，在多元回归分析中，只要我们在回归方程 $\hat{Y}_i = \hat{\beta}_0 + \hat{\beta}_1 X_1 + \hat{\beta}_2 X_2 + \cdots + \hat{\beta}_k X_k$ 中增加一个解释变量 X_{k+1}，就会使得拟合优度 R^2 增加，原因是回归方程的估计采用最小二乘法，只有当 X_{k+1} 的系数为 0 时，RSS 与包含 k 个变量时相等，通常增加解释变量后，新的离差平方和 RSS 必然减小，而 TSS 与解释变量无关，当 Y 的观察值一定时，TSS 不变。这就造成一个假象，只要我们增加解释变量，式(12.12)的结果就会增加而越来越趋近于 1，甚至等于 1。然而这样做的结果是回归方程可解释方差的自由度越来越小，或者新增加的解释变量的回归系数根本不能通过 t 检验。因此，经过对多重判定系数用自由度进行修订后，得到调整的多重判定系数(adjusted multiple coefficient of determination)R_a^2 的计算公式为

$$R_a^2 = 1 - (1 - R^2) \times \frac{n-1}{n-k-1} \tag{12.13}$$

R_a^2 的解释与 R^2 类似，不同的是它考虑了 TSS 的自由度 $n-1$ 和残差平方和 RSS 的自由度 $n-k-1$。它不会由于模型中不断增加解释变量而使 R_a^2 接近于 1。在例 12.1 中，R_a^2 等于 0.7642。

12.2.2 估计标准误差

与一元回归分析中估计标准误差的定义类似，ε 的估计标准差衡量了回归方程绝对误差的大小，表示观察值 Y 与回归估计值 $\hat{Y}$ 的平均偏离程度，其计算公式为

$$s_e = \sqrt{\frac{\sum (Y - \hat{Y})^2}{n-k-1}} = \sqrt{\frac{RSS}{n-k-1}} = \sqrt{MSR} \tag{12.14}$$

我们只需根据计算机软件输出的结果读出 s_e 的数值即可，如图 12-1 所示，在 Excel 输出的回归估计结果中，第一个表中的"标准误差"一项即为此值，例 12.1 中的 s_e 为 1400.8265。这一标准误差在方程的假设检验中也会用到。

12.2.3 F 检验

多元回归分析的 F 检验是从总体上判断一组变量 X_1，X_2，$\cdots$，X_k 整体上对 Y 的解释程度是否显著，总体显著性假设检验的基本步骤是：

第一步，提出原假设和备择假设。

H_0：$\beta_1 = \beta_2 = \cdots = \beta_k$ $\qquad$（X_1，X_2，$\cdots$，X_k 整体对 Y 没有解释能力）

H_1：β_1，β_2，$\cdots$，β_k 不全为 0 $\qquad$（X_1，X_2，$\cdots$，X_k 整体对 Y 有解释能力）

第二步，构造 F 统计量。

$$F = \frac{\text{ESS}/k}{\text{RSS}/(n-k-1)} \sim F(k, n-k-1) \tag{12.15}$$

F 统计量是将可解释的方差与剩余随机方差作比较，因此也叫做方差分析。

第三步，将 F 统计量与临界值 $F_a(k, n-k-1)$ 作比较，进行决策。

例 12.1 中，根据 Excel 输出的结果计算得到：

$$F = \frac{\text{ESS}/k}{\text{RSS}/(n-k-1)} = 47.99$$

若原假设成立，那么可解释方差与随机误差方差的比值接近于 1。反之，如果这一比值非常大，超过给定显著性水平下的临界值 $F_a(k, n-k-1)$，则表明在总方差中可解释方差是主要的，变量组合 X_1，X_2，$\cdots$，X_k 整体对 Y 的解释是有效的。例 12.1 中，由于临界值 $F = 47.99 > F_{0.05}(2, 27) = 3.35$，因此拒绝原假设，接受备择假设，说明锅炉容量 X_1 和设计压力 X_2 两个变量整体对所需工时 Y 的解释是有效的。

12.2.4 系数的显著性检验

多元回归分析中系数的显著性检验就是分别对参数 β_i 是否显著地异于 0 进行检验，所选用的统计量是 t 统计量。在一元回归分析中，模型本身只含有一个解释变量，F 检验和 t 检验结果完全相同（F 统计量就是 t 统计量的平方[①]）。但是多元回归分析中系数的检验要分 k 个系数进行，显然如果 F 检验表明变量组合 X_1，$\cdots$，X_k 整体对 Y 的解释是有效的，并不能说明每一个自变量对 Y 的解释都是有效的（或影响是显著的）。对系数 β_i 的检验步骤如下：

第一步，提出原假设与备择假设。

H_0：$\beta_i = 0$ $\qquad$（$i = 1, 2, \cdots, k$，变量 X_i 对 Y 的影响是不显著的）

---

① 令：$\widehat{y_i} = \widehat{Y} - \overline{Y}$，$e_i = Y_i - \widehat{Y}$，$x_i = X_i - \overline{X}$，则

$$F = \frac{\sum \widehat{y_i^2}}{\sum e_i^2/(n-2)} = \frac{\widehat{\beta_1^2} \sum x_i^2}{\sum e_i^2/(n-2)} = \frac{\widehat{\beta_1^2}}{\dfrac{\sum e_i^2}{(n-2)\sum x_i^2}}$$

$$= \left(\frac{\widehat{\beta_1}}{\sqrt{\dfrac{\sum e_i^2}{(n-2)\sum x_i^2}}} \right)^2 = \left(\frac{\widehat{\beta_1}}{\sqrt{\dfrac{\sum e_i^2}{n-2} \cdot \dfrac{1}{\sum x_i^2}}} \right)^2 = t^2$$

$H_0: \beta_i \neq 0$　　($i = 1, 2, \cdots, k$，变量 X_i 对 Y 的影响是显著的)

第二步，构造 t 统计量。

$$t = \frac{\hat{\beta}_i}{s_{\hat{\beta}_i}} \sim t(n-k-1) \tag{12.16}$$

上式中的 $s_{\hat{\beta}_i}$ 表示回归系数估计值 $\hat{\beta}_i$ 的标准差，是 $\sigma_{\hat{\beta}_i}$ 的估计值，计算公式为：

$$s_{\hat{\beta}_i} = \frac{s_e}{\sqrt{\sum X_i^2 - n\bar{X}^2}} \tag{12.17}$$

第三步，将 t 统计量数值与给定的显著性水平下的临界值比较作决策。也可以通过 t 值所对应的 p 值和显著性水平 α 比较作决策。

当 $|t| > t_{\alpha/2}(n-k-1)$ 时(或 p 值 $<\alpha$)，拒绝原假设，说明 X_i 对 Y 的影响是显著的；当 $|t| < t_{\alpha/2}(n-k-1)$ 时(或 p 值 $>\alpha$)，不能拒绝原假设，不能说明 X_i 对 Y 的影响是显著的。在图 12-1 所示的第三个表中，我们可以看到相应的 t 值和对应的 p 值：$t_{\hat{\beta}_1} = 7.723$，$p$ 值 $= 0.000$，因此 X_1 对 Y 的影响是显著的；而 $t_{\hat{\beta}_2} = 1.084$，$p$ 值 $= 0.288$，因此 X_2 对 Y 的影响是不显著的。

12.2.5　多重共线性对方程回归估计的影响

自变量之间的完全共线性一般不会存在，但是在经济问题分析中，自变量之间往往具有一定的相关性，这就产生了回归分析中的多重共线性问题。一般的多重共线性虽然不违背回归分析的基本假定，但是如果变量之间的相关性较高，则会引起变量系数的显著性检验不能通过的假象。也就是说，尽管 F 检验从总体上反映自变量组整体对因变量的解释能力和解释程度都很好，但是自变量的系数检验却不能通过。

1. 多重共线性的识别

检测多重共线性的方法较多，下面几种方法通常比较简单：

方法 1：计算自变量之间的简单相关系数。如果存在两个自变量之间的相关系数较高(往往大于 0.8)，则说明多重共线性比较大。但这种方法只能诊断两个自变量之间的共线性，如果一个自变量与其余一组自变量之间高度相关，通过这类方法往往不容易发现。

方法 2：F 检验显著而 t 检验几乎所有变量不显著。这正是由于自变量之间的高度相关致使回归系数的方差变大引起的。

方法 3：模型回归的结果，尤其是回归系数的正负号与理论或者常识的判断不一致。这正是由于自变量之间高度相关而致使一定程度上自变量的信息相互替代，导致回归系数也在某种程度上部分替代。

2. 多重共线性的处理

多重共线性的处理方法也较多。通常最简单的办法是剔除高度相关的自变量中的一个，这样做从方程对因变量的解释效果来说并没有显著影响，但是这时方程中的自变量回归系数的经济意义已经发生了变化，解释自变量的影响程度时需要特别注意。当保留所有自变量时，需要注意根据 t 检验进行系数显著性检验是失效的。多重共线性问题在计量经济学中有更加深入的分析，有兴趣的同学可参考相关书籍。

12.3　引进虚拟变量的回归分析和曲线回归

前面两节介绍的回归分析中的自变量和因变量都是数值型变量，如果在回归分析中引入虚拟变量（分类变量），则会使模型的应用范围迅速扩大。本节介绍在自变量中引入虚拟变量。在自变量中引入虚拟变量本身并不影响回归模型的基本假定，因为经典回归分析是在给定自变量 X 的条件下被解释变量 Y 的随机分布。但是如果因变量为分类变量，则会改变经典回归分析的基本假定，一般在计量经济学教材中有比较深入的介绍，如 Logistics 回归等，本教材不做介绍。

12.3.1　虚拟变量模型：加法模型和乘法模型

在例 12.1 中，我们对 Y 进行回归分析时只引用了锅炉容量 X_1 和设计压力 X_2 两个数量变量，如果增加锅炉类型 X_3 这样一个分类变量，X_3 分为电站锅炉（$X_3=1$）和其他锅炉（$X_3=0$），这时设总体回归方程：

$$E(Y) = \beta_0 + \beta_1 X_1 + \beta_2 X_2 + \beta_3 X_3 \tag{12.18}$$

那么实际上总体方程为：

$$\begin{cases} E(Y) = \beta_0 + \beta_1 X_1 + \beta_2 X_2, & X_3 = 0 \\ E(Y) = (\beta_0 + \beta_3) + \beta_1 X_1 + \beta_2 X_2, & X_3 = 1 \end{cases} \tag{12.19}$$

式（12.19）表示了在其他两个条件相同（X_1，X_2 一定）的前提下，电站锅炉的安装时间比非电站锅炉平均增加了 β_3 小时。这种虚拟变量的引入形式只影响回归方程的截距，我们称为加法模型。这种模型本质上表示电站类型独立地影响安装时间。

引入虚拟变量的另外一种形式是乘法模型。假如有理由或经验证明，锅炉类型 X_3 影响安装时间 Y 主要是通过锅炉的容量 X_1，且与 X_1 一起交互影响锅炉安装时间 Y，那么可以构造模型：

$$E(Y) = \beta_0 + \beta_1 X_1 + \beta_2 X_2 + \beta_3 X_1 X_3 \tag{12.20}$$

则实际上总体方程为：

$$\begin{cases} E(Y) = \beta_0 + \beta_1 X_1 + \beta_2 X_2, & X_3 = 0 \\ E(Y) = \beta_0 + (\beta_1 + \beta_3) X_1 + \beta_2 X_2, & X_3 = 1 \end{cases} \tag{12.21}$$

由式（12.21）可见，引入虚拟变量后并不影响模型的截距，而是影响了 X_1 的斜率。这里的经济含义为：在其他条件相同（设计压力 X_2 相同）的前提下，电站锅炉和其他锅炉在同样增加一个单位容量的条件下，前者的安装时间高出 β_3 个小时。更加清晰的理解如下：在加法模型中，当其他条件相同时，电站锅炉安装时间高出 β_3 小时；而在乘法模型中，在其他条件相同的情况下，电站锅炉安装时间高出 $\beta_3 X_1$ 小时。当然，在模型设定时也可能同时引入加法和乘法，同时改变模型的截距和斜率。

12.3.2　虚拟变量模型估计

通过 Excel 中的多元回归分析工具，将锅炉容量 X_1、设计压力 X_2、锅炉类型 X_3 和炉筒类型 X_4 引入回归模型，结果如图 12-2 所示。

	A	B	C	D	E	F	G	H	I
1	SUMMARY OUTPUT								
2									
3		回归统计							
4	Multiple	0.9433							
5	R Square	0.8898							
6	Adjusted	0.8722							
7	标准误差	1031.3732							
8	观测值	30							
9									
10	方差分析								
11		df	SS	MS	F	gnificance F			
12	回归分析	4	2.15E+08	53678534	50.46252	1.292E-11			
13	残差	25	26593267	1063731					
14	总计	29	2.41E+08						
15									
16		Coefficients	标准误差	t Stat	P-value	Lower 95%	Upper 95%	下限 95.0%	上限 95.0%
17	Intercept	498.286	412.514	1.208	0.238	-351.303	1347.874	-351.303	1347.874
18	X1	0.008	0.001	10.149	0.000	0.006	0.010	0.006	0.010
19	X2	0.227	0.320	0.707	0.486	-0.433	0.886	-0.433	0.886
20	X3	-40.362	102.536	-0.394	0.697	-251.538	170.814	-251.538	170.814
21	X4	2105.496	423.128	4.976	0.000	1234.047	2976.945	1234.047	2976.945

图 12-2 含有虚拟变量的回归结果

回归方程为

$$\hat{Y} = 498.286 + 0.008X_1 + 0.227X_2 - 40.362X_3 + 2105.496X_4$$

12.3.3 虚拟变量的表示方式

上例中的"锅炉类型"只有两个分类，可以用一个 0—1 虚拟变量表示。但是如果一个变量有三个或以上分类时，就需要用多个变量表示。如果一个变量有 m 个分类，则必须用 $m-1$ 个 0—1 变量表示，例如，企业所有制性质有四个分类：国有、民营、外商投资、港澳台投资，这时可以用三个 0—1 变量：

X_1：0 表示不是国有，1 表示国有；

X_2：0 表示不是民营，1 表示民营；

X_3：0 表示不是外商投资，1 表示外商投资；

当 X_1、X_2、X_3 均取 0 时，自然表示是港澳台投资。对于虚拟变量设置，有两种错误的方法：一是只设置一个虚拟变量 X，而分别取 $X=1$，2，3，4 引入模型，因为 X 只可能估计出一个系数，这时强制地假设了每一类企业对因变量的影响的差距是等距离的；另一种错误是设置四个 0—1 变量，如果用 $X_4=1$ 表示"港澳台投资"，那么一定存在：

$$X_1 + X_2 + X_3 + X_4 = 1$$

如果将四个变量都引入回归方程，则存在完全多重共线性。

12.3.4 曲线回归

到目前为止，我们在模型中都假定 Y 和 X_i 之间是线性关系，从广义的线性角度来讲，本节所讲的曲线模型是通过变量替换而转化成线性的模型。表 12-2 列出了常用的可以通过变量替换而转化成线性的曲线模型。

表 12 – 2 可以转化成线性模型的曲线

曲线模型	变量替代	线性模型
$\ln(Y) = \beta_0 + \beta_1 \ln(X)$	$y = \ln(Y)$ $x = \ln(X)$	$y = \beta_0 + \beta_1 x$
$Y = \beta_0 + \beta_1 X + \beta_2 X^2$	$Z = X^2$	$Y = \beta_0 + \beta_1 X + \beta_2 Z_i$
$Y = \beta_0 + \beta_1 \dfrac{1}{X}$	$Z = \dfrac{1}{X}$	$Y = \beta_0 + \beta_1 Z$
$Q = AK^\alpha L^\beta$	$\ln A = a$ $\ln Q = q$ $\ln K = k$ $\ln L = l$	$q = a + \alpha k + \beta l$

本 章 小 结

一、本章主要概念

本章主要概念包括：复相关系数、调整的判定系数、多重共线性、虚拟变量、加法模型和乘法模型。

二、本章主要方法

1. 运用 Excel 进行回归分析。

2. 检查多重共线性的简单方法。

3. 处理转化成线性的曲线模型。

本 章 复 习 题

一、简答题

1. 多元线性回归模型中有哪些基本假定？

2. 解释多重判定系数和调整的多重判定系数的含义和作用。

3. 解释多重共线性的含义。

4. 多重共线性对回归分析有哪些影响？

5. 多重共线性的处理方法有哪些？

6. 在多元线性回归中，选择自变量的方法有哪些？

二、单项选择题

1. 在由 $n = 30$ 的一组样本估计的、包含 3 个解释变量的线性回归模型中，计算得多重判定系数为 0.8500，则调整后的多重判定系数为（　　）。

　　A. 0.8603　　　　　B. 0.8389　　　　　C. 0.8655　　　　　D. 0.8327

2. 用一组有 30 个观测值的样本估计模型 $Y = \beta_0 + \beta_1 X_1 + \beta_2 X_2 + \varepsilon$ 后，在 0.05 的显著

性水平上对 β_1 的显著性作 t 检验，则 β_1 显著地不等于零的条件是其统计量 t 大于或等于（ ）。

A. $t_{0.05}(30)$　　　　B. $t_{0.025}(28)$　　　　C. $t_{0.025}(27)$　　　　D. $F_{0.025}(1,28)$

3. 在模型 $\ln Y = \ln\beta_0 + \beta_1 \ln X + \varepsilon$ 中，β_1 的实际含义是（ ）。

A. X 关于 Y 的弹性　　　　　　　　B. Y 关于 X 的弹性

C. X 关于 Y 的边际倾向　　　　　　D. Y 关于 X 的边际倾向

4. 在多元线性回归模型中，若某个解释变量对其余解释变量的判定系数接近于 1，则表明模型中存在（ ）。

A. 异方差性　　　　B. 序列相关　　　　C. 多重共线性　　　　D. 高拟合优度

5. 线性回归模型 $Y = \beta_0 + \beta_1 X_1 + \beta_2 X_2 + \cdots + \beta_k X_k + \varepsilon$ 中，检验 $H_0 : \beta_i = 0 (i=1,2,\cdots,k)$ 时，所用的统计量 $t = \dfrac{\hat{\beta}_i}{s_{\hat{\beta}_i}}$ 服从（ ）。

A. $t(n-k+1)$　　　　　　　　B. $t(n-k-2)$

C. $t(n-k-1)$　　　　　　　　D. $t(n-k+2)$

6. 调整的判定系数 R_a^2 与多重判定系数 R^2 之间有如下关系（ ）。

A. $R_a^2 = \dfrac{n-1}{n-k-1}R^2$　　　　　　　　B. $R_a^2 = 1 - \dfrac{n-1}{n-k-1}R^2$

C. $R_a^2 = \dfrac{n-1}{n-k-1}(1+R^2)$　　　　　　D. $R_a^2 = \dfrac{n-1}{n-k-1}(1-R^2)$

7. 在多元线性回归模型中对样本容量的基本要求是（k 为解释变量个数）（ ）。

A. $n \geqslant k+1$　　　　　　　　B. $n < k+1$

C. $n \geqslant 30$ 或 $n \geqslant 3(k+1)$　　　D. $n \geqslant 30$

8. 下列说法中正确的是（ ）。

A. 如果模型的 R^2 很高，我们可以认为此模型的质量较好

B. 如果模型的 R^2 较低，我们可以认为此模型的质量较差

C. 如果某一参数不能通过显著性检验，我们应该剔除该解释变量

D. 如果某一参数不能通过显著性检验，我们不应该随便剔除该解释变量

9. 半对数模型 $Y = \beta_0 + \beta_1 \ln X + \mu$ 中，参数 β_1 的含义是（ ）。

A. X 的绝对量变化，引起 Y 的绝对量变化

B. Y 关于 X 的边际变化

C. X 的相对变化，引起 Y 的期望值绝对量变化

D. Y 关于 X 的弹性

10. 半对数模型 $\ln Y = \beta_0 + \beta_1 X + \mu$ 中，参数 β_1 的含义是（ ）。

A. X 的绝对量发生一定变动时，引起因变量 Y 的相对变化率

B. Y 关于 X 的弹性

C. X 的相对变化，引起 Y 的期望值绝对量变化

D. Y 关于 X 的边际变化

11. 双对数模型 $\ln Y = \beta_0 + \beta_1 \ln X + \mu$ 中，参数 β_1 的含义是（ ）。

A. X 的相对变化，引起 Y 的期望值绝对量变化

B. Y 关于 X 的边际变化

C. X 的绝对量发生一定变动时，引起因变量 Y 的相对变化率

D. Y 关于 X 的弹性

三、计算（分析）题

1. 以企业研发支出（R&D）占销售额的比重为被解释变量 Y，以企业销售额 X_1 与利润占销售额的比重 X_2 为解释变量，一个容量为 32 的样本企业的估计结果如下：

$$Y = 0.472 + 0.32 \ln X_1 + 0.05 X_2$$
$$\quad (1.37) \quad (0.22) \qquad (0.046)$$
$$R^2 = 0.099$$

其中，括号内为系数估计值的标准差。

（1）解释 $\ln X_1$ 的系数。如果 X_1 增加 10%，估计 Y 会变化多少个百分点？这在经济上是一个很大的影响吗？

（2）针对 R&D 强度 Y 随销售额的增加而提高这一备择假设，检验它不随 X_1 的变化而变化的假设。分别在 5% 和 10% 的显著性水平下进行这个检验。

（3）利润占销售额的比重 X_2 对 R&D 的强度 Y 在统计上是否有显著的影响？

2. 某地区通过一个样本容量为 722 的调查数据得到劳动力受教育的一个回归方程为

$$Y = 10.36 - 0.094 X_1 + 0.131 X_2 + 0.210 X_3, \quad R^2 = 0.214$$

其中，Y 为劳动力受教育年数，X_1 为该劳动力家庭中兄弟姐妹的人数，X_2 和 X_3 分别为母亲与父亲受教育的年数。

问：（1）X_1 是否具有预期的影响？为什么？若 X_2 和 X_3 保持不变，为了使预测的受教育水平减少一年，需要增加 X_1 多少？

（2）请对 X_2 的系数给予适当的解释。

（3）如果两个劳动力都没有兄弟姐妹，但其中一个的父母受教育的年数为 12 年，另一个的父母受教育的年数为 16 年，则两人受教育的年数预期相差多少？

3. 下表列出了某地区家庭人均鸡肉年消费量 Y、家庭月均收入 X、鸡肉价格 P_1（元/kg）、猪肉价格 P_2（元/kg）和牛肉价格 P_3（元/kg）的相关数据。

年份	Y/kg	X/元	P_1	P_2	P_3
1980	2.78	397	4.22	5.07	7.83
1981	2.99	413	3.81	5.20	7.92
1982	2.98	439	4.03	5.40	7.92
1983	3.08	459	3.95	5.53	7.92
1984	3.12	492	3.73	5.47	7.74
1985	3.33	528	3.81	6.37	8.02
1986	3.56	560	3.93	6.98	8.04
1987	3.64	624	3.78	6.59	8.39
1988	3.67	666	3.84	6.45	8.55

续表

年份	Y/kg	X/元	P_1	P_2	P_3
1989	3.84	717	4.01	7.00	9.37
1990	4.04	768	3.86	7.32	10.61
1991	4.03	843	3.98	6.78	10.48
1992	4.18	911	3.97	7.91	11.40
1993	4.04	931	5.21	9.54	12.41
1994	4.07	1021	4.89	9.42	12.76
1995	4.01	1165	5.83	12.35	14.29
1996	4.27	1349	5.79	12.99	14.36
1997	4.41	1449	5.67	11.76	11.76
1998	4.67	1575	6.37	13.09	13.09
1999	5.06	1759	6.16	12.98	12.98
2000	5.01	1994	5.89	12.80	12.80
2001	5.17	2258	6.64	14.10	14.10
2002	5.29	2478	7.04	16.82	16.82

(1) 试估计该地区关于家庭鸡肉消费需求的模型：

$$\ln Y = \beta_0 + \beta_1 \ln X + \beta_2 \ln P_1 + \beta_2 \ln P_2 + \beta_3 \ln P_3 + \mu$$

(2) 请分析鸡肉的家庭消费需求是否受猪肉及牛肉价格的影响。

4. 根据某地 1961—1999 共 39 年的总产出 Y、劳动投入 L 和资本投入 K 的年度数据，运用普通最小二乘法估计得出了下列回归方程：

$$\ln \hat{Y} = -3.938 + 1.451 \ln L + 0.3841 \ln K$$
$$\quad\quad (0.237) \quad (0.083) \quad\quad (0.048)$$
$$R^2 = 0.9946$$

括号中的数字为相应估计量的标准误差。

(1) 解释回归系数的经济含义；

(2) 系数的符号符合你的预期吗？为什么？

5. 计量经济学家曾根据 1921—1941 年与 1945—1950 年(1942—1944 年战争期间略去)美国国内消费 C 和工资收入 W、非工资－非农业收入 P、农业收入 A 的时间序列资料，利用普通最小二乘法估计得出了以下回归方程：

$$\hat{Y} = 8.133 + 1.059W + 0.452P + 0.121A$$
$$\quad (8.92) \quad (0.17) \quad\quad (0.66) \quad\quad (1.09)$$
$$R^2 = 0.95, \quad F = 107.37$$

括号中的数字为相应参数估计量的标准误差。试对该模型进行评析，指出其中存在的问题。

6. 计算下面三个自由度调整后的判定系数。这里，R^2 为决定系数，n 为样本数目，k

为解释变量的个数。

(1) $R^2 = 0.75$，$n = 8$，$k = 2$；

(2) $R^2 = 0.35$，$n = 9$，$k = 3$；

(3) $R^2 = 0.95$，$n = 31$，$k = 5$。

7. 下表是关于家庭食品支出、家庭税后收入和家庭人口数的一个样本数据，试通过回归分析解释家庭食品支出如何受到家庭税后收入和家庭人口数的影响。数据的结果符合你的预期吗？在分析这一问题时，数据是否会存在共线性问题？

食品支出/万元	家庭收入/万元	家庭人口数
3.5	5	1
7	11	3
6	8	3
7.2	11	4
7.5	10	5
4.5	6	2
4	5	2
4.5	5	3
6.2	8	4
6.8	8	5
5	6	3
5.2	6	4
5	6	3
5.5	6	4
9	12	6
6.2	10	3
3.9	5	2
7	10	4
8.2	10	4
8.3	12	5
8	12	5
8.1	10	6
8	10	6

复习题参考答案

一、简答题

略

二、单项选择题

1. D　2. C　3. B　4. C　5. C　6. D　7. C　8. D　9. C　10. A　11. D

三、计算(分析)题

1. (1) $\ln X_1$ 的系数表明在其他条件不变时, $\ln X_1$ 变化 1 个单位, Y 变化的单位数, 即
$\Delta Y = 0.32 \Delta \ln X_1 \approx 0.32(\Delta X_1 / X_1) = 0.32 \times 100\%$, 换言之, 当企业销售额 X_1
增长 100% 时, 企业研发支出占销售额的比重 Y 会增加 32%。因此, 如果 X_1
增加 10%, Y 会增加 3.2%。这在经济上不是一个较大的影响。

(2) 针对备择假设 $H_1 : \beta_1 > 0$, 检验原假设 $H_0 : \beta_1 = 0$。易知计算的 t 统计量的值为
$t = 0.32 / 0.22 = 1.468$。在 5% 的显著性水平下, 自由度为 $32 - 3 = 29$ 的 t 分布
的临界值为 1.699(单侧), t 值小于该临界值, 所以不能拒绝原假设, 意味着
R&D 的强度不随销售额的增加而变化。在 10% 的显著性水平下, t 分布的临
界值为 1.311, t 值小于该值, 拒绝原假设, 意味着 R&D 的强度随销售额的增
加而增加。

(3) 对于 X_2, 参数估计值的 t 统计值为 $0.05 / 0.46 = 1.087$, 它比在 10% 的显著性
水平下的临界值还小, 因此可以认为它对 Y 在统计上没有显著的影响。

2. (1) 预期 X_1 对劳动者受教育的年数有影响。因为在收入与支出预算一定的条件下,
子女越多的家庭, 每个孩子接受教育的时间会越短。根据多元回归模型回归系
数的含义, X_1 前的参数估计值 -0.094 表明, 在其他条件不变的情况下, 每增
加 1 个兄弟姐妹, 受教育年数会减少 0.094 年, 因此, 要减少 1 年受教育的时
间, 需增加兄弟姐妹约 11 个。

(2) X_2 的系数表示当兄弟姐妹数与父亲受教育的年数保持不变时, 母亲每增加 1
年受教育的时间, 其子女作为劳动者就会预期增加 0.131 年的受教育机会。

(3) 首先计算两人受教育的年数分别为
$$10.36 + 0.131 \times 12 + 0.210 \times 12 = 14.452$$
$$10.36 + 0.131 \times 16 + 0.210 \times 16 = 15.816$$
因此, 两人受教育年限的差别为: $15.816 - 14.452 = 1.364$

3. (1) 用 EViews 软件做回归, 有如下的回归方程:
$$\ln \hat{Y} = -0.7315 + 0.3463X - 0.5021P_1 + 0.1469P_2 + 0.0872P_3$$
$$\quad (-0.297) \quad (4.182) \quad (-4.569) \quad (1.483) \quad (0.873)$$
$$R_a^2 = 0.9786, \ F = 252.26, \ RSS = 0.0135$$

(2) 猪肉的价格与牛肉的价格是否对鸡肉的消费需求有影响可用假设检验的方法。
$H_0 : \beta_3 = \beta_4 = 0$, 对 Y 关于 X 和 P_1 做回归取得如下的回归方程:
$$\ln \hat{Y} = -1.1258 + 0.4515X - 0.3727P_1$$
$$\quad (-12.73) \ (18.38) \quad (-5.90)$$
$$R_a^2 = 0.9786, \ F = 497.28, \ RSS = 0.0153$$
为了检验原假设, 求 F 统计量: $F = 1.2$
在 5% 的显著性水平下, 自由度为 $(2, 18)$ 的 F 分布的临界值为 $F_{0.05}(2, 18) =$
3.55, 因此, 没有理由拒绝原假设, 即该地区猪肉与牛肉的价格确实对家庭的

鸡肉消费需求不产生显著影响。

4.（1）这是一个对数化以后表现为线性关系的模型，$\ln L$ 的系数为 1.451 意味着资本投入 K 保持不变时劳动—产出弹性为 1.451；$\ln K$ 的系数为 0.384 意味着劳动投入 L 保持不变时资本—产出弹性为 0.384。

（2）系数符号符合预期，作为弹性，都是正值。

5. 该消费模型的判定系数 $R^2 = 0.95$，F 统计量的值 $F = 107.37$，均很高，表明模型的整体拟合程度很高。

计算各回归系数估计量的 t 统计量值得：$t_0 = 8.133 \div 8.92 = 0.91$，$t_1 = 1.059 \div 0.17 = 6.10$，$t_2 = 0.452 \div 0.66 = 0.69$，$t_3 = 0.121 \div 1.09 = 0.11$。除 t_1 外，其余 t 值均很小。工资收入 W 的系数 t 检验值虽然显著，但该系数的估计值却过大，该值为工资收入对消费的边际效应，它的值为 1.059 意味着工资收入每增加一美元，消费支出增长将超过一美元，这与经济理论和生活常识都不符。另外，尽管从理论上讲，非工资—非农业收入与农业收入也是消费行为的重要解释变量，但二者各自的 t 检验却显示出它们的效应与 0 无明显差异。这些迹象均表明模型中存在严重的多重共线性，不同收入部分之间的相互关系掩盖了各个部分对解释消费行为的单独影响。

6. $R_a^2 = 1 - \dfrac{n-1}{n-k-1}(1-R^2) = 1 - \dfrac{8-1}{8-2-1} \times (1-0.75) = 0.65$

$R_a^2 = 1 - \dfrac{9-1}{9-3-1} \times (1-0.35) = -0.04$

$R_a^2 = 1 - \dfrac{31-1}{31-5-1} \times (1-0.95) = 0.94$

7. 计算和分析略。数据可能存在多重共线性问题，因为家庭收入和家庭人口相关程度较高。

第13章 统 计 指 数

在经济新闻和日常生活中,我们经常听到物价指数、股票价格指数等。指数(index number)分析法是经济分析中非常常用的一种方法。从广义上讲,任何两个数值对比形成的相对数都可以称为指数。本书采用更为常用的狭义指数概念来描述经济现象综合动态对比的相对数,通常包括综合指数和平均数指数,本章将介绍这两类指数的编制方法和重要的应用领域。

13.1 综 合 指 数

综合指数是两个总量指标对比形成的指数,在总量指标中包含两个或两个以上的因素,将其中一个或一个以上的因素指标固定下来,仅考察剩余的一个因素的变动,这样编制出来的总指数就是综合指数。

13.1.1 个体指数和总指数

指数这一概念最早始于人们对物价变动度量的需要。根据指数所反映的经济现象的范围,我们把指数分为个体指数和总指数。个体指数相对简单,当人们为了反映某个商品价格的变化时,最简单的方法就是将这一商品当期的价格 p_1 和基础期价格 p_0 进行对比,计算价格相对程度:

$$K_p = \frac{p_1}{p_0} \tag{13.1}$$

如果为了反映某个商品销售量的变化,最简单的方法就是将商品当期的销售量 q_1 和基础期销售量 q_0 相对比,计算销售量的相对程度:

$$K_q = \frac{q_1}{q_0} \tag{13.2}$$

如式(13.1)这种反映单个商品价格相对程度和式(13.2)反映单个商品数量变动的相对数,我们叫做个体指数。在计算指数时,研究的经济现象的当期被称为报告期,用作对比的基础期被称为基期。狭义的指数就是报告期经济现象与基期经济现象的动态对比。

但在经济问题分析中更多的是要分析一类或一组商品价格的综合变动或平均变动,这就需要通过总指数来综合反映。问题是能否采用形如式(13.3)的方法来计算一组商品价格的综合变动呢?

$$K_p = \frac{\sum\limits_{i=1}^{m} p_{1i}}{\sum\limits_{i=1}^{m} p_{0i}} \qquad (13.3)$$

式(13.3)中，p_{1i} 表示第 i 个商品的报告期价格，p_{0i} 表示第 i 个商品的基期价格，一组商品共 m 个。显然，由于不同商品价格不具有可加性，或者直接加总并不存在实际的经济意义，这种方法不能客观地反映一组商品价格的综合变动。

13.1.2 拉氏指数和派氏指数

为了解决式(13.3)中价格的不可直接相加性问题，通常是用价格乘以销售量转换成直接相加后具有经济意义的销售额，但是为了通过销售额的比较反映价格的综合变动，就需要将销售量固定在基期或者报告期，计算方法如下：

$$K_p = \frac{\sum\limits_{i=1}^{m} p_{1i}q_{0i}}{\sum\limits_{i=1}^{m} p_{0i}q_{0i}} \qquad (13.4)$$

或者

$$K_p = \frac{\sum\limits_{i=1}^{m} p_{1i}q_{1i}}{\sum\limits_{i=1}^{m} p_{0i}q_{1i}} \qquad (13.5)$$

在式(13.4)中，计算销售额时统一将销售量固定在基期。销售量 q 在这里有两个作用：一是将原来不可直接相加的价格转换成可以相加的销售额，因此我们称"销售量"这一因素为同度量因素。由于使用根据式(13.4)所计算的指数来衡量价格的综合变动，所以"价格"这一因素被称为指数化指标。销售量的另一个作用相当于权重，显然销售量大的商品对计算指数的影响更大。该式中的分母表示这一组商品的基期销售额，而分子表示以报告期价格计算的基期销售额，这实际上是一个假设的销售额。通常将同度量因素固定在基期而计算得到的指数称作拉氏指数(Laspeyres index)。

在式(13.5)中，计算时统一将同度量因素(销售量)固定在报告期，用这一计算方法得到的指数称为派氏指数(Paasche index)。在式(13.5)中，分子是该组商品的报告期销售额，而分母是以基期价格计算的报告期销售额，是一个假设的销售额。

观察式(13.4)和式(13.5)，从计算范围来讲，这两个指数反映的是一类商品价格的综合变动，所以我们称之为总指数；而从计算方法上来讲，这两个指数是用两个综合总量(销售额)的对比来反映价格因素的综合或平均变动，所以我们称之为综合指数。在综合指数中，分子分母都是 m 个商品，因此有时为了方便也省略表示商品序号的角标 i。

13.1.3 数量指数和质量指数

反映经济现象数量变动的指数称为数量指数，而反映经济现象质量变动的指数称为质量指数。数量和质量往往是相对而言的，销售量相对于价格而言，销售量指数就是数量指数，价格指数就是质量指数。参照式(13.4)和式(13.5)，如果要反映一组商品销量的综合

变动或平均变动,那么同度量因素就应该是价格,同度量因素(价格)固定在基期的拉氏公式为

$$K_q = \frac{\sum\limits_{i=1}^{m} q_1 p_0}{\sum\limits_{i=1}^{m} q_0 p_0} \tag{13.6}$$

同度量因素(价格)固定在报告期的派氏公式为

$$K_q = \frac{\sum\limits_{i=1}^{m} q_1 p_1}{\sum\limits_{i=1}^{m} q_0 p_1} \tag{13.7}$$

那么,如何考虑同度量因素固定在报告期还是基期?一般情况下,研究者基本达成了共识:计算质量指数时,同度量因素固定在报告期;而在计算数量指数时,同度量因素固定在基期。

例 13.1 假设某种商品在市场上有三个主要品牌,报告期和基期的相关数据如表 13-1 所示,试计算该商品的价格指数和销售量指数。

表 13-1 某商品三个主要品牌价格和销售量数据

	价格		销售量		$p_0 q_0$	$p_0 q_1$	$p_1 q_1$
	p_0	p_1	q_0	q_1			
品牌 A	500	520	1200	1500	600 000	750 000	780 000
品牌 B	440	480	1500	1800	660 000	792 000	864 000
品牌 C	650	600	2000	3000	1 300 000	1 950 000	1 800 000
合计	—	—	—	—	2 560 000	3 492 000	3 444 000

解 计算该商品的价格指数,同度量因素 q 固定在报告期,则

$$K_p = \frac{\sum\limits_{i=1}^{3} p_1 q_1}{\sum\limits p_0 q_1} = \frac{3\ 444\ 000}{3\ 492\ 000} = 98.63\%$$

计算该商品销售量指数,同度量因素 p 固定在基期,则

$$K_q = \frac{\sum\limits_{i=1}^{m} q_1 p_0}{\sum\limits_{i=1}^{m} q_0 p_0} = \frac{3\ 492\ 000}{2\ 560\ 000} = 136.41\%$$

13.2 平 均 数 指 数

13.2.1 加权算术平均数指数

在计算综合指数时,需要分子、分母两个综合总量的对比。观察拉氏公式和派氏公式,

计算式中所需要的资料往往要求比较全面，每一种商品的 p_0、p_1、q_0、q_1 都必须有详细的数据，这一要求比较苛刻。我们可以对公式稍作变化：

$$K_p = \frac{\sum p_1 q_0}{\sum p_0 q_0} = \frac{\sum \frac{p_1}{p_0} \times p_0 q_0}{\sum p_0 q_0} \tag{13.8}$$

式(13.8)表明我们只需对每一个商品价格的个体指数 $\frac{p_1}{p_0}$ 进行加权便可以得到与综合指数相同的计算结果。每一类商品的基期销售额 $p_0 q_0$ 是绝对权数。如果对式(13.8)作进一步变换，可得

$$K_p = \frac{\sum \frac{p_1}{p_0} \times p_0 q_0}{\sum p_0 q_0} = \sum \frac{p_1}{p_0} \times \frac{p_0 q_0}{\sum p_0 q_0} \tag{13.9}$$

我们发现式(13.9)最终可以通过对个体指数 $\frac{p_1}{p_0}$ 进行加权来计算。$\frac{p_0 q_0}{\sum p_0 q_0}$ 是相对权重，即该商品的基期销售额在整个商品组合中所占的比重。

我们把式(13.8)和式(13.9)这类计算指数的方法称为加权平均数指数法。尤其是式(13.9)这种变换是非常有价值的，在计算消费品价格指数时，如果按照综合指数的计算公式，那么每次计算都要取得所有代表消费品的数据 p_0、p_1、q_0、q_1，从时间成本和经济成本的角度来讲这几乎是不可能的。但是经过如式(13.9)的变换后，只需对个体指数 $\frac{p_1}{p_0}$ 进行加权即可，而相对权重 $\frac{p_0 q_0}{\sum p_0 q_0}$ 可以通过一次调查而固定下来从而多次使用，其原因就是人们的消费结构在相当一段时间内的变化不大。这样大大减少了计算消费品价格时数据的搜集成本，缩短了工作时间。

如果根据调查确定了每一大类商品在居民消费品中所占的比重为 w_i，而相应的大类指数为 k_i，则可以通过算数加权：

$$K = \sum k_i w_i \tag{13.10}$$

得到居民消费品价格总指数。而大类指数是根据中类指数加权而来，中类指数是根据小类指数而来，小类指数是根据代表商品指数加权而来。

13.2.2 加权调和平均数指数

式(13.8)采用的是基期销售额加权，如果我们采用报告期销售额加权，则计算得到的就是加权调和平均数指数，计算方法如下：

$$K_p = \frac{\sum p_1 q_1}{\sum \frac{1}{p_1/p_0} p_1 q_1} = \frac{\sum p_1 q_1}{\sum p_0 q_1} \tag{13.11}$$

显然式(13.11)的调和加权类似于将同度量因素固定在报告期的综合指数。所以，在选用加权平均数指数时，采用调和加权还是算数加权取决于我们掌握的权重资料是报告期销售额还是基期销售额。

13.3 综合指数体系

13.3.1 总量指数

综合指数体系分解是评价经济现象动态变化影响因素的重要方法。在13.1节中我们介绍了价格指数和销售量指数。如果需要衡量销售额的综合变动，则需要计算销售额的总量指数：

$$K = \frac{\sum p_1 q_1}{\sum p_0 q_0} \tag{13.12}$$

在例13.1中，此种商品的销售额总量指数

$$K = \frac{\sum p_1 q_1}{\sum p_0 q_0} = \frac{3\ 444\ 000}{2\ 560\ 000} = 134.53\%$$

它表示报告期销售额是基期销售额的134.53%，或者报告期相对于基期增长了34.53%。

13.3.2 指数体系

通常根据总量指数与质量指数和数量指数之间的关系，我们可从相对数分析和绝对数分析两方面对指数体系进行分解：

$$K = \frac{\sum p_1 q_1}{\sum p_0 q_0} = \frac{\sum p_1 q_1}{\sum p_0 q_1} \times \frac{\sum p_0 q_1}{\sum p_0 q_0} = K_p \times K_q \tag{13.13}$$

$$\Delta = \sum p_1 q_1 - \sum p_0 q_0 = \left(\sum p_1 q_1 - \sum p_0 q_1 \right) + \left(\sum p_0 q_1 - \sum p_0 q_0 \right) = \Delta_p + \Delta_q \tag{13.14}$$

式(13.13)是相对数分析，式(13.14)是绝对数分析。它们从不同角度表明价格和销售量两个因素对销售额变动产生的影响。下面以例13.1中的数据说明价格和销量变化对该商品销售额的影响。

由于

$$K = 134.53\% = K_p \times K_q = 98.63\% \times 136.41\%$$

$$\Delta = 3\ 444\ 000 - 2\ 560\ 000 = (3\ 444\ 000 - 3\ 492\ 000) + (3\ 492\ 000 - 2\ 560\ 000)$$

$$884\ 000 \qquad = (-48\ 000) \qquad\qquad + 932\ 000$$

说明该商品报告期销售额较基期增长34.53%，其中由于价格因素引起的变化使销售额下降1.37%（即98.63%−100%），而由于销量因素使销售额增长36.41%。报告期销售额增加884 000元，其中由于价格因素使销售额下降了48 000元，由于销量原因使销售额增加932 000元。总结以上分析可知，销售额增加的原因是销售量增加，价格变化反而使销售额略有下降。

13.3.3 多因素指数体系

当总量指数有两个以上的因素指数相乘时，指数分解时要注意因素指数中同度量因素

的确定。假定产品的材料消耗成本由材料价格 p、产品材料单耗 m 和产品产量 q 决定。严格按照质量指数的同度量因素确定在报告期,数量指数的同度量因素确定在基期,当然,产品材料单耗 m 相对于材料价格 p 而言是数量指标,而相对于产品产量 q 而言是质量指标。这时,产品成本指数体系分解如下:

$$K = \frac{\sum p_1 m_1 q_1}{\sum p_0 m_0 q_0} = \frac{\sum p_1 m_1 q_1}{\sum p_0 m_1 q_1} \times \frac{\sum p_0 m_1 q_1}{\sum p_0 m_0 q_1} \times \frac{\sum p_0 m_0 q_1}{\sum p_0 m_0 q_0} = K_p \times K_m \times K_q$$

(13.15)

13.4 常用的价格指数

13.4.1 居民消费价格指数

居民消费价格指数(Consumer Price Index,CPI)是反映一定时期内城乡居民所购买的生活消费品与服务项目价格变动趋势和程度的相对数,是对城乡居民消费价格指数进行综合汇总计算的结果。通过该指数可以观察和分析消费品的零售价格和服务项目价格变动对城乡居民实际生活费支出的影响程度。

居民消费支出是指居民日常生活中,以满足自身和家庭成员需要为目的,经常性、多次性的消费支出,不包括资本投资类支出,以保值、增值为目的的支出以及居民最终消费中由政府支出的部分(包括政府在卫生保健、教育等方面的支出)等。根据国家统计局发布的《居民消费支出分类》,计算居民消费价格指数时,居民消费包括在食品烟酒,衣着,居住,生活用品及服务,交通和通信,教育、文化和娱乐,医疗保健,其他用品和服务等方面的支出共 8 个大类。支出分类按照三级分类原则,8 个大类下设 24 个中类,中类下设 80 个小类,目前在 CPI 统计中共 320 个代表商品和服务。采用算术加权的方法逐步加权计算居民消费价格指数,权重根据全国 9 万多城乡居民家庭消费调查数据得到。

在经济分析中,CPI 指数是衡量通货膨胀、居民实际工资收入变化和实际经济总量增长的重要依据。例如:

$$通货膨胀率 = \frac{报告期 CPI - 基期 CPI}{基期 CPI} \times 100\%$$

(13.16)

$$职工实际工资 = \frac{名义工资}{CPI}$$

(13.17)

$$剔除物价变动因素后的实际 GDP = \frac{名义 GDP}{CPI}$$

(13.18)

13.4.2 股票价格指数

股票价格指数是用以反映整个股票市场上各种股票市场价格的总体水平及其变动情况的指标。目前,世界范围内计算股票价格指数的方法有平均法和加权综合法。

1. 平均法:平均价格指数

平均价格指数也称为股票平均价格指数,如道琼斯股票价格平均指数为

$$\overline{P} = \frac{\sum P_i}{n} \tag{13.19}$$

式中，P_i 是第 i 支股票的价格，n 是样本股的支数。道琼斯股票价格平均指数起初是由道琼斯公司的创始人查尔斯·亨利·道(Charles Henry Dow，1851—1902)直接根据 11 种具有代表性的铁路公司的股票采用算术平均法进行计算编制而成的。1897 年以后，道琼斯股票价格平均指数分成工业与运输业两大类，其中工业股票价格平均指数包括 12 种股票，运输业平均指数则包括 20 种股票。1929 年，道琼斯股票价格平均指数又增加了公用事业类股票，使其所包含的股票达到 65 种，并一直延续至今。

观察式(13.19)，显然不同股票的价格简单相加在经济意义上是有缺憾的，但是由于历史原因这种方法一直保留下来，在发展过程中考虑到股票除权对公式也进行了修正。目前道琼斯 30 种工业股票价格平均指数是全球范围内很有影响的指数。

2. 加权综合法：综合价格指数

加权综合法是大多数股票市场股票价格指数的编制计算方法，如标准普尔 500 股票价格指数、纽约证券交易所股票价格指数、香港恒生指数等。我国上证综指、深圳综指以及所有的成分指数均采用这一方法编制，如上证 50、上证 180 等。这些编制的基本思路是通过股票的发行量、流通量或交易量对股票价格进行加权综合计算，然后乘以基点日指数。基点日指数通常有 10 点、100 点或 1000 点。具体计算方法如下：

$$I = \frac{\sum P_i Q}{\sum P_o Q} \times 基点日指数 \tag{13.20}$$

式中，P_i 是交易日价格，P_o 是用于对比的基期价格，Q 为股票发行量，指数则表示交易日样本股市值与基期样本股市值对比。编制指数的步骤一般是选择样本股、选定基期、选择基点数。例如，上证综合指数从 1991 年 7 月 15 日起编制时，就以 1990 年 12 月 19 日为基期，以全部上市股票为样本，以股票发行量为权数按加权平均法计算，基点日指数为 100 点。具体指数编制中的细节比较复杂，如涉及样本股的变化、股票除权的处理等，有兴趣的读者可参考证券投资的相关课程，或查阅交易所公布的相关信息。

13.5　指数综合评价法

13.5.1　经济现象综合评价的一般问题

社会经济现象的综合评价往往不能通过单一指标来进行，需要从经济现象的各个方面进行整体评价，这就产生了指标综合的困难，具体而言有以下几个方面：

(1) 不同类指标不能直接对比，更不能相加。

例如，评价企业的综合财务状况时，会涉及企业的偿债能力和企业资产的盈利能力。企业的偿债能力通常用速动比率、流动比率、资产负债率等衡量；而企业资产的盈利能力通常用净资产收益率、销售收入增长率或者每股利润等来衡量。速动比率是相对数，没有计量单位，而每股利润是绝对数，通常计量单位是"元/股"。显然速动比率(＝(流动资产－存货)/流动负债)和每股利润(＝税后利润/企业股本数)无法比较，更不能相加。

（2）不同指标对综合评价的权重不同，简单对比不合理。

不同指标对综合评价的影响程度不同，简单比较往往不合理，通常需要进行加权处理。权重的确定在综合评价中有主观赋权和客观赋权。处理这两个问题的总体思路就是无量纲化处理和赋权。

13.5.2　经济指标的无量纲化

所谓经济指标的无量纲化处理，就是将每一个客观经济指标赋予一个分值，所有的经济指标都用分值表示，这样可以解决不同指标相互不能比较和相加的问题，具体而言，就是将经济指标和参照值对比进行计分，通常有下面几种方法。

（1）与评价样本的均值比较，采取标准化得分，即

$$z = \frac{x_i - \bar{x}}{s} \tag{13.21}$$

式中，x_i 为单项指标的数值，$\bar{x}$ 为所有评价样本的该单项指标的平均值，s 为该单项指标的标准差，如果该单项指标为逆指标，则可以采取以下计算公式：

$$z = \frac{\bar{x} - x_i}{s} \tag{13.22}$$

（2）与评价样本的极值比较，采取极值标准化得分，即

$$z = \frac{x_i - \min(x_i)}{\max(x)_i - \min(x_i)} \tag{13.23}$$

式中，$\max(x)_i$ 为考察样本群体中该单项指标的最大值，$\min(x_i)$ 为考察样本群体中该单项指标的最小值，如果该单项指标为逆指标，则可以采取以下计算公式：

$$z = \frac{\max(x_i) - x_i}{\max(x)_i - \min(x_i)} \tag{13.24}$$

13.5.3　指标权重的处理

经过分项指标的无量纲化处理后，即可对分项指标进行综合，通常采取加权综合的办法。权重的确定一般要考虑以下几个因素：一是评价者对各项指标的重视程度，这取决于评价者本身的主观经验；二是各指标本身对于经济现象整体的影响程度，这一点更为客观；三是各分项指标数值的可靠程度。

确定权重的方法一般有主观赋权和客观赋权。主观赋权法是根据专家组对各分项指标的相对重要程度进行比较给出权重，层次分析法（Analytic Hierarchy Process，AHP）是这类方法中比较常用的一种方法。客观赋权法是根据分项指标间的相关程度以及分项指标的离散程度，通过数据分析和数值计算进行赋权，因子分析法（Factor Analysis）是这类方法中常用的一种方法。经济现象的综合评价方法是经济统计评价中的一个重要领域，作为应用统计学基础教程，本书只就几个基本问题进行介绍。感兴趣的读者可以通过相关参考书深入学习更多方法和细节[1]。

---

[1]　杜栋等，《现代综合评价方法与案例精选》（清华大学出版社）中详细阐述了更多综合评价问题。

本 章 小 结

一、本章主要概念

本章主要概念包括：指数，动态指数，个体指数与总指数，综合指数，加权平均指数，消费价格指数，股票价格指数。

二、本章主要方法

本章主要介绍了计算综合指数、平均数指数的方法，应用指数体系进行因素分析的方法以及指数综合评价法。

本 章 复 习 题

一、简答题

1. 什么是指数？它有哪些性质？

2. 拉氏指数和派氏指数各有什么特点？

3. 加权平均指数和加权综合指数有何区别与联系？

4. 什么是指数体系？它有什么作用？

5. 构建综合评价指数时需要注意哪些方面的问题？

6. 总指数的基本编制方法有哪几种？它们各有何特点？

7. 何谓因素分析？因素分析的基本方法是什么？

8. 编制加权指数时，确定权重需要考虑哪几个方面的问题？

二、单项选择题

1. 在编制综合指数时，要求指数中分子和分母的权数必须是（　　）。

A. 同一时期的　　　　B. 不同时期的　　　　C. 基期的　　　　D. 报告期的

2. 设 p 为商品价格，q 为销售量，则指数 $\dfrac{\sum p_0 q_1}{\sum p_0 q_0}$ 的实际意义是综合反映（　　）。

A. 商品销售额的变动程度

B. 商品价格变动对销售额的影响程度

C. 商品销售量变动对销售额的影响程度

D. 商品价格和销售量变动对销售额的影响程度

3. 使用基期价格作权数计算的商品销售量指数（　　）。

A. 包含了价格变动的影响

B. 包含了价格变动和销售量变动的影响

C. 消除了价格变动的影响

D. 消除了价格和销售量变动的影响

4. 在指数体系中，总量指数与各因素指数之间的数量关系是（　　）。

A. 总量指数等于各因素指数之和　　　　B. 总量指数等于各因素指数之差

C. 总量指数等于各因素指数之积　　　　D. 总量指数等于各因素指数之商

5. 某百货公司今年与去年相比，所有商品的价格平均提高了 10％，销售量平均下降了 10％，则商品销售额（　　）。

  A. 上升　　　　　　　　　　　　B. 下降

  C. 保持不变　　　　　　　　　　D. 可能上升也可能下降

6. 某商场今年与去年相比，销售量增长了 15％，价格增长了 10％，则销售额增长了（　　）。

  A. 4.8％　　　　　　　　　　　　B. 26.5％

  C. 1.5％　　　　　　　　　　　　D. 4.5％

7. 消费价格指数反映了（　　）。

  A. 城乡商品零售价格的变动趋势和程度

  B. 城乡居民购买生活消费品价格的变动趋势和程度

  C. 城乡居民购买服务项目价格的变动趋势和程度

  D. 城乡居民购买生活消费品和服务项目价格的变动趋势和程度

8. 已知小江买的两种股票的综合价格指数上涨了 24 点，本日股票的平均收盘价格为 14 元，前日股票的平均收盘价格为（　　）。

  A. 10.64　　　　B. 0.5　　　　C. 11.29　　　　D. 1

9. 价格上涨后，同样多的人民币在报告期所购买商品的数量比基期少 5％，因此价格上涨了（　　）。

  A. 5％　　　　B. 5.26％　　　　C. 95％　　　　D. 105.26％

10. 按说明对象的数量特征不同，总指数分为（　　）。

  A. 综合指数和平均指数

  B. 个体指数和总指数

  C. 质量指标指数和数量指标指数

  D. 加权算术平均指数和调和平均指数

11. 某公司下属三个企业生产同一产品，要计算该公司该产品产量的发展速度，三个企业的产品产量（　　）。

  A. 能够直接加总

  B. 不能直接加总

  C. 必须用不变价格做同度量因素才能加总

  D. 必须用现行价格做同度量因素才能加总

12. 按照个体指数和报告期销售额计算的价格指数是（　　）。

  A. 综合指数　　　　　　　　　　B. 加权调和平均指数

  C. 总平均数指数　　　　　　　　D. 加权算术平均指数

13. 欲使数量指标的算术平均指数成为数量指标综合指数的变形，其权数必须是（　　）。

  A. $p_0 q_0$　　　　　　　　　　　　B. $p_1 q_1$

  C. $p_0 q_1$　　　　　　　　　　　　D. W

14. 本年同上年相比，商品销售量上涨 12％，而各种商品的价格平均下跌了 1.7％，则商品销售额（　　）。

A. 上升 13.7%   B. 下降 13.7%

C. 上升 10.1%   D. 下降 10.1%

15. 下面关于综合指数评价法无量纲化处理描述不恰当的是( )。

A. 消除不同指标计量单位不同引起的不可加性

B. 消除不同指标参照水平不同引起的不可比性

C. 解决分项指标权重不能确定的问题

D. 解决了不同指标可以比较的问题

三、计算(分析)题

1. 某商场上期销售收入为 525 万元，本期要求达到 556.5 万元。在规定销售价格下调 2.6% 的条件下，该商场商品销售量要增加多少，才能使本期销售收入达到原定的目标？

2. 某地区 2003 年平均职工人数为 229.5 万人，比 2002 年增加 2%；2003 年工资总额为 167 076 万元，比 2002 年多支出 9576 万元。试推算 2002 年职工的平均工资。

3. 某公司三种产品的有关资料如下表所示，试问三种产品的产量平均增长了多少？产量对产值有什么影响？

产品名称	个体产量指数	基期产值/万元	报告期产值/万元
甲	1.25	100	120
乙	1.10	100	115
丙	1.50	60	85

4. 三种商品销售资料如下表所示，通过计算说明其价格总的变动情况。

商品名称	商品销售总额/万元		报告期价格比基期降低/(%)
	$q_0 p_0$	$q_1 p_1$	
甲	80	86	10
乙	20	34	5
丙	160	144	15

5. 某工厂有三个生产车间，基期和报告期各车间的职工人数和劳动生产率资料如下表所示。试分析该企业劳动生产率的变动及其原因。

车间	职工人数/人		劳动生产率/(万元/人)	
	基期 f_0	报告期 f_1	基期 x_0	报告期 x_1
一车间	200	240	4.4	4.5
二车间	160	180	6.2	6.4
三车间	150	120	9.0	9.2
合计	510	540	6.32	6.18

6. 某百货商场报告年的商品零售额为 420 万元，报告年比基年增加了 30 万元，零售物价上涨 4.5%，试计算该商场商品零售额变动中由于零售价格和零售量变动的影响程度和影响的绝对额。

7. 某企业生产三种产品，其产量和成本资料如下表所示：

产品名称	计量单位	产量		单位成本/元	
		基期	报告期	基期	报告期
甲	件	100	115	15	14
乙	吨	200	200	40	46
丙	套	380	350	50	44

试：

(1) 计算总成本指数、产量指数、单位成本指数；

(2) 利用指数体系分析产量和单位成本对总成本变动的影响。

8. 某两家上市公司的盈利情况如下表所示：

企业	盈利额/亿元		利润率/(%)	
	1999 年	2000 年	1999 年	2000 年
A	0.4	0.5	8.9	9.1
B	1.2	1.1	7.3	7.1

其中利润率 $= \dfrac{\text{盈利额}}{\text{总资产}} \times 100\%$，试计算利润率的加权平均数。

9. 某超市对 A、B、C 三地开通了购物直通车，超市每天都会记录乘坐直通车的顾客的人次和消费额，下表中的数据为星期一和星期日的统计数据：

地区	日购物人次 q		人均消费额 p/元	
	星期一	星期日	星期一	星期日
A	180	230	70	100
B	120	150	120	150
C	280	340	89	110

(1) 试计算人均消费额和人次的加权综合指数；

(2) 用指数体系分析日购物人次和人均消费额对顾客总消费量的影响。

10. 一种商品有三种型号，商场销售人员记录了这三种型号在两个季度的销售情况，如下表所示：

商品型号	当期进货数量 q		销售率 p/(%)		销售量 pq	
	第一季度	第三季度	第一季度	第三季度	第一季度	第三季度
A	800	1000	92	96		
B	700	950	89	93		
C	680	740	87	90		

(1) 将上表补充完整，并计算第三季度销售量较第一季度的增长量；

(2) 计算销售率的加权综合指数和加权平均指数；

(3) 用指数体系分析销售量的变动量。

复习题参考答案

一、简答题

略

二、单项选择题

1. A　2. C　3. C　4. C　5. B　6. B　7. D　8. C　9. B　10. C

11. A　12. B　13. A　14. C　15. C

三、计算(分析)题

1~5. 略

6. 相对数分析：107.69％＝104.5％×103.055%；

绝对数分析：30 万元＝18.086 万元＋11.914 万元。

7. (1) 91.96％，96.27％，95.53%；

(2) 相对数分析：91.96％＝96.27％×95.53%；

绝对数分析：－2290 元＝ －1015 元－1275 元。

8. 可记利润率为 p，总资产为 q，盈利额为 pq，则利润率加权平均指数为

$$I_p = \frac{\sum p_1 q_1}{\sum \frac{1}{p_1/q_0} p_1 q_1} = \frac{0.5+1.1}{\frac{8.9}{9.1}\times 0.5 + \frac{7.3}{7.1}\times 1.1} = 98.77\%$$

9. (1) $I_p = \dfrac{\sum p_1 q_1}{\sum p_0 q_1} = \dfrac{230\times 100 + 150\times 150 + 340\times 110}{230\times 70 + 150\times 120 + 340\times 89} = \dfrac{82\,900}{64\,360} = 128.81\%$；

$I_q = \dfrac{\sum p_0 q_1}{\sum p_0 q_0} = \dfrac{230\times 70 + 150\times 120 + 340\times 89}{180\times 70 + 120\times 120 + 280\times 89} = \dfrac{64\,360}{51\,920} = 123.96\%$

(2) 顾客总消费额增长量为

$$\sum p_1 q_1 - \sum p_0 q_0 = \left(\sum p_1 q_1 - \sum p_0 q_1\right) + \left(\sum p_0 q_1 - \sum p_0 q_0\right)$$
$$= 18\,540 + 12\,440$$
$$= 30\,980(元)$$

总消费额指数为

$$\frac{\sum p_1 q_1}{\sum p_0 q_0} = \frac{\sum p_1 q_1}{\sum p_0 q_1} \times \frac{\sum p_0 q_1}{\sum p_0 q_0} = \frac{82\,900}{64\,360} \times \frac{64\,360}{51\,920}$$
$$= 1.288\,067 \times 1.239\,599$$
$$= 159.67\%$$

10. (1)

商品型号	当期进货数量 q		销售率 $p(\%)$		销售量 pq	
	第一季度	第三季度	第一季度	第三季度	第一季度	第三季度
A	800	1000	92	96	736	960
B	700	950	89	93	623	883.5
C	680	740	87	90	591.6	666

销售量的增加量为

$$\sum p_1 q_1 - \sum p_0 q_0 = 2509.5 - 1950.6 = 558.9$$

(2) 销率的综合指数为

$$\frac{\sum p_1 q_1}{\sum p_0 q_1} = \frac{2509.5}{2409.3} = 104.16\%$$

销售率的加权平均指数为

$$\frac{\sum p_1 q_1}{\sum \dfrac{p_1 q_1}{p_1 / p_0}} = \frac{2509.5}{2409.3} = 104.16\%$$

(3) 销售量增量为

$$\sum p_1 q_1 - \sum p_0 q_0 = \left(\sum p_1 q_1 - \sum p_0 q_1 \right) + \left(\sum p_0 q_1 - \sum p_0 q_0 \right)$$
$$= 100.2 + 458.7$$
$$= 558.9$$

销售量额指数为

$$\frac{\sum p_1 q_1}{\sum p_0 q_0} = \frac{\sum p_1 q_1}{\sum p_0 q_1} + \frac{\sum p_0 q_1}{\sum p_0 q_0}$$

$$\frac{2509.5}{1950.6} = \frac{2509.5}{2409.3} + \frac{2409.3}{1950.6}$$

$$128.65\% = 104.16\% + 123.52\%$$

附　　录

附录 A　用 Excel 生成的标准正态分布表

Excel 中的统计函数 NORMSDIST 返回标准正态分布的概率 $P(Z<x)$，即左侧概率，本表中第一列到标准正态变量 x 值的第一位小数，第一行为第二位小数。表中的概率值保留四位小数。例如，要查 $P(Z<1.96)$，则 $x=1.96$，找 1.9 对应的行和 0.06 对应的列，其行列交叉位置数值为 0.9750，所以 $P(Z<1.96)=0.9750$。

x	0.00	0.01	0.02	0.03	0.04	0.05	0.06	0.07	0.08	0.09
0.0	0.5000	0.5040	0.5080	0.5120	0.5160	0.5199	0.5239	0.5279	0.5319	0.5359
0.1	0.5398	0.5438	0.5478	0.5517	0.5557	0.5596	0.5636	0.5675	0.5714	0.5753
0.2	0.5793	0.5832	0.5871	0.5910	0.5948	0.5987	0.6026	0.6064	0.6103	0.6141
0.3	0.6179	0.6217	0.6255	0.6293	0.6331	0.6368	0.6406	0.6443	0.6480	0.6517
0.4	0.6554	0.6591	0.6628	0.6664	0.6700	0.6736	0.6772	0.6808	0.6844	0.6879
0.5	0.6915	0.6950	0.6985	0.7019	0.7054	0.7088	0.7123	0.7157	0.7190	0.7224
0.6	0.7257	0.7291	0.7324	0.7357	0.7389	0.7422	0.7454	0.7486	0.7517	0.7549
0.7	0.7580	0.7611	0.7642	0.7673	0.7704	0.7734	0.7764	0.7794	0.7823	0.7852
0.8	0.7881	0.7910	0.7939	0.7967	0.7995	0.8023	0.8051	0.8078	0.8106	0.8133
0.9	0.8159	0.8186	0.8212	0.8238	0.8264	0.8289	0.8315	0.8340	0.8365	0.8389
1.0	0.8413	0.8438	0.8461	0.8485	0.8508	0.8531	0.8554	0.8577	0.8599	0.8621
1.1	0.8643	0.8665	0.8686	0.8708	0.8729	0.8749	0.8770	0.8790	0.8810	0.8830
1.2	0.8849	0.8869	0.8888	0.8907	0.8925	0.8944	0.8962	0.8980	0.8997	0.9015
1.3	0.9032	0.9049	0.9066	0.9082	0.9099	0.9115	0.9131	0.9147	0.9162	0.9177
1.4	0.9192	0.9207	0.9222	0.9236	0.9251	0.9265	0.9279	0.9292	0.9306	0.9319

x	0.00	0.01	0.02	0.03	0.04	0.05	0.06	0.07	0.08	0.09
1.5	0.9332	0.9345	0.9357	0.9370	0.9382	0.9394	0.9406	0.9418	0.9429	0.9441
1.6	0.9452	0.9463	0.9474	0.9484	0.9495	0.9505	0.9515	0.9525	0.9535	0.9545
1.7	0.9554	0.9564	0.9573	0.9582	0.9591	0.9599	0.9608	0.9616	0.9625	0.9633
1.8	0.9641	0.9649	0.9656	0.9664	0.9671	0.9678	0.9686	0.9693	0.9699	0.9706
1.9	0.9713	0.9719	0.9726	0.9732	0.9738	0.9744	0.9750	0.9756	0.9761	0.9767
2.0	0.9772	0.9778	0.9783	0.9788	0.9793	0.9798	0.9803	0.9808	0.9812	0.9817
2.1	0.9821	0.9826	0.9830	0.9834	0.9838	0.9842	0.9846	0.9850	0.9854	0.9857
2.2	0.9861	0.9864	0.9868	0.9871	0.9875	0.9878	0.9881	0.9884	0.9887	0.9890
2.3	0.9893	0.9896	0.9898	0.9901	0.9904	0.9906	0.9909	0.9911	0.9913	0.9916
2.4	0.9918	0.9920	0.9922	0.9925	0.9927	0.9929	0.9931	0.9932	0.9934	0.9936
2.5	0.9938	0.9940	0.9941	0.9943	0.9945	0.9946	0.9948	0.9949	0.9951	0.9952
2.6	0.9953	0.9955	0.9956	0.9957	0.9959	0.9960	0.9961	0.9962	0.9963	0.9964
2.7	0.9965	0.9966	0.9967	0.9968	0.9969	0.9970	0.9971	0.9972	0.9973	0.9974
2.8	0.9974	0.9975	0.9976	0.9977	0.9977	0.9978	0.9979	0.9979	0.9980	0.9981
2.9	0.9981	0.9982	0.9982	0.9983	0.9984	0.9984	0.9985	0.9985	0.9986	0.9986
3.0	0.9987	0.9987	0.9987	0.9988	0.9988	0.9989	0.9989	0.9989	0.9990	0.9990
3.1	0.9990	0.9991	0.9991	0.9991	0.9992	0.9992	0.9992	0.9992	0.9993	0.9993
3.2	0.9993	0.9993	0.9994	0.9994	0.9994	0.9994	0.9994	0.9995	0.9995	0.9995
3.3	0.9995	0.9995	0.9995	0.9996	0.9996	0.9996	0.9996	0.9996	0.9996	0.9997
3.4	0.9997	0.9997	0.9997	0.9997	0.9997	0.9997	0.9997	0.9997	0.9997	0.9998
3.5	0.9998	0.9998	0.9998	0.9998	0.9998	0.9998	0.9998	0.9998	0.9998	0.9998
3.6	0.9998	0.9998	0.9999	0.9999	0.9999	0.9999	0.9999	0.9999	0.9999	0.9999
3.7	0.9999	0.9999	0.9999	0.9999	0.9999	0.9999	0.9999	0.9999	0.9999	0.9999
3.8	0.9999	0.9999	0.9999	0.9999	0.9999	0.9999	0.9999	0.9999	0.9999	0.9999

附录 B　用 Excel 生成的标准正态分布分位数表

　　Excel 中的统计函数 NORMSINV 返回标准正态分布左侧概率为 p 时所对应的变量 x 值，即分为数值。表中第一列到概率 p 的第 2 位小数，第一行到概率 p 的第 3 位小数。例如，要查左侧概率 $p=0.975$ 时对应的变量 x，找 0.97 这一行和 0.005 这一列，行列交叉位置数值为 1.9600，所以得到当左侧概率 $p=0.975$ 时，$x=1.9600$。

p	0.000	0.001	0.002	0.003	0.004	0.005	0.006	0.007	0.008	0.009
0.50	0.0000	0.0025	0.0050	0.0075	0.0100	0.0125	0.0150	0.0175	0.0201	0.0226
0.51	0.0251	0.0276	0.0301	0.0326	0.0351	0.0376	0.0401	0.0426	0.0451	0.0476
0.52	0.0502	0.0527	0.0552	0.0577	0.0602	0.0627	0.0652	0.0677	0.0702	0.0728
0.53	0.0753	0.0778	0.0803	0.0828	0.0853	0.0878	0.0904	0.0929	0.0954	0.0979
0.54	0.1004	0.1030	0.1055	0.1080	0.1105	0.1130	0.1156	0.1181	0.1206	0.1231
0.55	0.1257	0.1282	0.1307	0.1332	0.1358	0.1383	0.1408	0.1434	0.1459	0.1484
0.56	0.1510	0.1535	0.1560	0.1586	0.1611	0.1637	0.1662	0.1687	0.1713	0.1738
0.57	0.1764	0.1789	0.1815	0.1840	0.1866	0.1891	0.1917	0.1942	0.1968	0.1993
0.58	0.2019	0.2045	0.2070	0.2096	0.2121	0.2147	0.2173	0.2198	0.2224	0.2250
0.59	0.2275	0.2301	0.2327	0.2353	0.2378	0.2404	0.2430	0.2456	0.2482	0.2508
0.60	0.2533	0.2559	0.2585	0.2611	0.2637	0.2663	0.2689	0.2715	0.2741	0.2767
0.61	0.2793	0.2819	0.2845	0.2871	0.2898	0.2924	0.2950	0.2976	0.3002	0.3029
0.62	0.3055	0.3081	0.3107	0.3134	0.3160	0.3186	0.3213	0.3239	0.3266	0.3292
0.63	0.3319	0.3345	0.3372	0.3398	0.3425	0.3451	0.3478	0.3505	0.3531	0.3558
0.64	0.3585	0.3611	0.3638	0.3665	0.3692	0.3719	0.3745	0.3772	0.3799	0.3826
0.65	0.3853	0.3880	0.3907	0.3934	0.3961	0.3989	0.4016	0.4043	0.4070	0.4097
0.66	0.4125	0.4152	0.4179	0.4207	0.4234	0.4261	0.4289	0.4316	0.4344	0.4372
0.67	0.4399	0.4427	0.4454	0.4482	0.4510	0.4538	0.4565	0.4593	0.4621	0.4649
0.68	0.4677	0.4705	0.4733	0.4761	0.4789	0.4817	0.4845	0.4874	0.4902	0.4930
0.69	0.4959	0.4987	0.5015	0.5044	0.5072	0.5101	0.5129	0.5158	0.5187	0.5215
0.70	0.5244	0.5273	0.5302	0.5330	0.5359	0.5388	0.5417	0.5446	0.5476	0.5505
0.71	0.5534	0.5563	0.5592	0.5622	0.5651	0.5681	0.5710	0.5740	0.5769	0.5799
0.72	0.5828	0.5858	0.5888	0.5918	0.5948	0.5978	0.6008	0.6038	0.6068	0.6098

p	0.000	0.001	0.002	0.003	0.004	0.005	0.006	0.007	0.008	0.009
0.73	0.6128	0.6158	0.6189	0.6219	0.6250	0.6280	0.6311	0.6341	0.6372	0.6403
0.74	0.6433	0.6464	0.6495	0.6526	0.6557	0.6588	0.6620	0.6651	0.6682	0.6713
0.75	0.6745	0.6776	0.6808	0.6840	0.6871	0.6903	0.6935	0.6967	0.6999	0.7031
0.76	0.7063	0.7095	0.7128	0.7160	0.7192	0.7225	0.7257	0.7290	0.7323	0.7356
0.77	0.7388	0.7421	0.7454	0.7488	0.7521	0.7554	0.7588	0.7621	0.7655	0.7688
0.78	0.7722	0.7756	0.7790	0.7824	0.7858	0.7892	0.7926	0.7961	0.7995	0.8030
0.79	0.8064	0.8099	0.8134	0.8169	0.8204	0.8239	0.8274	0.8310	0.8345	0.8381
0.80	0.8416	0.8452	0.8488	0.8524	0.8560	0.8596	0.8633	0.8669	0.8705	0.8742
0.81	0.8779	0.8816	0.8853	0.8890	0.8927	0.8965	0.9002	0.9040	0.9078	0.9116
0.82	0.9154	0.9192	0.9230	0.9269	0.9307	0.9346	0.9385	0.9424	0.9463	0.9502
0.83	0.9542	0.9581	0.9621	0.9661	0.9701	0.9741	0.9782	0.9822	0.9863	0.9904
0.84	0.9945	0.9986	1.0027	1.0069	1.0110	1.0152	1.0194	1.0237	1.0279	1.0322
0.85	1.0364	1.0407	1.0450	1.0494	1.0537	1.0581	1.0625	1.0669	1.0714	1.0758
0.86	1.0803	1.0848	1.0893	1.0939	1.0985	1.1031	1.1077	1.1123	1.1170	1.1217
0.87	1.1264	1.1311	1.1359	1.1407	1.1455	1.1503	1.1552	1.1601	1.1650	1.1700
0.88	1.1750	1.1800	1.1850	1.1901	1.1952	1.2004	1.2055	1.2107	1.2160	1.2212
0.89	1.2265	1.2319	1.2372	1.2426	1.2481	1.2536	1.2591	1.2646	1.2702	1.2759
0.90	1.2816	1.2873	1.2930	1.2988	1.3047	1.3106	1.3165	1.3225	1.3285	1.3346
0.91	1.3408	1.3469	1.3532	1.3595	1.3658	1.3722	1.3787	1.3852	1.3917	1.3984
0.92	1.4051	1.4118	1.4187	1.4255	1.4325	1.4395	1.4466	1.4538	1.4611	1.4684
0.93	1.4758	1.4833	1.4909	1.4985	1.5063	1.5141	1.5220	1.5301	1.5382	1.5464
0.94	1.5548	1.5632	1.5718	1.5805	1.5893	1.5982	1.6072	1.6164	1.6258	1.6352
0.95	1.6449	1.6546	1.6646	1.6747	1.6849	1.6954	1.7060	1.7169	1.7279	1.7392
0.96	1.7507	1.7624	1.7744	1.7866	1.7991	1.8119	1.8250	1.8384	1.8522	1.8663
0.97	1.8808	1.8957	1.9110	1.9268	1.9431	1.9600	1.9774	1.9954	2.0141	2.0335
0.98	2.0537	2.0749	2.0969	2.1201	2.1444	2.1701	2.1973	2.2262	2.2571	2.2904
0.99	2.3263	2.3656	2.4089	2.4573	2.5121	2.5758	2.6521	2.7478	2.8782	3.0902

附录 C　用 Excel 生成的 t 分布临界值表

　　下表给出右尾概率为 α 时的临界值。由于 Excel 中的统计函数 TINV 返回双尾概率的临界值，所以在 Excel 中"probability"参数下引用概率时乘以 2 即可得到该表。该表的第一列为 t 分布的自由度，第一行为右尾概率 α。本表自由度只列到 49，大于 49 时 t 分布较接近标准正态分布，可在正态分布表中查询，另外还可以在 Excel 中用函数查询。

df/α	0.100	0.050	0.250	0.010	0.005	0.001	0.0005
1	3.0777	6.3138	1.0000	31.8205	63.6567	318.3088	636.6192
2	1.8856	2.9200	0.8165	6.9646	9.9248	22.3271	31.5991
3	1.6377	2.3534	0.7649	4.5407	5.8409	10.2145	12.9240
4	1.5332	2.1318	0.7407	3.7469	4.6041	7.1732	8.6103
5	1.4759	2.0150	0.7267	3.3649	4.0321	5.8934	6.8688
6	1.4398	1.9432	0.7176	3.1427	3.7074	5.2076	5.9588
7	1.4149	1.8946	0.7111	2.9980	3.4995	4.7853	5.4079
8	1.3968	1.8595	0.7064	2.8965	3.3554	4.5008	5.0413
9	1.3830	1.8331	0.7027	2.8214	3.2498	4.2968	4.7809
10	1.3722	1.8125	0.6998	2.7638	3.1693	4.1437	4.5869
11	1.3634	1.7959	0.6974	2.7181	3.1058	4.0247	4.4370
12	1.3562	1.7823	0.6955	2.6810	3.0545	3.9296	4.3178
13	1.3502	1.7709	0.6938	2.6503	3.0123	3.8520	4.2208
14	1.3450	1.7613	0.6924	2.6245	2.9768	3.7874	4.1405
15	1.3406	1.7531	0.6912	2.6025	2.9467	3.7328	4.0728
16	1.3368	1.7459	0.6901	2.5835	2.9208	3.6862	4.0150
17	1.3334	1.7396	0.6892	2.5669	2.8982	3.6458	3.9651
18	1.3304	1.7341	0.6884	2.5524	2.8784	3.6105	3.9216
19	1.3277	1.7291	0.6876	2.5395	2.8609	3.5794	3.8834
20	1.3253	1.7247	0.6870	2.5280	2.8453	3.5518	3.8495
21	1.3232	1.7207	0.6864	2.5176	2.8314	3.5272	3.8193
22	1.3212	1.7171	0.6858	2.5083	2.8188	3.5050	3.7921

df/α	0.100	0.050	0.250	0.010	0.005	0.001	0.0005
23	1.3195	1.7139	0.6853	2.4999	2.8073	3.4850	3.7676
24	1.3178	1.7109	0.6848	2.4922	2.7969	3.4668	3.7454
25	1.3163	1.7081	0.6844	2.4851	2.7874	3.4502	3.7251
26	1.3150	1.7056	0.6840	2.4786	2.7787	3.4350	3.7066
27	1.3137	1.7033	0.6837	2.4727	2.7707	3.4210	3.6896
28	1.3125	1.7011	0.6834	2.4671	2.7633	3.4082	3.6739
29	1.3114	1.6991	0.6830	2.4620	2.7564	3.3962	3.6594
30	1.3104	1.6973	0.6828	2.4573	2.7500	3.3852	3.6460
31	1.3095	1.6955	0.6825	2.4528	2.7440	3.3749	3.6335
32	1.3086	1.6939	0.6822	2.4487	2.7385	3.3653	3.6218
33	1.3077	1.6924	0.6820	2.4448	2.7333	3.3563	3.6109
34	1.3070	1.6909	0.6818	2.4411	2.7284	3.3479	3.6007
35	1.3062	1.6896	0.6816	2.4377	2.7238	3.3400	3.5911
36	1.3055	1.6883	0.6814	2.4345	2.7195	3.3326	3.5821
37	1.3049	1.6871	0.6812	2.4314	2.7154	3.3256	3.5737
38	1.3042	1.6860	0.6810	2.4286	2.7116	3.3190	3.5657
39	1.3036	1.6849	0.6808	2.4258	2.7079	3.3128	3.5581
40	1.3031	1.6839	0.6807	2.4233	2.7045	3.3069	3.5510
41	1.3025	1.6829	0.6805	2.4208	2.7012	3.3013	3.5442
42	1.3020	1.6820	0.6804	2.4185	2.6981	3.2960	3.5377
43	1.3016	1.6811	0.6802	2.4163	2.6951	3.2909	3.5316
44	1.3011	1.6802	0.6801	2.4141	2.6923	3.2861	3.5258
45	1.3006	1.6794	0.6800	2.4121	2.6896	3.2815	3.5203
46	1.3002	1.6787	0.6799	2.4102	2.6870	3.2771	3.5150
47	1.2998	1.6779	0.6797	2.4083	2.6846	3.2729	3.5099
48	1.2994	1.6772	0.6796	2.4066	2.6822	3.2689	3.5051
49	1.2991	1.6766	0.6795	2.4049	2.6800	3.2651	3.5004

附录 D 用 Excel 生成的 χ^2 分布临界值表

该表为 χ^2 分布右尾概率为 α 时的临界值，第一列为 χ^2 分布的自由度，第一行为右尾概率 α。

df/α	0.995	0.990	0.975	0.950	0.990	0.100	0.005	0.025	0.001	0.005
1	0.000	0.000	0.001	0.004	0.000	2.706	7.879	5.024	10.828	7.879
2	0.010	0.020	0.051	0.103	0.020	4.605	10.597	7.378	13.816	10.597
3	0.072	0.115	0.216	0.352	0.115	6.251	12.838	9.348	16.266	12.838
4	0.207	0.297	0.484	0.711	0.297	7.779	14.860	11.143	18.467	14.860
5	0.412	0.554	0.831	1.145	0.554	9.236	16.750	12.833	20.515	16.750
6	0.676	0.872	1.237	1.635	0.872	10.645	18.548	14.449	22.458	18.548
7	0.989	1.239	1.690	2.167	1.239	12.017	20.278	16.013	24.322	20.278
8	1.344	1.646	2.180	2.733	1.646	13.362	21.955	17.535	26.124	21.955
9	1.735	2.088	2.700	3.325	2.088	14.684	23.589	19.023	27.877	23.589
10	2.156	2.558	3.247	3.940	2.558	15.987	25.188	20.483	29.588	25.188
11	2.603	3.053	3.816	4.575	3.053	17.275	26.757	21.920	31.264	26.757
12	3.074	3.571	4.404	5.226	3.571	18.549	28.300	23.337	32.909	28.300
13	3.565	4.107	5.009	5.892	4.107	19.812	29.819	24.736	34.528	29.819
14	4.075	4.660	5.629	6.571	4.660	21.064	31.319	26.119	36.123	31.319
15	4.601	5.229	6.262	7.261	5.229	22.307	32.801	27.488	37.697	32.801
16	5.142	5.812	6.908	7.962	5.812	23.542	34.267	28.845	39.252	34.267
17	5.697	6.408	7.564	8.672	6.408	24.769	35.718	30.191	40.790	35.718
18	6.265	7.015	8.231	9.390	7.015	25.989	37.156	31.526	42.312	37.156
19	6.844	7.633	8.907	10.117	7.633	27.204	38.582	32.852	43.820	38.582
20	7.434	8.260	9.591	10.851	8.260	28.412	39.997	34.170	45.315	39.997
21	8.034	8.897	10.283	11.591	8.897	29.615	41.401	35.479	46.797	41.401
22	8.643	9.542	10.982	12.338	9.542	30.813	42.796	36.781	48.268	42.796
23	9.260	10.196	11.689	13.091	10.196	32.007	44.181	38.076	49.728	44.181

df/α	0.995	0.990	0.975	0.950	0.990	0.100	0.005	0.025	0.001	0.005
24	9.886	10.856	12.401	13.848	10.856	33.196	45.559	39.364	51.179	45.559
25	10.520	11.524	13.120	14.611	11.524	34.382	46.928	40.646	52.620	46.928
26	11.160	12.198	13.844	15.379	12.198	35.563	48.290	41.923	54.052	48.290
27	11.808	12.879	14.573	16.151	12.879	36.741	49.645	43.195	55.476	49.645
28	12.461	13.565	15.308	16.928	13.565	37.916	50.993	44.461	56.892	50.993
29	13.121	14.256	16.047	17.708	14.256	39.087	52.336	45.722	58.301	52.336
30	13.787	14.953	16.791	18.493	14.953	40.256	53.672	46.979	59.703	53.672
31	14.458	15.655	17.539	19.281	15.655	41.422	55.003	48.232	61.098	55.003
32	15.134	16.362	18.291	20.072	16.362	42.585	56.328	49.480	62.487	56.328
33	15.815	17.074	19.047	20.867	17.074	43.745	57.648	50.725	63.870	57.648
34	16.501	17.789	19.806	21.664	17.789	44.903	58.964	51.966	65.247	58.964
35	17.192	18.509	20.569	22.465	18.509	46.059	60.275	53.203	66.619	60.275
36	17.887	19.233	21.336	23.269	19.233	47.212	61.581	54.437	67.985	61.581
37	18.586	19.960	22.106	24.075	19.960	48.363	62.883	55.668	69.346	62.883
38	19.289	20.691	22.878	24.884	20.691	49.513	64.181	56.896	70.703	64.181
39	19.996	21.426	23.654	25.695	21.426	50.660	65.476	58.120	72.055	65.476
40	20.707	22.164	24.433	26.509	22.164	51.805	66.766	59.342	73.402	66.766
41	21.421	22.906	25.215	27.326	22.906	52.949	68.053	60.561	74.745	68.053
42	22.138	23.650	25.999	28.144	23.650	54.090	69.336	61.777	76.084	69.336
43	22.859	24.398	26.785	28.965	24.398	55.230	70.616	62.990	77.419	70.616
44	23.584	25.148	27.575	29.787	25.148	56.369	71.893	64.201	78.750	71.893
45	24.311	25.901	28.366	30.612	25.901	57.505	73.166	65.410	80.077	73.166
46	25.041	26.657	29.160	31.439	26.657	58.641	74.437	66.617	81.400	74.437
47	25.775	27.416	29.956	32.268	27.416	59.774	75.704	67.821	82.720	75.704
48	26.511	28.177	30.755	33.098	28.177	60.907	76.969	69.023	84.037	76.969
49	27.249	28.941	31.555	33.930	28.941	62.038	78.231	70.222	85.351	78.231

附录 E　用 Excel 生成的 F 分布临界值表(右尾概率 $\alpha=0.05$)

df_2/df_1	1	2	3	4	5	6	7	8	9	10
1	161.45	199.50	215.71	224.58	230.16	233.99	236.77	238.88	240.54	241.88
2	18.51	19.00	19.16	19.25	19.30	19.33	19.35	19.37	19.38	19.40
3	10.13	9.55	9.28	9.12	9.01	8.94	8.89	8.85	8.81	8.79
4	7.71	6.94	6.59	6.39	6.26	6.16	6.09	6.04	6.00	5.96
5	6.61	5.79	5.41	5.19	5.05	4.95	4.88	4.82	4.77	4.74
6	5.99	5.14	4.76	4.53	4.39	4.28	4.21	4.15	4.10	4.06
7	5.59	4.74	4.35	4.12	3.97	3.87	3.79	3.73	3.68	3.64
8	5.32	4.46	4.07	3.84	3.69	3.58	3.50	3.44	3.39	3.35
9	5.12	4.26	3.86	3.63	3.48	3.37	3.29	3.23	3.18	3.14
10	4.96	4.10	3.71	3.48	3.33	3.22	3.14	3.07	3.02	2.98
11	4.84	3.98	3.59	3.36	3.20	3.09	3.01	2.95	2.90	2.85
12	4.75	3.89	3.49	3.26	3.11	3.00	2.91	2.85	2.80	2.75
13	4.67	3.81	3.41	3.18	3.03	2.92	2.83	2.77	2.71	2.67
14	4.60	3.74	3.34	3.11	2.96	2.85	2.76	2.70	2.65	2.60
15	4.54	3.68	3.29	3.06	2.90	2.79	2.71	2.64	2.59	2.54
16	4.49	3.63	3.24	3.01	2.85	2.74	2.66	2.59	2.54	2.49
17	4.45	3.59	3.20	2.96	2.81	2.70	2.61	2.55	2.49	2.45
18	4.41	3.55	3.16	2.93	2.77	2.66	2.58	2.51	2.46	2.41
19	4.38	3.52	3.13	2.90	2.74	2.63	2.54	2.48	2.42	2.38
20	4.35	3.49	3.10	2.87	2.71	2.60	2.51	2.45	2.39	2.35
21	4.32	3.47	3.07	2.84	2.68	2.57	2.49	2.42	2.37	2.32
22	4.30	3.44	3.05	2.82	2.66	2.55	2.46	2.40	2.34	2.30
23	4.28	3.42	3.03	2.80	2.64	2.53	2.44	2.37	2.32	2.27
24	4.26	3.40	3.01	2.78	2.62	2.51	2.42	2.36	2.30	2.25
25	4.24	3.39	2.99	2.76	2.60	2.49	2.40	2.34	2.28	2.24

df_2/df_1	1	2	3	4	5	6	7	8	9	10
26	4.23	3.37	2.98	2.74	2.59	2.47	2.39	2.32	2.27	2.22
27	4.21	3.35	2.96	2.73	2.57	2.46	2.37	2.31	2.25	2.20
28	4.20	3.34	2.95	2.71	2.56	2.45	2.36	2.29	2.24	2.19
29	4.18	3.33	2.93	2.70	2.55	2.43	2.35	2.28	2.22	2.18
30	4.17	3.32	2.92	2.69	2.53	2.42	2.33	2.27	2.21	2.16
31	4.16	3.30	2.91	2.68	2.52	2.41	2.32	2.25	2.20	2.15
32	4.15	3.29	2.90	2.67	2.51	2.40	2.31	2.24	2.19	2.14
33	4.14	3.28	2.89	2.66	2.50	2.39	2.30	2.23	2.18	2.13
34	4.13	3.28	2.88	2.65	2.49	2.38	2.29	2.23	2.17	2.12
35	4.12	3.27	2.87	2.64	2.49	2.37	2.29	2.22	2.16	2.11
36	4.11	3.26	2.87	2.63	2.48	2.36	2.28	2.21	2.15	2.11
37	4.11	3.25	2.86	2.63	2.47	2.36	2.27	2.20	2.14	2.10
38	4.10	3.24	2.85	2.62	2.46	2.35	2.26	2.19	2.14	2.09
39	4.09	3.24	2.85	2.61	2.46	2.34	2.26	2.19	2.13	2.08
40	4.08	3.23	2.84	2.61	2.45	2.34	2.25	2.18	2.12	2.08
41	4.08	3.23	2.83	2.60	2.44	2.33	2.24	2.17	2.12	2.07
42	4.07	3.22	2.83	2.59	2.44	2.32	2.24	2.17	2.11	2.06
43	4.07	3.21	2.82	2.59	2.43	2.32	2.23	2.16	2.11	2.06
44	4.06	3.21	2.82	2.58	2.43	2.31	2.23	2.16	2.10	2.05
45	4.06	3.20	2.81	2.58	2.42	2.31	2.22	2.15	2.10	2.05
46	4.05	3.20	2.81	2.57	2.42	2.30	2.22	2.15	2.09	2.04
47	4.05	3.20	2.80	2.57	2.41	2.30	2.21	2.14	2.09	2.04
48	4.04	3.19	2.80	2.57	2.41	2.29	2.21	2.14	2.08	2.03
49	4.04	3.19	2.79	2.56	2.40	2.29	2.20	2.13	2.08	2.03

附录 F 用 Excel 生成的 F 分布临界值表($\alpha=0.025$)

df_2/df_1	1	2	3	4	5	6	7	8	9	10
1	647.79	799.50	864.16	899.58	921.85	937.11	948.22	956.66	963.28	968.63
2	38.51	39.00	39.17	39.25	39.30	39.33	39.36	39.37	39.39	39.40
3	17.44	16.04	15.44	15.10	14.88	14.73	14.62	14.54	14.47	14.42
4	12.22	10.65	9.98	9.60	9.36	9.20	9.07	8.98	8.90	8.84
5	10.01	8.43	7.76	7.39	7.15	6.98	6.85	6.76	6.68	6.62
6	8.81	7.26	6.60	6.23	5.99	5.82	5.70	5.60	5.52	5.46
7	8.07	6.54	5.89	5.52	5.29	5.12	4.99	4.90	4.82	4.76
8	7.57	6.06	5.42	5.05	4.82	4.65	4.53	4.43	4.36	4.30
9	7.21	5.71	5.08	4.72	4.48	4.32	4.20	4.10	4.03	3.96
10	6.94	5.46	4.83	4.47	4.24	4.07	3.95	3.85	3.78	3.72
11	6.72	5.26	4.63	4.28	4.04	3.88	3.76	3.66	3.59	3.53
12	6.55	5.10	4.47	4.12	3.89	3.73	3.61	3.51	3.44	3.37
13	6.41	4.97	4.35	4.00	3.77	3.60	3.48	3.39	3.31	3.25
14	6.30	4.86	4.24	3.89	3.66	3.50	3.38	3.29	3.21	3.15
15	6.20	4.77	4.15	3.80	3.58	3.41	3.29	3.20	3.12	3.06
16	6.12	4.69	4.08	3.73	3.50	3.34	3.22	3.12	3.05	2.99
17	6.04	4.62	4.01	3.66	3.44	3.28	3.16	3.06	2.98	2.92
18	5.98	4.56	3.95	3.61	3.38	3.22	3.10	3.01	2.93	2.87
19	5.92	4.51	3.90	3.56	3.33	3.17	3.05	2.96	2.88	2.82
20	5.87	4.46	3.86	3.51	3.29	3.13	3.01	2.91	2.84	2.77
21	5.83	4.42	3.82	3.48	3.25	3.09	2.97	2.87	2.80	2.73
22	5.79	4.38	3.78	3.44	3.22	3.05	2.93	2.84	2.76	2.70
23	5.75	4.35	3.75	3.41	3.18	3.02	2.90	2.81	2.73	2.67
24	5.72	4.32	3.72	3.38	3.15	2.99	2.87	2.78	2.70	2.64
25	5.69	4.29	3.69	3.35	3.13	2.97	2.85	2.75	2.68	2.61

df_2/df_1	1	2	3	4	5	6	7	8	9	10
26	5.66	4.27	3.67	3.33	3.10	2.94	2.82	2.73	2.65	2.59
27	5.63	4.24	3.65	3.31	3.08	2.92	2.80	2.71	2.63	2.57
28	5.61	4.22	3.63	3.29	3.06	2.90	2.78	2.69	2.61	2.55
29	5.59	4.20	3.61	3.27	3.04	2.88	2.76	2.67	2.59	2.53
30	5.57	4.18	3.59	3.25	3.03	2.87	2.75	2.65	2.57	2.51
31	5.55	4.16	3.57	3.23	3.01	2.85	2.73	2.64	2.56	2.50
32	5.53	4.15	3.56	3.22	3.00	2.84	2.71	2.62	2.54	2.48
33	5.51	4.13	3.54	3.20	2.98	2.82	2.70	2.61	2.53	2.47
34	5.50	4.12	3.53	3.19	2.97	2.81	2.69	2.59	2.52	2.45
35	5.48	4.11	3.52	3.18	2.96	2.80	2.68	2.58	2.50	2.44
36	5.47	4.09	3.50	3.17	2.94	2.78	2.66	2.57	2.49	2.43
37	5.46	4.08	3.49	3.16	2.93	2.77	2.65	2.56	2.48	2.42
38	5.45	4.07	3.48	3.15	2.92	2.76	2.64	2.55	2.47	2.41
39	5.43	4.06	3.47	3.14	2.91	2.75	2.63	2.54	2.46	2.40
40	5.42	4.05	3.46	3.13	2.90	2.74	2.62	2.53	2.45	2.39
41	5.41	4.04	3.45	3.12	2.89	2.74	2.62	2.52	2.44	2.38
42	5.40	4.03	3.45	3.11	2.89	2.73	2.61	2.51	2.43	2.37
43	5.39	4.02	3.44	3.10	2.88	2.72	2.60	2.50	2.43	2.36
44	5.39	4.02	3.43	3.09	2.87	2.71	2.59	2.50	2.42	2.36
45	5.38	4.01	3.42	3.09	2.86	2.70	2.58	2.49	2.41	2.35
46	5.37	4.00	3.42	3.08	2.86	2.70	2.58	2.48	2.41	2.34
47	5.36	3.99	3.41	3.07	2.85	2.69	2.57	2.48	2.40	2.33
48	5.35	3.99	3.40	3.07	2.84	2.69	2.56	2.47	2.39	2.33
49	5.35	3.98	3.40	3.06	2.84	2.68	2.56	2.46	2.39	2.32

参 考 文 献

[1] 风笑天. 社会调查中的问卷设计. 天津：天津人民出版社，2002.

[2] 张彦. 社会统计学：原理和方法. 南京：南京大学出版社，1997.

[3] 贾俊平，等. 统计学. 5 版. 北京：中国人民大学出版社，2010.

[4] 张梅琳. 应用统计学. 上海：复旦大学出版社，2004.

[5] Teery Sincich. 例解商务统计学. 5 版. 陈鹤琴，等，译. 北京：清华大学出版社，2001.

[6] Wonnacott R J，Wonnacott T H. 初等统计学. 方世荣，译. 北京：晓园出版社，1992.

[7]   Sanjiv Jaggia，Alison Kelly. Essentials of Business Statistics：Communicating With Number.
     McGraw – Hill International Edition. New York：McGraw – Hill Company，2014.